機場營運與管理

Airport Operations and Management

賴金和◎編著

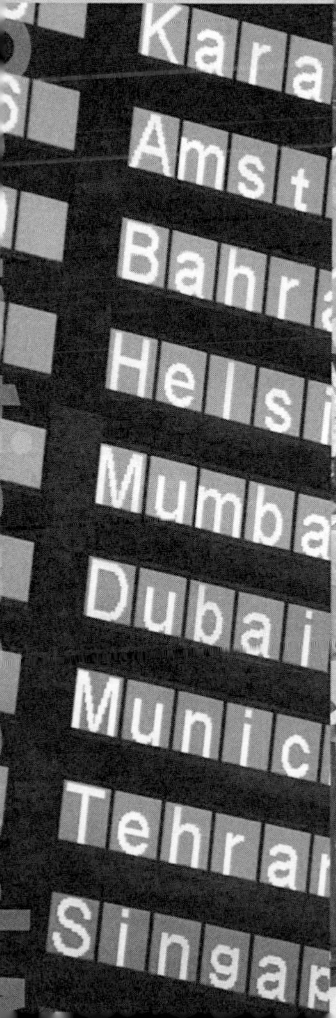

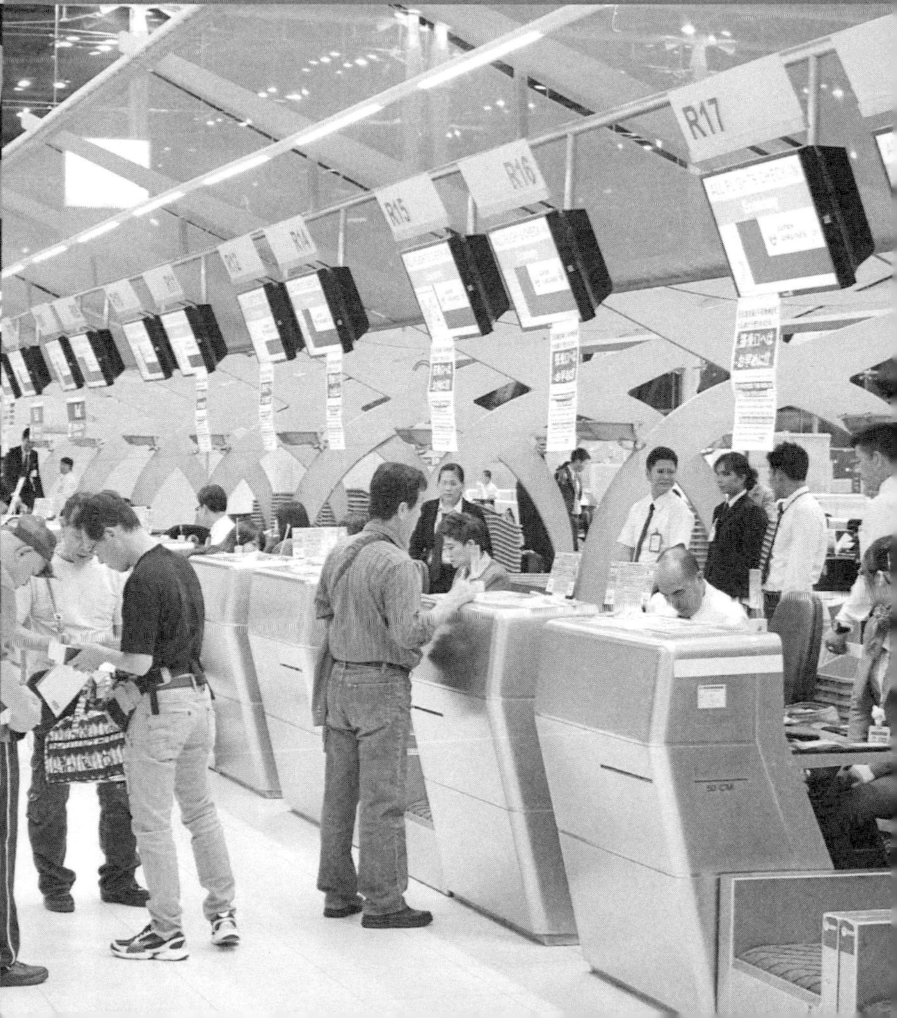

序

機場是航空運輸的起訖點，是航空運輸的三個主要構成要素中最重要的一部分。一般人對機場的認知，僅知道機場是飛機起飛、降落的活動區域，對機場實際運作並不清楚。機場除了跑道之外，通常還設有塔台、停機坪、航空客運站、航空貨運站、維修廠等設施，並提供機場管制、空中交通管制等其他服務，大型的機場尚開發形成航空園區、航空城，帶動國家整體經濟之發展。

機場尚有不同的名稱，我國人稱之為「機場」、「飛機場」、「航空站」；日本人稱之為「空港」；美國人稱之為「airport」；英國人稱之為「aerodrome」、「airfield」、「port」、「airdrome」、「terminal」或「air station」等。機場的定義在國際民航組織（ICAO）附件十四中有所規範，其實各國民航法對機場的定義並無差異。但在台灣，一般人概念認為「機場」與「航空站」應是同意語，「機場」就是「航空站」，「航空站」就是「機場」，實際上二者用法上應有所不同。

本書主要介紹機場整體運作、營運管理與安全維護等課題，內容主要分成三部：第一部分為機場基礎知識篇，主要介紹機場的定義、機場在經濟社會上扮演之角色、機場之分類、機場作業系統、機場設施系統等；第二部分為機場營運作業篇，主要介紹旅客航站作業、旅客出入境作業、航空貨運作業、機場營收管理等；第三部分為機場安全管理篇，主要介紹機場保安、機場場面安全管理、機場環保等。早期搭機出國是件難事，經濟與生活條件改善後，國人經由機場出入國境已習以為常，因此本書特將旅客出入境作業列為專章，介紹通關流程與應行注意事項。另外，機場安全特別重要，尤其911事件後世界各國對機場安全更為重視，因此本書列有機場保安與機場場面安全管理專章，介紹機場安全作業與管理。其實機場安全可分為「Safety」與「Security」，「Safety」指的是飛航安全，應為使機場處於安全與保護而免受危險或傷害的狀態，而安全措施比較著重在整體的安全，包括內在或是外在的，例如飛機維修、防火措施、機坪管理等；「Security」指的是航空保安，即為了機場所做出的一系列抵抗攻擊的保護行為，例如對客貨所實施之安檢。

筆者早期服務公職，1980年4月起任職民航局中正國際航空站，1989年5月調交通部航政司擔任專員、科長、專門委員，至2003年8月退休轉任教職，三十年來一直未離開航空界。早期國內大學並未設空運專業之科系，故未能培養航空專業的師資，中文航空教材亦付之闕如。服教職期間，感念空運教材缺乏，遂將上課零碎教材編撰成書，方便學子參考使用。筆者才疏學淺，真正航空專業人才臥藏於民航業界，書本匆促付梓，錯誤在所難免，深盼各位前輩先進，不吝指正。

賴金和 謹誌
於開南大學空運管理學系暨研究所

目 錄

Part 3 機場安全管理篇 247

附錄 355

Part 1

機場基礎知識篇

Chapter 1

機場總論

第一節　機場的定義

第二節　機場扮演之角色

第三節　機場之分類

第一節　機場的定義

一、「機場」是什麼？

飛機起飛、降落或活動的區域，在中文俗稱「機場」，或稱為「飛機場」，較正式的名稱是「航空站」；日本稱之為「空港」；英文的說法例如airport（美國說法）、Aerodrome（英國說法）、airfield、port、airdrome、terminal或air station等。機場是航空運輸的起訖點，除了跑道之外，通常還設有塔台、停機坪、航空客運站、航空貨運站、維修廠等設施，並提供機場管制、空中交通管制等其他服務，大型的機場尚開發形成航空園區、航空城，帶動國家整體經濟之發展。

世界各國對「機場」的定義，並無太大差別，大多來自國際民航組織（International Civil Aviation Organization, ICAO）附件（Annex）的定義。ICAO Annex 14所規範"Aerodrome": A defined area on land or water (including any buildings, installations and equipment) intended to be used either wholly or in part for the arrival, departure and surface movement of aircraft（ICAO Annex 14, 1999）。意即「機場」指陸上或水上之一劃定區域（包括任何建築物、設施及裝備），以其全部或一部分供航空器到場、離場及地面活動之用者。

美國Federal Aviation Regulations（FAR）所規範"Airport": Airport means an area of land or water that is used or intended to be used for the landing and takeoff of aircraft, and includes its buildings and facilities, if any.（FAR Title 14, 1999）。意即「機場」是指一個陸上或水上用於或打算用於降落和起飛飛機的區域，包括建築物和設施，如果有的話。

「法國民航法」所規範"aérodrome": Est considéré comme aérodrome tout terrain ou plan d'eau spécialement aménagé pour l'atterrissage, le

décollage et les manoeuvres d'aéronefs y compris les installations annexes qu'il peut comporter pour les besoins du trafic et le service des aéronefs（Article R211-1）。意即所謂的「機場」是指任何陸上或水平面專供飛機降落、起飛以及作業，包括能為交通和飛機服務需要所組成的附屬設施。

「日本航空法」所規範「空港」：この法律において「空港」とは、空港法（昭和三十一年法律第八十号）第二条に規定する空港をいう。意即在這個法律中所謂「機場」，指在機場法（昭和三十一年法律第八十號）第二條時規定的機場（航空法第二条第4款定義）。

「日本航空法」所規範「着陸帯」：この法律において「着陸帯」とは、特定の方向に向かつて行う航空機の離陸（離水を含む。以下同じ。）又は着陸（着水を含む。以下同じ。）の用に供するため設けられる空港その他の飛行場（以下「空港等」という。） の矩形部分をいう（航空法第二条第6款定義）。意即本法稱「起降區域」者，指機場內長方形部分，供航空器在特定方向起飛（包括離開水面之該部分區域，以下同）或降落（包括降落水面之該部分區域，以下同）之用者。

「中華人民共和國民用航空法」所規範「民用機場」：本法所稱民用機場，是指專供民用航空器起飛、降落、滑行、停放以及進行其他活動使用的劃定區域，包括附屬的建築物、裝置和設施（「民用航空法」第五十三條）。

我國在法律上有航空站與飛行場兩種名稱，依據「民用航空法」的定義，航空站：指具備供航空器載卸客貨之設施與裝備及用於航空器起降活動之區域（第二條）。飛行場：指用於航空器起降活動之水陸區域（第二條）。

綜合以上定義，所謂「機場」乃指供航空器起降活動的水陸區域，該區域內並提供航空器起降及客貨裝卸所需之各種場站設施與裝備；而飛行場乃指航空器起降活動的水陸區域，並不具有裝卸客貨運輸之設施與裝備。

二、「機場」與「航空站」有何不同？

在台灣，一般人對飛機起降活動的區域，或稱之為「機場」，或稱之為「航空站」，究竟「機場」與「航空站」有何不同？我國在法律上並無「機場」的名稱，僅有航空站與飛行場兩種。一般民眾口中的「機場」應為「民用航空法」中所定義之「航空站」，但依現實之說法，航空站應為「行政官署」，係指機場之經營與管理單位，例如高雄國際航空站，而高雄國際航空站為民用航空局下屬一級行政單位。

我國「民用航空法」第二條所定義之航空站，在九〇年代初修訂「民用航空法」時，為避免「航空站」與「機場」用詞混淆不清，曾建議不用航空站而改用機場，使法律與實務界的用詞一致，但礙於民國四十二年初次公布施行之民用航空法即此用詞，未便修正。

第二節　機場扮演之角色

一、機場的機能

機場是客貨藉由各種不同類型的運具在此集中與轉換的場所，必須提供旅客、貨物、行李與郵件處理設施，方便客貨快速作業。依據Ashford和Wright（1992）的說法，機場提供運輸方式改變（change of mode）、作業處理設施（processing）與活動類型改變（change of movement type）等三項機能，分述如下：

(一)運輸方式改變

提供航空運輸與陸路運輸主要之連結，且能夠符合個別運具在空側（airside）與陸側（landside）作業的特性。

(二)作業處理設施

提供處理旅客與貨物票務、文件作業的必要設備。機場必須提供的設施包括：

1.旅客處理設施。
2.飛機服務、維修與工程的設施。
3.航空公司包括機組員（crew members）、機艙服務人員、地勤人員、航站與辦公室員工之作業設施。
4.為穩定機場經濟所必需之商業服務設施，例如販賣處所、租賃公司等。
5.民航支援設施，例如空中交通管制、氣象等。
6.政府行政功能設施，例如農產品檢查、海關、移民局、健康檢疫等。

(三)活動類型改變

卡車所運送之貨物或搭乘小客車、巴士及鐵路之旅客，轉換成預定班表的飛機離開，而到達飛機則是相反的流程。

如論及機場的功能，主要就是起降飛機，接送客貨。具體來說，一是供飛機起飛、降落、停放；二是供旅客到達（進港）、出發（出港、離港）；三是供貨物運入、運出。所以機場的基本功能應包括：

1.為國內外旅客、貨主提供服務，使其方便、快捷地使用機場設施完成旅行過程或託運過程。
2.為使用機場的各類航空公司服務，使其航空活動（主要是載運旅客、貨物）順利進行。
3.為工業、農業、商業、旅遊業等提供服務，使其生產經營效率更高等。

二、機場在經濟上之效益

運輸是經濟的基礎，它在產品的生產與消費過程中擔任非常重要的角色。民航是運輸網路中的主要運輸方式，其機場是國際運輸系統的主要門戶，一個社區如果缺乏機場，其發展將受影響，就如同回到前世紀鐵路或停留在五十年前公路時代。

如果社區內沒有快速方便的空中運輸，居民不論是否經常搭乘飛機，或偶爾出外旅遊，都蒙受到經濟上之損失。航空公司不僅只對大都會區提供最佳之服務，尚有許許多多的城市、鄉村仍亦需要航空運輸服務，尤其在偏遠離島地區。

機場對經濟社會最大的效益為「時間價值的提高」，機場對商人及產業的分布有重要的決定因素，因公司或工廠靠近機場而使得廠商可利用較低的成本獲得極快速的服務。在全球化的時代，產業競爭優勢以效率、品質、創新以及顧客的回應為基礎，時間就是競爭力的核心，時間的價值隨個人所得增加而提高，亦說明工資率與時間價值具有正向關係。

在一些區域經濟發達的機場，傳統意義上機場作為航空運輸的節點。隨著全球航線網路的擴展，機場逐漸開始對周邊地區的土地利用模式產生影響，各大機場周邊地區聚集了大批相關產業，有力地促進了區域經濟的發展。對於這種特有的經濟形態，稱之為「臨空經濟」。所謂臨空經濟區指的是由於機場對周邊地區產生的直接或間接的經濟影響，促使在機場周遭生產、技術、資本、貿易、人口的聚集，形成了具備多功能的經濟區域。

航空運輸提供快速的空運通路，各機場及民航機透過空運通路創造整個社區及國家的空運利益與價值。機場在經濟上創造之效益如下：

(一)增加區域土地價值

機場建設後，因經濟人口增加、經濟活動頻繁、交通的便利，需要

較多的土地從事經濟行為，間接的影響土地的價值。

1.機場開發前，國家重要交通建設之土地徵收。區域土地價格上漲。
2.工廠、倉庫、公司及航運相關產業用地需求，經變更土地用途而增加其價值。
3.外來人口大量移入，住宅需求增加，進而影響房屋價格及土地價格。

顯現區域土地價值之指標包括：區域歷年（機場興建前後）房屋／土地交易紀錄、區域歷年公告地價資料、區域歷年土地用途變更情況及機場及連絡交通建設土地徵收支出情況等。

以台灣桃園國際機場鄰近社區土地為例：大園鄉中正段民國80年7月公告地價為每平方公尺新台幣二千五百元，至民國94年1月止，公告地價已升值為每平方公尺新台幣六千九百元。

(二)創造就業機會

機場建設後，因機場內部各項人力需求、機場外部相關產業人力需求、帶動社區經濟繁榮後，間接影響各行業新增人力需求及因應機場新興服務產業人力需求等，創造直接的及間接的就業機會。

1.機場內部：航站工作人員、航空公司人員、地勤業人員等。
2.機場外部相關產業：物流業、倉儲業、報關業等。
3.社區服務業、零售業、製造業等，因人口及商業行為增加而需新增就業人力。
4.新興服務產業：旅館、停車場、餐廳等間接增加的就業機會。

顯現就業機會之指標包括：區域就業人口資料、區域勞動人力資料、區域增加之登記工／商營業資料等。

(三)提升區域交通便利

機場建設後，因機場出入境人／貨需要而增加相關交通建設，如高速道路、一般連絡道路、捷運、客運等。

1.高速公路之興建。
2.一般道路之興建、擴建與修繕。
3.密集的公路交通網。
4.興建機場捷運、鐵路或高速鐵路。
5.客運營運公司及路線的增加。

顯現區域交通便利提升之指標包括：國家或地區交通建設資源分配資料、區域公路網的改變、捷運之新建與鐵路、高鐵之設站等。

(四)刺激區域內的消費活動

機場建設後，因機場內外部各類固定／流動人口的增加，創造直接及間接的消費行為。

1.居住人口增加後間接增加區域消費行為。
2.經社區流動人次之消費行為，如零售、餐廳、加油站、旅館等。
3.機場內部及外部相關產業人口所衍生之消費行為。

顯現區域內的消費活動之指標包括：區域消費者物價指數變化資料、區域內相關消費營業額之變化、區域人口變化情況等。

(五)帶動區域經濟繁榮

機場建設後，整體空運相關產業之進駐，以及相關輔助服務產業之配合，使機場區域形成龐大的經濟體系，其中的工商活動頻繁且熱絡。

1.貨運相關產業。如航空貨運、倉儲、報關、快遞、保稅、加工、製造、配銷、貿易、組裝、研發、技術服務及裝卸等事業。

2.客運相關產業。如旅客所需之購物、餐飲、休閒、娛樂、住宿及會議等多功能服務，並提供當地就業人口及引進產業人口之居住需求。

3.資訊情報交流、會議、辦公、停車、居住等活動；休閒、運動、醫療、教育等產業。

顯現區域經濟繁榮之指標包括：區域工業、製造業生產指數變化；區域批發、零售及餐飲業營業額變化；區域國民生產毛額及國內生產毛額之變化等。

(六)增進區域旅遊產業發展

近年來休閒、觀光及旅遊產業發展為全世界之潮流趨勢，國內近年更因民生富裕及週休二日之影響，休閒旅遊事業蓬勃發展。機場開發後，因應交通之便捷，可針對區域內有效之觀光資源予以強化，發展觀光旅遊事業，以增進社區效益。

1.如旅館、餐飲、零售、運輸業。

2.大型遊樂、休閒園區。

3.自然景觀、人文藝文。

4.舉辦地區主題活動。

顯現區域旅遊產業發展之指標包括：區域進出流動人數資料、區域相關旅遊、休閒資源等。

(七)周邊產業的誕生

1.機場開發後，因應機場及其衍生之各項需求，社區進駐各類周邊產業，如停車場、金融銀行、租車、零售商場、旅行社、旅館、客運公司、保險公司、倉儲公司及物流公司等。對人口、經濟、消費、物價、地價、房價及就業等，均產生極大的效益。

2.航空工業區：飛機研發、維修與保養中心，以提升飛航發展層次。區內提供飛機零件製造、修理及維護、飛機研究、設計及實驗、飛機檢查、航發教育訓練、航太科技、航空材料、航空動力與航空氣象等業務。配合空運中心引進產業發展，並因應高科技產業需求及促進地方產業升級，提供高科技工業、綜合性工業、工業港及大型燃氣電廠等使用。

3.整合物流：現代物流業雖然是多種交通模式的統一，但在臨空經濟區內，可以航空運輸為核心，整合其他交通運輸模式，利用機場周邊的空間，集中發展物流的多項環節，建設成為集運輸、倉儲、包裝、流通加工的現代化航空物流基地。

(八)稅收增加

機場每年繳納一筆龐大的稅賦，是經濟上一項額外的資產。這些稅額的增加，對地方社區每一住戶有很大益處；額外的稅收可以改善地方公共設施、增建醫療設備、美化公園，機場稅照顧了每一個人身心健康，減少個人稅額。

三、機場對社區的衝擊

機場的建設帶來社區的發展，但在一個占地廣大區域之開發過程中，不免破壞原有地形地貌，影響該區域原有自然生態環境。而且機場開發完成營運後，更帶來噪音、空氣等有形汙染，對環境生態及環保規範的衝擊程度十分嚴重；另外，對於社會亦帶來無形影響，不容忽視。機場對社區的衝擊包括：

(一)噪音汙染

噪音是一種嚴重的環境汙染，它會改變人類的生理狀態、加速心跳

和呼吸、造成暫時或永久性耳聾，亦常誘發某些疾病的發作。高強度的噪音會導致高血壓、心臟病等。而航空噪音對居民的影響最大，若航空噪音達到65dB以上時會影響日常生活作習，嚴重時還會影響睡眠品質。

機場噪音包括：

1.飛機噪音以及其所造成之機場噪音，包括飛機在空中飛行所產生的噪音，以及在機場起飛、滑行、試車、待機等所產生的噪音。

2.起飛階段的噪音，分為引擎噪音及機場附近建築物反射之橫向噪音。

3.爬升噪音，即飛機爬升越過附近建築物時所產生的噪音。

(二)空氣汙染

飛機對空氣的汙染，是指飛機因油料未充分氧化燃燒而排出黑煙，對市區所造成的空氣汙染。此種有害氣體中毒，嚴重者可使人類頃刻窒息，而逐漸形成之汙染侵入肺部，對人體之慢性損害匪淺。在高空飛行之飛機亦不例外。當噴射機群繼續擴大到達某一程度時，而人類對其引擎排放汙染如仍不加限制，必將會產生極為嚴重之後果。

(三)生態環境的破壞

1.建設機場需要相當大的土地面積，對原有地形、地質、土壤、水文、水質造成相當大的影響。另一方面，由於航空管制系統之變革，起降及飛行中使用的電波亦會造成電磁波的干擾及汙染。

2.汙水處理及廢棄物的處理也是重要的課題之一。

3.鳥擊問題是目前全球航空共同面對的難題，以美國空軍為例，自1985年開始建立統計資料，至1999年已記錄鳥擊事件39,854次，每年平均約2,500次，合計造成508,865,094美元的損失。

(四)交通堵塞

1.機場建設後，隨之開發的道路交通建設亦日趨成為交通要道，每當交通尖峰時間造成之道路交通堵塞，對社區亦造成交通不便的衝擊。

2.因應機場附近交通尖峰時間堵塞情況，過度開發道路交通路網，亦會造成建設資源的浪費，形成社區資源分配不均的衝擊。

(五)人文衝擊

機場設置後，機場周邊民眾至機場工作或從事與機場有關工作機會增加，改變工作性質。因民航專業性，許多工作人員由外地前來、機場營運後外地旅遊到訪增加，國際機場設置地點，更有外籍人士到訪、居留，均將影響地方居民語言、風俗習慣、文化。

(六)土地利用的衝擊

1.機場設置後，周邊土地因交通便利、周邊開發較易，使土地增值。但機場為維飛航安全，必須對鄰近機場地區土地禁止或限制建物高度，因而影響土地利用。又受噪音影響較大之地區，其土地使用亦會有限制。

2.因機場建設後，空運相關產業進駐機場周邊地區，對土地之需求大增，土地用途別亦會大幅改變，相較於原本土地利用之規劃有巨幅的影響與改變。

(七)公眾資源未公平分配與利用

1.由於興建機場的過程當中確實能為企業帶來無比的商機，因此各地方政府無不熱烈爭取興建機場的機會，雖然環保團體、經濟學者適時地提出反對意見，但常常難敵民意，地方政府過度樂觀的評估而興建了機場。

2.機場過多亦造成空域重疊，影響飛航情事。又機場建設為公共投資一環，其建置、維持費用龐大，往往會排擠其他公共建設所需資金。

3.社區內有機場，必定將投注一定程度的公共資源，對社區內公共資源的分配，必定有一定程度的排擠與衝擊。

(八)物價的上漲

因機場周邊經濟繁榮、人口快速增加及消費活動遽增，物價也隨之水漲船高，外來人口對於地區物價上漲之反應不甚明顯，但對周遭原社區人民而言，物價的上漲對生活的確帶來不小的衝擊。

第三節　機場之分類

飛機場可分為兩大類：一為民用機場，一為軍用機場。軍用機場又再依照軍事用途或機場設備暨使用機種等情況可再詳加細分。民用機場方面，業務範圍分國際機場與國內機場兩類，國際機場配置有海關、移民、檢疫及衛生等機構，係經政府指定供國際線航空器起降營運之航空站。國內機場則為專供國內航線班機起降營運，而未配置海關等機構之航空站。

為便於機場設計，美國聯邦航空總署（Federal Aviation Administration, FAA）依飛機進場速率將機場分為A至E五類（A、B類為小型機場Utility Airport，C、D、E類為區間機場Transport Airport），以翼展長度將飛機分為I至VI類，其中第VI類為未來的大型飛機。

ICAO針對國際機場之需求所訂的規範，以參考跑道長度將機場分為1至4共四類。

一、美國機場系統之分類

依機場所擁有之所有權，美國將機場分為政府擁有（約占28%）與私人擁有（約占72%）兩部分。如依使用方式分類，則分為限制使用（約占70%）與開放使用（約占30%）兩種機場。

美國聯邦航空總署（FAA）對機場之分類，將全國機場依營運方式分為：主要（primary）機場、商業服務（commercial service）機場、通用航空（general aviation）機場、輔助（reliever）機場四種。

1.主要機場：係供公共使用之商業機場，每年在美國機場至少有所有旅客的0.01%搭乘。
2.商業服務機場：係另一種供公共使用之機場，接受固定時間旅客之服務，每年至少二千五百名旅客搭乘。
3.通用航空機場：係專供私人及商業性飛機使用，不提供一般航空公司運送旅客之服務；這些機場每年少於二千五百名旅客搭乘。
4.輔助機場：係在通用航空機場下另一種型態，具有紓解主要機場及商業機場擁擠之功能，並對所有社區提供更方便之一般航空服務。

二、英國機場系統之分類

1978年英國政府擬定機場發展政策，以指導中央政府對機場系統之投資建設。依英國國家機場系統之分類，將機場分為國際門戶機場（Gateway International Airports）、區域機場（Regional Airports）、地區機場（Local Airports）及通用航空機場（General Aviation Airports）等四類。

1.國際門戶機場：機場提供較大範圍與班次的國際線服務，包括洲際服務和全部國內線服務。

2.區域機場：機場為個別地區的主要空中交通需求提供服務。是屬於一種較短途的國際線業務（主要是斯堪的納維亞和歐洲的其他地方）網路的提供，或包機服務和國內線服務，包括與主要機場的聯繫。

3.地區機場：提供第三級服務水準的機場（二十五座以下飛機提供固定班表乘客的服務），符合地方需求，接駁與包機服務的通用航空匯集機場。

4.通用航空機場：主要提供與通用航空設施有關的機場。

三、中國大陸機場的分類

根據國際航空運輸發展趨勢，結合中國實際情況，從充分發揮機場功能以及有利於今後合理布局和建設出發，中國大陸將運輸機場劃分為四種類型：

1.大型樞紐機場：可按旅客吞吐量占全國總量的10%以上考慮。

2.中型樞紐機場：可按旅客吞吐量占全國總量的3～10%考慮。

3.一般幹線機場：可按旅客吞吐量占全國總量的0.5～3%考慮。

4.支線機場：可按旅客吞吐量占全國總量的0.5%以下考慮。

除以上所述劃分機場類別的標準外，從安全飛行角度考慮還需確定備降機場。備降機場是指在飛行計畫中事先規定的，當預定著陸機場不宜著陸時，飛機可前往著陸的機場。在中國大陸，備降機場是由民航總局事先確定的，起飛機場也可以是備降機場。

四、台灣地區機場之分類

依據民國92年5月28日總統公布之「交通部民用航空局所屬航空站組

織通則」，民航局所屬航空站依航線種類、飛機起降架次、客貨運量等之多寡，分為特等航空站、甲等航空站、乙等航空站、丙等航空站、丁等航空站；其設立、等級，由民航局報請交通部核轉行政院核定。民航局所轄各等級航空站為：

1.特等航空站：中正（2010年11月1日改制為國營公司）。
2.甲等航空站：高雄、台北。
3.乙等航空站：花蓮、台南、馬公、台東。
4.丙等航空站：金門、台中、嘉義。
5.丁等航空站：七美、望安、蘭嶼、綠島、南竿、北竿、屏東（2011年9月1日終止營運）、恆春。

民航局依據航空站之等級，給予不同之授權。
民航局所屬航空站掌理下列事項：

1.航空站之經營管理事項。
2.航空站土地、設施及裝備之管理與維護事項。
3.航空人員與航空器離、到場之查驗管理及地面勤務安全事項。
4.機場災害、飛航安全事故之預防與搶救及緊急救護事項。
5.機場動態監控及異常事件之處理事項。
6.機場之噪音監測、防制及其經費之分配事項。
7.其他有關事項。

Chapter 2

機場系統

第一節　機場作業系統

一、航空運輸構成要素

依據Ashford等（1997）的說法，航空運輸的三個主要構成要素包括機場（airport）、航空公司（airline）及使用者（user），而機場是構成航空運輸最重要的一部分。

機場的規劃與營運必須考慮到三個主要構成要素的相互作用才能成功。為了機場系統運作順利，每一個要素必須與其他兩個要素達到均衡，否則將不能達到最佳的狀態。在競爭激烈的情況下，當機場設施缺乏競爭性的選擇、需求水準下降、運量被別處吸走時，將導致機場營運規模的下降。一般而言，從以下的條件可以得知機場是否能營運成功：

1.機場營運是否虧損。

2.航空公司在機場營運是否虧損。

3.航空公司與機場員工對工作條件是否滿意。

4.旅客處理設備是否適當。

5.飛機起降設施是否足夠。

6.機場作業是否安全。

7.使用者的作業成本是否較高。

8.航空公司的支援設施是否適當。

9.航空公司和乘客的延誤是否較高。

10.機場聯外設施是否不足。

11.旅客需求水準是否低落。

機場提供必要設施服務航空公司及旅客，而旅客也是航空公司服務的對象，所以旅客到機場時，同時受到航空公司及機場雙重的服務。機場作業規模的主要參數，包括旅客需求、機場容量與飛行容量，彼此互動關係密切。航空旅運需求反映在航空公司者為對飛航的需求，包括飛機類型與班次頻率，飛機類型愈多與班次頻率愈高，旅客搭乘意願愈高；反映在機場者為航站的類型，不同航站類型攸關旅客服務品質與數量。而旅客在機場活動範圍大多在陸側，因此，旅客對飛航類型與航站使用量的多寡，將會影響陸側的設計。飛行容量反映在航空公司者為旅客需求所延伸的飛航供給，航空公司提供較多飛航班次將影響旅客的選擇。而航空公司的飛機大多在機場空側活動，飛行容量反映在機場者為航空公司的航機在空側的使用，空側如能容納不同機型調度使用將增加航空公司營運能量，因此，飛航班次與航機的混合將影響航空公司的班次與價格。機場容量反映在航空公司者為航機在空側的使用，反映在機場者為航站的類型，因此，空側與陸側的結構將影響機場投資的配合。

再從機場、航空公司與使用者三者關係觀之，使用者對航空公司最在意者為航機的特性，亦即飛行中的舒適性，因此，航空公司航空器的空中航行特性必須與使用者需求相匹配。使用者對機場最在意者為旅客航廈之舒適性與方便性，因此，機場的航站設施必須與使用者需求相匹配。航空公司對機場最在意者為各類型航機能在機場順利起降不延誤，因此，機場的空側設施必須能與航空公司各類機型相匹配。機場、航空公司及使用者是構成航空運輸的主要要素，三者相互作用必須彼此均衡，航空運輸才能順利成功。**圖2-1**所示之簡要圖，僅協助將機場作業的主要因素概念化，事實上大機場均會僱用大量的員工，其組織結構更形複雜。

表2-1列出影響機場運作非常重要的四個角色，除了航空運輸的三個主要構成要素（機場、航空公司及使用者）外，非使用者對機場運作所產生的衝擊亦不容忽視。

如果從機場營運者的角度來看，一個有規模的機場必須有一個組織能夠提供或管理下列的設施：

1.旅客的管理。

2.飛機的服務、維修與工程。

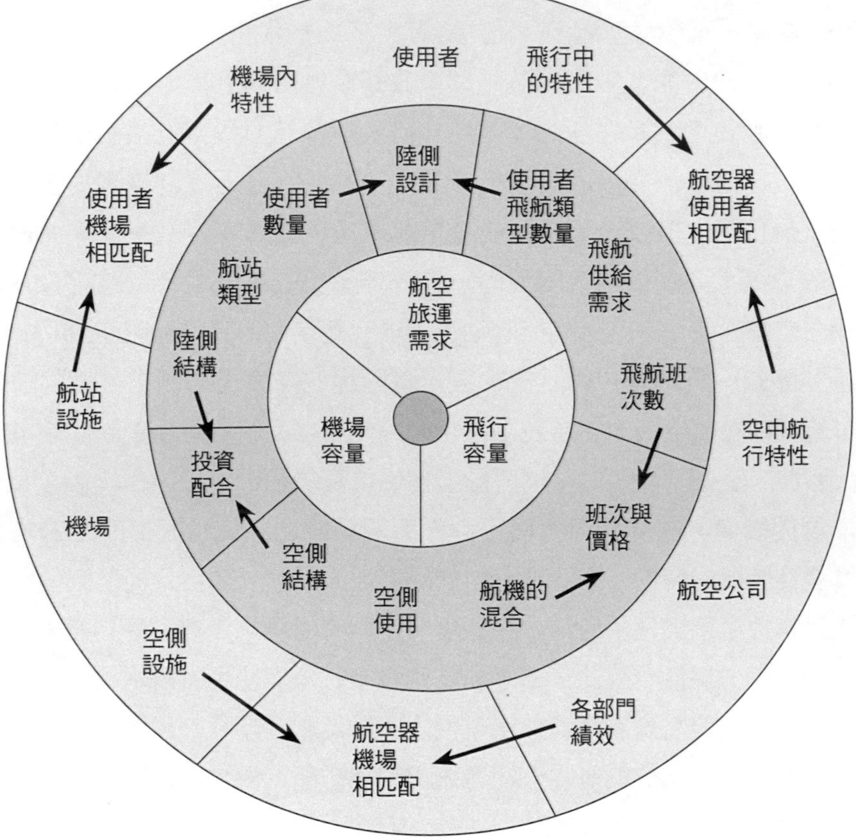

圖2-1　機場關係之層級系統圖

資料來源：Ashford & Boothby, 1979.

3.航空公司的作業，包括駕駛員、空服員、地勤人員、航站及辦公室職員。

4.為了機場穩定經濟的商業需要（特許經營權、租賃公司等）。

5.航空支援設施（空中交通管制、氣象等）。

6.政府功能：農產品檢疫、海關、移民局、健康等。

表2-1　影響機場運作的單位

主要角色	相關單位
機場營運者	地方管理局和市政當局 中央政府 特許權所有人 供給者 公共設施 警察 消防服務 救護車和醫療的服務 空中交通管制 氣象
航空公司	油料供應 工程人員 空廚／免稅店 衛生的服務 其他的航空公司和運作人員
使用者	觀光客 接送人員
非使用者	機場鄰近組織 當地居民社區團體 當地商業律師事務所 反噪音團體 環境保護激進份子 鄰近地區居民

二、機場管理與營運結構

不同類型的經營實體為了確保管理效率和內部交流，可以採用各種類型的組織架構。雖然每個機場都有其獨特性，並有自己獨特的組織和管理架構，在編製機場組織架構圖時，仍需要考慮某些基本元素。機場在編製最合適的組織架構圖時，應該考慮下列因素：

1.機場的職能和目標。

2.在機場履行的各種職能之間的關係。

3.機場的數目及其地理分布。

4.機場的規模，它決定是否應將各種不同的職能委任給不同的部門，或其中一些職能是否可以合併一起，放在同一個單位或部門。

5.交通的類別（國際、國內、民用、軍用）。

6.各有關機場財務自主的程度。

機場的組織架構圖主要在表明各種機場職能之間的關係，並藉此對所提供的設施和服務之成本的分配作一確定。用圖來表示相關的組織架構中的職能關係時，應該考慮下列各方面：

1.是否應將一個或多個職能合併在一起，或放在每一部門。

2.劃歸在一起的職能，是否彼此有相關且有一共同目的。

3.當機場的交通量低時，部門的數量應相對有限。隨著機場的規模擴大，其組織架構圖也趨於更加複雜，但是部門的繁多不應造成責任的重疊，否則會阻礙機場營運的流暢。

4.所有部門應緊密協調，尤其是在機場保安方面。

5.不論採取何種內部組織形式，機場通常由一首席執行官（或總經理，或總幹事）和一理事會（或董事會）管理，理事會通常負責有關機場的所有重要決策。首席執行官負責機場日常的營運和行政事務並執行理事會的決定。

機場的管理結構沒有唯一的最佳形式，常因為機場類型與規模的不同，或與政府、半政府團體、結盟的基礎、在中央與地方政府聯合的組織不同而有所差異。以下介紹A、B、C三種不同機場類型管理架構圖（Ashford等，1997），如**圖2-2**所示。

A類型為生產與參謀混合部門的架構，所有的報告直接到機場主任，這是在參謀功能不是非常重要的小機場的正常情形，當然機場主管密切的參與日常的營運。B類型可能出現在較大的機場，當參謀部門對主任而言

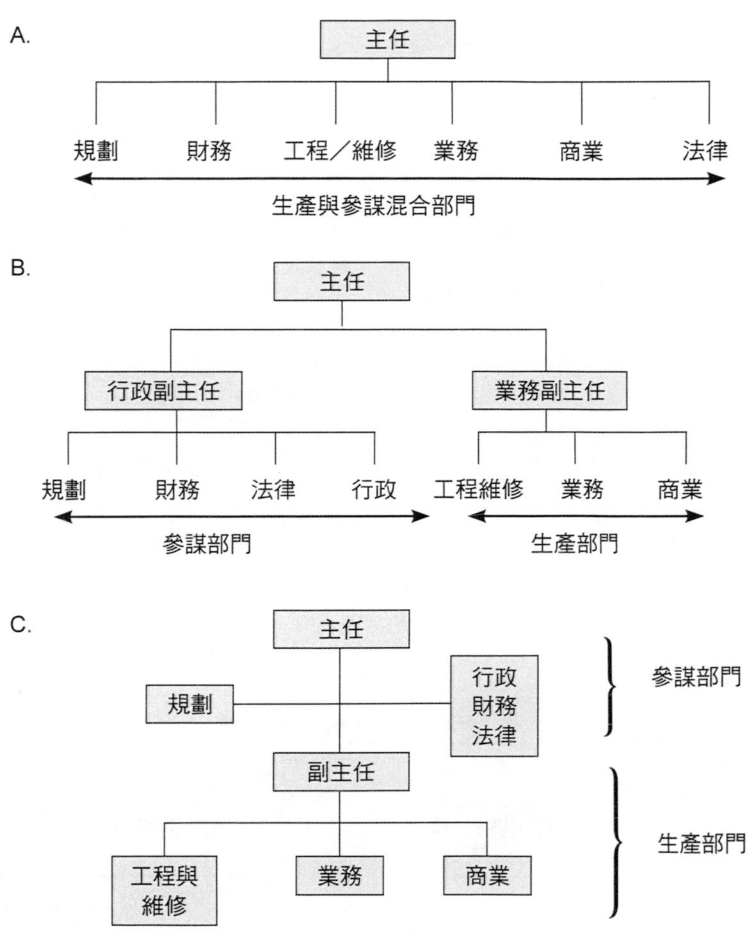

圖2-2　機場管理架構圖

是類似於支援的角色時，比較忙碌的生產部門將透過副主任來報告。在大機場C類型常常出現，生產與參謀部門分別透過兩個副主任來報告。

以下係ICAO所建議的，如**圖2-3**、**圖2-4**和**圖2-5**，說明了不同的組織架構。

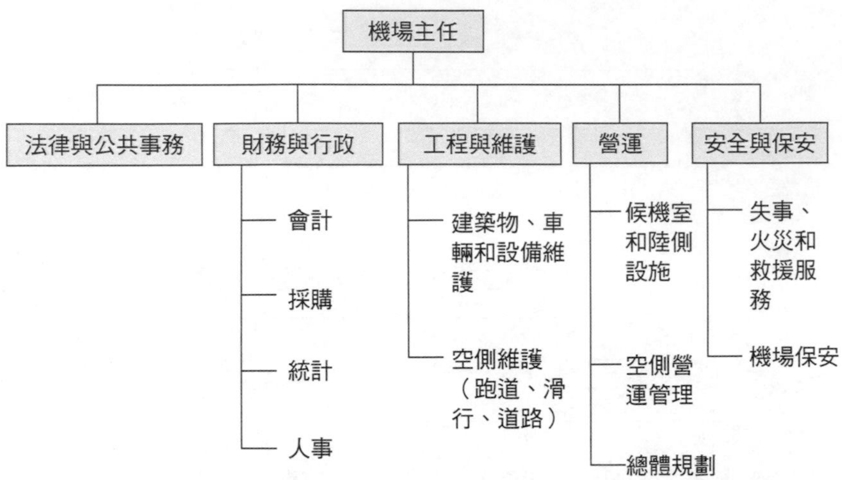

圖2-3　民用航空局屬下的機場當局（通用組織架構圖）

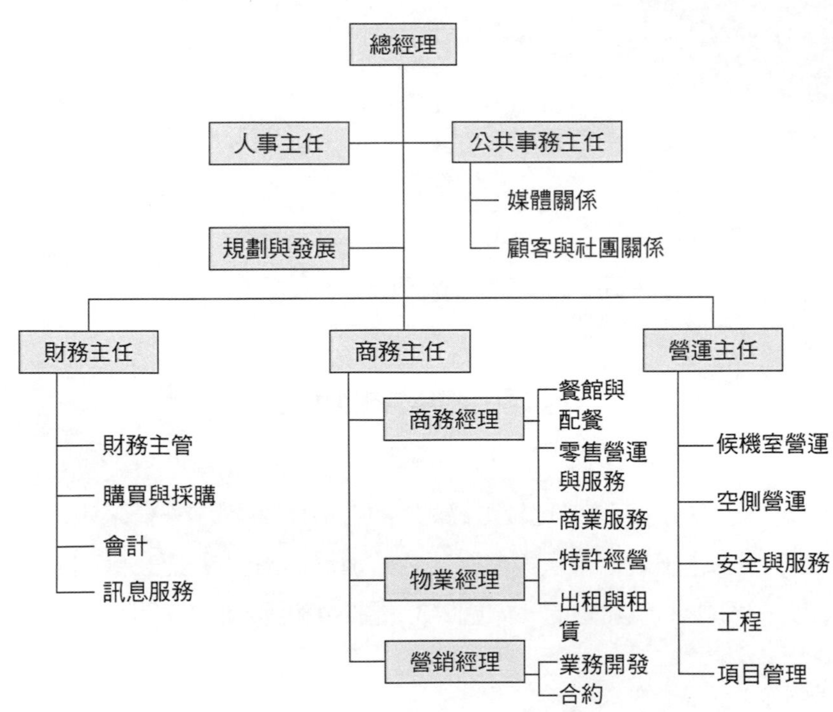

圖2-4　商業化機場（通用組織架構圖）

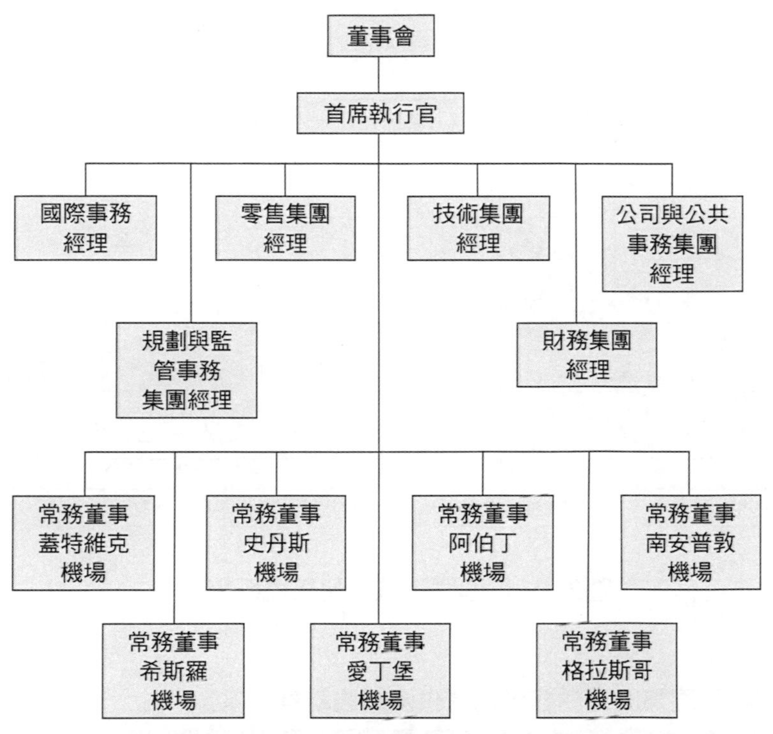

圖2-5　私營機場公司：英國機場管理公司（通用組織架構圖）

三、桃園國際機場組織系統

桃園國際航空站原名為中正國際航空站，1970年5月選定派森斯公司以美金四十三萬八千元辦理規劃，1974年9月開工，1979年2月16日正名為「中正國際機場」，同年2月26日正式開航，華航B24班機上午八時十五分出境；國泰411班機上午九時十二分入境。2006年9月6日行政院第3005次會議決議通過「中正國際機場」正式更名為「臺灣桃園國際機場」。桃園國際航空站屬民航局所轄特等航空站，其組織系統及業務執掌各如**圖2-6**及**表2-2**所示。

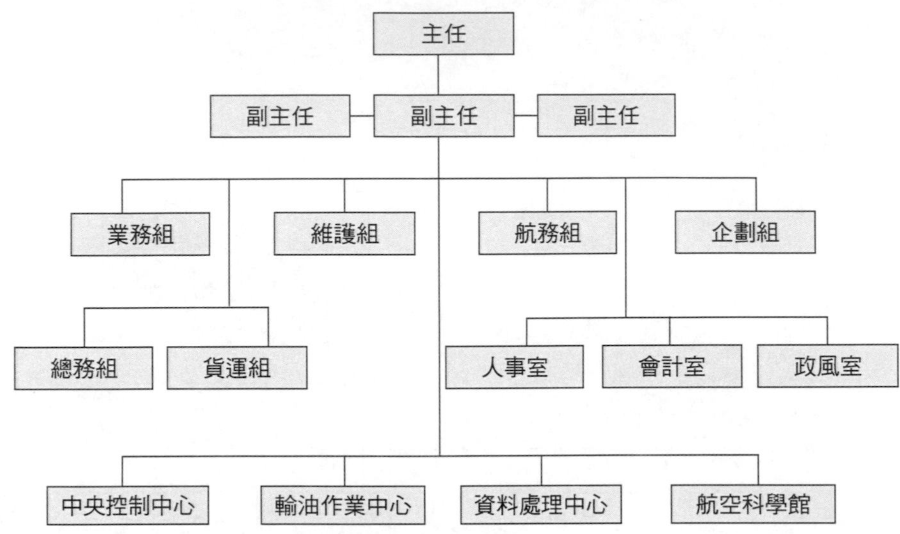

圖2-6　桃園國際航空站組織系統圖

表2-2　桃園國際航空站各業務單位及業務執掌事項表

單位	業務事項說明
業務組	掌理場站之管理、營運、商業活動與旅客服務事項
維護組	掌理場站各項設施及裝備與維護等事項
航務組	掌理飛地安全、航空人員及航空器之查驗、機場消防、救護等事項
企劃組	掌理年度施政計畫、研究發展、業務管考、法令規章等事項
貨運組	航空貨運政策之協助推動、興革發展建議之提出、集散站與相關航空貨運業務之督導
總務組	掌理文書、事務、財產、出納、一般行政等事項
會計室	掌理會計管理業務
人事室	掌理人事管理業務
政風室	掌理政風業務事項
中央控制中心	負責全站各作業系統監控及聯絡事宜
輸油作業中心	負責飛機用油儲備、管理與供應事宜
資料處理中心	負責本站資訊系統規劃、管理與諮詢事宜
航空科學館	負責航空資料展，民航史料建立及航空有關諮詢服務事宜

為了改善桃園機場的服務品質，政府先通過「國際機場園區發展條例」及「國營國際機場園區股份有限公司設置條例」兩項法案，桃園國際航空站於2010年11月1日改制為國營公司，全名為「桃園國際機場股份有限公司」，是交通部所出資成立的國營企業，也是台灣第一個專營機場的公司，改制後之桃園國際機場股份有限公司組織架構如**圖2-7**。

第二節　機場設施系統

機場的主要功能即是起降飛機，接送客貨。在這功能圍繞之下，形成了一個非常複雜的系統，如**圖2-8**所示。圖中簡要地說明了機場這個系統的概念，它把整個機場系統分成兩大部分：第一部分是空域，與航路系統相通；第二部分是機場地面系統。如以空側和陸側劃分時，空側包括供飛機起飛、降落的跑道，供飛機停放的機坪，以及聯絡跑道和機坪的滑行道系統。陸側包括候機室、貨運站和供地面車輛流通的道路和停車場，以及進出機場的地面聯外交通系統。如以機場設施劃分，則分為飛行區、航站區與地面運輸區。

一、飛行區

飛行區分為三個系統，包括跑滑道系統、導航與管制系統以及飛行區其他服務系統。

(一)跑滑道系統

◆跑道

跑道（runway）乃機場內供飛機直接起飛或降落之用，主要由以下區域組成：

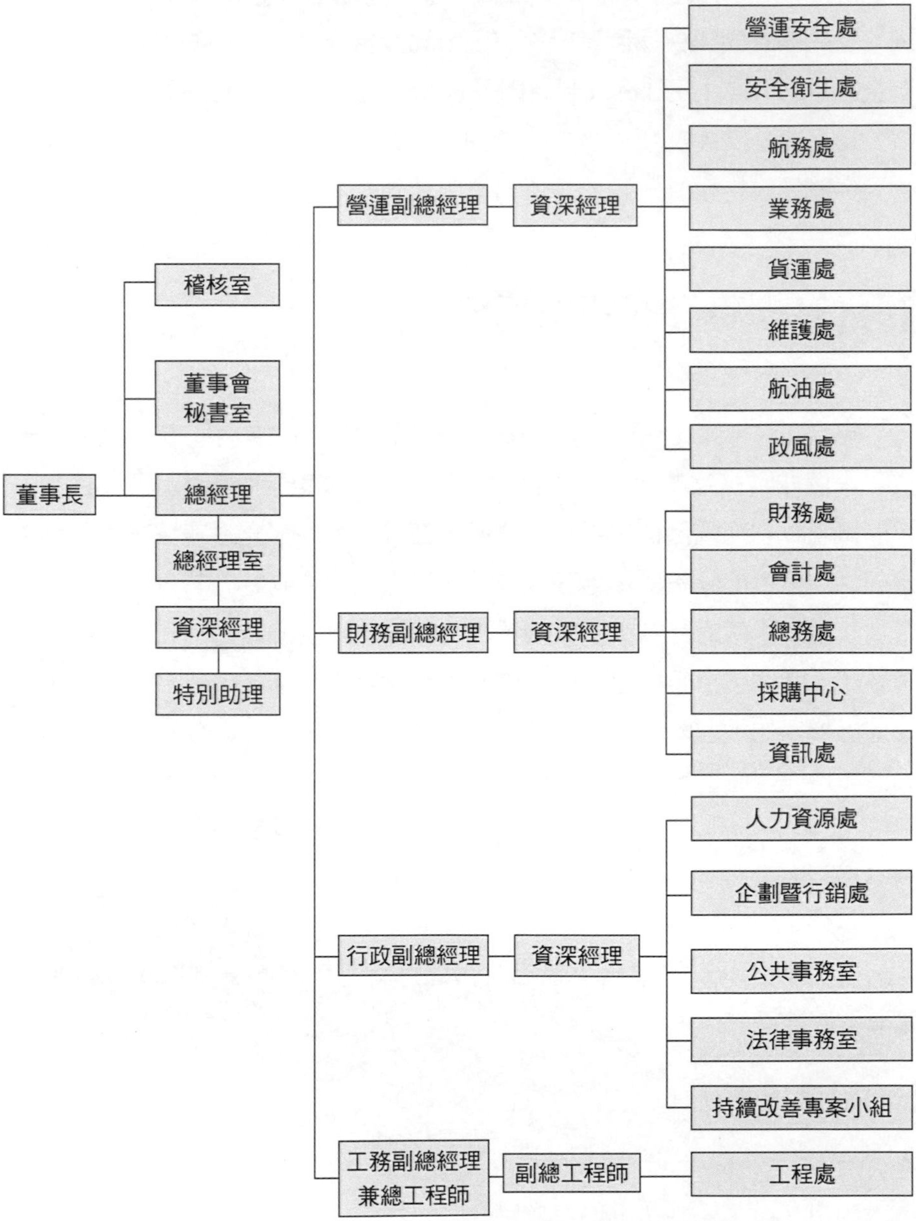

- 董事長
  - 稽核室
  - 董事會秘書室
  - 總經理
    - 總經理室
    - 資深經理
    - 特別助理
    - 營運副總經理 — 資深經理
      - 營運安全處
      - 安全衛生處
      - 航務處
      - 業務處
      - 貨運處
      - 維護處
      - 航油處
      - 政風處
    - 財務副總經理 — 資深經理
      - 財務處
      - 會計處
      - 總務處
      - 採購中心
      - 資訊處
    - 行政副總經理 — 資深經理
      - 人力資源處
      - 企劃暨行銷處
      - 公共事務室
      - 法律事務室
      - 持續改善專案小組
    - 工務副總經理兼總工程師 — 副總工程師
      - 工程處

圖2-7　桃園國際機場股份有限公司組織架構圖

資料來源：www.taoyuan-airpot.com

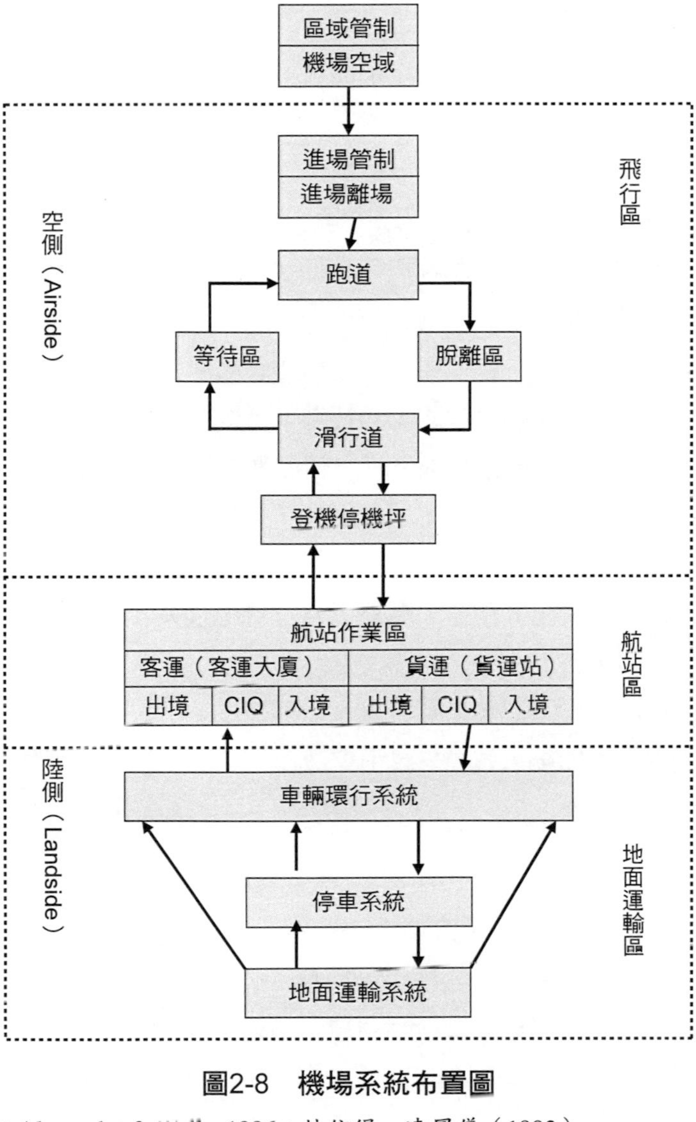

區域管制
機場空域

空側（Airside）

飛行區

進場管制
進場離場

跑道

等待區

脫離區

滑行道

登機停機坪

航站區

航站作業區

客運（客運大廈）			貨運（貨運站）		
出境	CIQ	入境	出境	CIQ	入境

陸側（Landside）

地面運輸區

車輛環行系統

停車系統

地面運輸系統

圖2-8　機場系統布置圖

資料來源：Alexander & Wells, 1986；林信得、凌鳳儀（1993）。

1.跑道道面：承載航機重量之鋪面。

2.跑道道肩：鄰近跑道道面之鋪面區域，防止航機噴氣侵蝕道面，供維修及巡場車輛通行。

3.跑道地帶：包括跑道道面、道肩及經整地排水良好的帶狀區域。供航機意外衝出跑道面時予以支承，使航機結構及人員損傷降至最低，同時供維修、緊急救援等車輛通行。跑道地帶寬度取決於設計機型及進場類別。

4.噴氣防護坪：設於跑道頭外，用以防止噴射引擎所產生之急風熱氣侵蝕地面；並可提供消防、救援裝備行駛及航機意外衝出跑道端時支承用；或保護降落航機不受未經處理之地面的傷害。

5.跑道端安全區：設於跑道地帶兩端，提供航機過早落地或衝出跑道時之平整區域。

6.緩衝區：設於起飛跑道末端外，當航機起飛失敗時，可供減速安全停機之用。

7.清除區：為自跑道端外延伸之一矩形區域，供航機起飛滾行達到抬升之決定速度後，航機一具引擎故障，仍必須繼續起飛情況下，保障其起飛安全之用。

◆滑行道與等待區

滑行道的作用是連接飛行區各個部分的飛機通路，它從機坪開始連接跑道兩端。在交通繁忙的跑道中段設有一個或幾個跑道出口和滑行道相連，以便降落的飛機迅速離開跑道。滑行道類別分為：

1.入、出口滑行道。

2.平行滑行道。

3.停機位滑行路徑：屬於停機坪之一部分，指定用作滑行道並只供作停機位出入通道使用。

4.停機坪滑行道：為滑行道系統中位於停機坪之部分，供航空器穿越停機坪之滑行通道。

5.快速出口滑行道。

滑行道在和跑道端的接口附近有「等待區」，地面上有標誌標出。這個區域是為了飛機在進入跑道前等待許可指令。等待區與跑道端線保持一定的距離，以防止等待飛機成為其他飛機起降的障礙物或產生無線電干擾。**圖2-9**所示為跑道滑行道。

◆停機坪

停機坪是飛機停放和旅客登機、貨物裝卸的地方。飛機在登機機坪進行裝卸貨物、加油；在停放機坪過夜、維修和長時間停放。如依功能細分，又可分為：旅客航站停機坪、貨運站停機坪、維修機坪、停放機坪、普通航空停機坪、直升機停機坪等。

停機坪規劃設計時應考慮防範可能的破壞及武力侵犯問題，防止及

圖2-9　跑道滑行道圖

管制非工作人員進入停機坪。固定式停機坪裝設航機導引設施，以安全地導引航機進入指定的停機位置，停機坪標線為最常見之導引方式，另可埋設地面燈光在夜間及低能見度天候狀況下協助駕駛辨識。另外，停機坪應規劃適當的滑行道及停機滑行路徑，以避免動線衝突。**圖2-10**所示為停機坪。

(二)導航與管制系統

機場導航設施亦稱為終端導航設施，它的目的是引導到達機場附近的飛機安全、準確地接近和著陸。助航台設置於飛航情報區內之各適當地點，其中以多向導航台（VOR/DME）為主，歸航台（NDB）為輔；航管雷達系統主要提供航機距離、方位、高度、呼號等偵測信號，以提供飛航管制人員引導航機使用。另於各機場配備氣象設備、儀降系統（ILS）或微波降落系統（MLS）、地面燈光系統，以提供航機對準跑道中心線，並以適當滑降角度降落於跑道上。經由這些助導航設施的正常運作，才能使空中航機有條不紊地載送旅客安抵目的地。**圖2-11**所示為儀降系統。

圖2-10　停機坪圖

圖2-11　儀降系統圖

(三)飛行區其他服務系統

◆維修棚廠

設置維修廠棚方便飛機在機場作必要之例行檢查及保養，以維飛航安全。各零件在使用到一定時間後即需進棚廠作定期檢驗，故專供航機維護與檢驗之維修棚廠，其面積甚為龐大。棚廠前面須設維修停機坪，並與跑滑道系統相銜接。**圖2-12**所示為維修棚廠。

◆空中廚房

空中廚房之設置目的在供應航機上所需餐點，其位置應在公共交通系統附近，以利供應食品車輛裝卸，並有特種服務車道出入停機坪，大型機場均設有此項設備。

◆檢疫隔離所

設置在停機坪附近或滑行道邊，專為隔離從疫區來的旅客、動物或植物。

圖2-12　維修棚廠圖

◆郵政處理站

機場設置郵政處理站一面靠停機坪內部，一面靠近公共地區，在規劃上盡可能與貨運站為鄰。

◆油區

儲油區必須遠離建築物300公尺以上，從儲油區埋設輸油管至停機坪，每一停機坪位置有兩個輸油栓，儲油區並應有消防安全設備。**圖2-13**所示為油庫區。

◆消防站

其設置目的在搶救航機失事，以減少災害損失，其位置須盡可能靠近主跑道附近。機場範圍大時，應考慮設置兩座消防站。消防人員應作二十四小時警戒，隨時準備待命出發。**圖2-14**所示為消防站。

◆氣象服務系統

無論是儀降或非儀器降落機場均會受天候之影響，因此機場內有氣象專業人員以先進的氣象設施，從事小區域氣象測量提供氣象服務，

圖2-13　油庫區圖

圖2-14　消防站圖

提供航空公司或飛機駕駛員，操作飛機時的參考。其設備通常包括跑道視程、雲幕儀、測風儀、自動氣象觀測儀，以及氣象衛星圖自動化系統等。

◆管制塔台服務

空中交通之指揮塔台為出入航機之精神樞紐，其位置應能廣視各跑道兩端及滑行道停機坪等航機活動之地區，俾作絕對指揮與管制，以維飛航安全。

目前標準塔台高度為45英尺，其頂部為指揮管制塔台，以下各層則裝置雷達、通訊、錄音等設備，並作辦公室。人員進出塔台須由機場當局作適當嚴密之管制。**圖2-15**所示為管制塔台。

二、航站區

航站區是地面交通與空中交通結合的部分，是機場對入出境旅客以及貨物提供各種服務的地區。航站區最重要的兩項設施分別為航站大廈

圖2-15　管制塔台圖

（passenger terminal）與貨運站（air cargo terminal），茲分述如下：

(一)航站大廈

航站大廈又稱客運大廈，係供出入境旅客辦理查驗、通關及行李託運等作業空間之用，力求便捷、舒適、安全，其作業能量至少應考慮二十年之運量需求。但可按實際需要，以十年為一期投資興建，其設計則以能容納預測之尖峰小時客運量為原則，面積則因與服務水準及國情習俗等很多因素有關，世界各國並無一定之標準。

(二)貨運站

貨運站為處理航空貨物之作業空間，其設計以能容納預測之年貨物處理量為原則，並設置貨櫃場及停車場等附屬設施。貨運站位置應規劃一面靠近跑滑道系統並有貨運專用停機坪，另一面靠近公共區域以利貨物裝卸。航空貨運近年來已進入整盤整櫃自動化，倉儲裝卸系統或通關已採用自動化設備或電腦設備，簡化處理過程，以加速加大貨運量。

三、地面運輸區

地面運輸區通常包括機場環行系統、停車系統及地面運輸系統等三個部分。

(一)機場環行系統

地面運輸區的三個系統事實上是互相支援。機場的人車（大車、小車）分道，入境出境旅客尖離峰又特別明顯，如果車輛環行系統動線不良，或空間不足，在尖峰時期均容易造成混亂、擁擠與事故。

機場環場交通通常規劃為左旋之單行道，道路應有足夠寬度容許超車，機場入出境大廳站緣並應設置足夠數量、大小的停車空間及公共停車指標。

行人路線應單向規劃，及位置之標誌清楚，並有足夠之燈光。停車場到航站大廈的人行道應考量有遮雨設備。

為便利旅客或機場員工於不同航廈間往來，應設置接駁車輛或輕軌捷運，採固定班表巡迴運行。

(二)停車系統

停車場主要是提供搭乘飛機旅客、觀光客、接送貨及機場員工使用，應妥善規劃設計，以旅客步行距離最短為設計原則，並有足夠面積提供尖峰小時車輛停放。並應考慮維修、調度與管理大客車停車場以及售票、候車服務的空間；小客車上下客服務與停放車的空間以及管理，自用車的停車場服務與管理；尤其空間不足的機場則須提供機場外的停車場以滿足機場停車需求。機場員工停車場應分開設置，儘量設置於其工作地點附近，方便員工工作需要。**圖2-16**所示為機場停車場。

圖2-16　機場停車場圖

(三)地面運輸系統

機場聯外道路不僅一般空運旅客需要，對機場其他使用者，如：員工、觀光客、送行親友、貨車及利用機場商業活動等亦屬需要，地面運輸系統所有形式均應考慮，且在市中心之輔助車站亦應詳加考量。由於機場員工在尖峰期所產生之交通量大於旅客及觀光客所產生之交通量，故員工勤務道路應分開考慮，員工通常有不同起訖點類型，這可能影響勤務道路之需求。機場的車輛作業系統，計有：

◆大眾運輸系統

有些較大的機場擁有捷運（或中運量）鐵路系統與大客車運輸系統。如果無捷運鐵路系統，則一定有大客車運輸系統，以方便一般大眾使用，也可減少因自用小客車的流量太大，造成機場的擁擠或混亂。在大眾運輸系統與航站大廈的連接，入出境旅客的上下車，行李搬運，旅客的集散，甚至出境旅客在市區登車前即可辦理行李託運等，均須加以規劃設計與安排。**圖2-17**所示為機場巴士停靠站。

圖2-17　機場巴士停靠站圖

◆營業小客車系統

營業小客車系統包括汽車租賃業、營業小客車的候車區，上下客的秩序，費率之收取，均必須有足夠的空間與秩序。通常入出境的營業小客車會在距離航站大廈最近的地方上下客，以免旅客有距離太遠的困擾，尤其機場入出境旅客常有較多或較重的行李。

◆自用小客車作業系統

自用小客車可能停放停車場，或直接駛往航站大廈的入境大廳或出境大廳上下車。如果停車場內的地勤服務良好，旅客可輕易取得推車自停車場輕鬆走入航站，或由航站直接用板車走向停車場，將會減少旅客直接到航站上下車，而導致車輛擁擠、動線受阻、人車爭道之混亂場面。如果停車場距航站距離太遠，則航站須提供免費的機場循環公車系統。

Part 2

機場營運作業篇

Chapter 3

旅客航站作業

第一節　旅客航站的功能

一、旅客航站運輸機能

旅客航站為旅客辦理報到、入出境通關以及短暫休憩的處所，同時也是陸空運具轉換的主要介面點。旅客航站具有三個主要運輸機能（Ashford & Wright, 1992），亦即旅客與行李的處理、活動類型改變需求之提供，以及運輸方式改變之協助。

(一)旅客與行李的處理

旅客在航站大廈購買機票、報到與行李卸載、行李打包、政府機關必要的檢查與安全措施。

(二)活動類型改變需求之提供

航站設施必須提供能符合隨機來自不同運具、不同地點與不同時間的旅客需求，整合來自四面八方的旅客登機。從航機到達面來看，處理程序剛好相反，使用不同班機、在不同的時間，將旅客載運到全世界不同的角落。這是一個必要的功能，比其他所有的運輸方式還來得重要。

(三)運輸方式改變之協助

航站必須提供空側與陸側這兩種運輸方式的足夠設計與順暢作業設施的基本功能；在空側，必須考慮到航機與機坪車輛在某方面的作業界面；而且同等重要的是，也必須考慮陸側旅客進入機場的需求。

二、旅客航站分類

旅客航站如依航線分類，可分為國際線旅客航站與國內線旅客航

站。國際線旅客航站與國內線旅客航站二者主要差異如下：

1.國際線旅客航站除了國內線必要設施外，尚須另外設置證照查驗、海關檢查等區域。
2.國際線旅客航站在站緣（curb）、報到大廳、候機室、迎客大廳等動線區域，因行李數量、接送人員人數、占用時間等因素影響，國際線較國內線需要較大之空間，在需求分析時輸入不同參數以反映其差異。
3.服務區域方面，國際線一般比國內線提供較多服務設施種類及較大空間，如外幣兌換、朝拜室、免稅商店、賣店及餐廳等。

三、航站登機門水平分布概念型式

機場旅客航站大廈登機門的水平分布主要分為基礎的六種型式，包含遠端停機式（open-apron，或稱接駁式）、線型前列式（frontal, linear）、高密度前列式（compact）、指狀凸堤式（pier/finger）、衛星式（satellite）與中場型（midfield），如**圖3-1**所示。

(一)遠端停機式

係指旅客與行李透過機坪巴士銜接旅客航站大廈與航機，由階梯完成上下階梯的過程，航機停於停機坪遠端，並不鄰近旅客航站大廈。

(二)線型前列式

係指旅客航站大廈概念為一水平長型之建築，航機直接停靠於旅客航站大廈前方，旅客由登機門藉著空橋完成上下航機的過程。

(三)高密度前列式

係於中小型之航空站所使用之概念，登機方式與線型前列式相同，

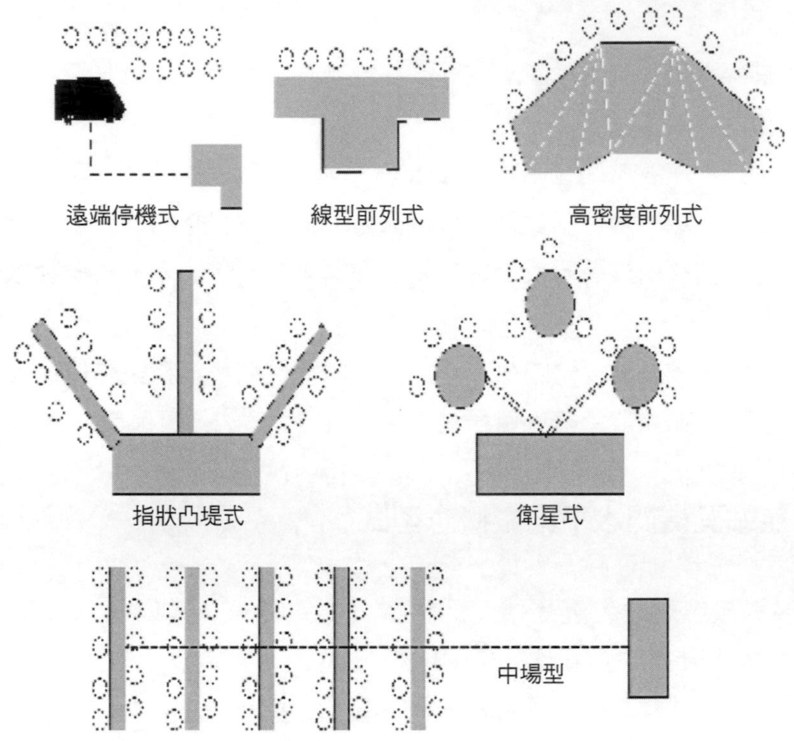

圖3-1　航站大廈登機門的水平分布概念型式

但其旅客航站大廈概念轉換為多邊形，以增加容納登機門數目。

(四)指狀凸堤式

係指候機室由旅客航站大廈伸出的指狀建築，航機停靠於凸堤的兩側，適合轉機比例高的航空站，旅客也直接由登機門完成上下航機過程。

(五)衛星式

係指旅客出入境程序處理過程集中於旅客航站大廈內，候機室則位

於遠端的衛星式建築內，旅客藉由川堂或地下道抵達候機室，行李則以機坪車輛載至航機位置。

(六)中場型

國外學者從區位選擇的觀點提出中場型的旅客航站大廈概念與門抵型（gate arrival）的旅客航站大廈概念相比較。中場型旅客航站大廈係指旅客航站大廈的位置較接近飛行場（airfield）部分，旅客出入境程序處理過程集中於旅客航站大廈內。候機室則位於遠端的衛星式建築內，旅客藉由川堂或地下化的自動化旅客運輸系統抵達遠端的候機室，行李則以機坪車輛載至航機位置。門抵型係指旅客航站大廈位置較接近陸側部分，航機直接停靠於旅客航站大廈前方，登機方式與線型前列式相同，旅客由登機門藉著空橋完成上下航機的過程。門抵型的分布概念與前述的線型前列式極為相似。

世界著名航空站旅客航站大廈登機門分布方式，以及旅客航站大廈登機門分布型態比較表，如**表3-1**、**表3-2**所示。

四、航站概念形式評選

航站概念形式評選，可分為機場運量、旅客步行距離、航空公司航點特性、場址條件、氣候條件以及發展潛力等方面說明。

(一)機場運量

年離站運量小於二十萬人次可採線式航站概念。年離站運量二十至一百萬人次可採線式、指狀式或衛星式航站概念。高運量機場，線式航站因較分散，導致較長步行距離及複雜指示系統。年離站運量大於一百萬人次可採指狀式、衛星式、接駁式或單元組合式航站概念。

表3-1　世界著名航空站旅客航站大廈登機門分布方式

區域	航空站名稱	跑道形式	旅客航站大廈設計
亞太地區	日本成田機場	兩條跑道	1.第一航廈：從衛星指狀建築變成四個指狀衛星圓堡 2.第二航廈：主航廈再拉出一條衛星航廈
	日本關西機場	單一跑道	線型前列式單座五層樓旅客航站大廈
	新加坡樟宜機場	雙平行跑道	1.第一航廈：H型航廈 2.第二航廈：本來是直線航廈後來為了提高容量及空橋數改為指狀凸堤式 3.第三航廈：準備中
	泰國曼谷機場	雙平行跑道	1.第一航廈：國內航線，直線型變成T型，因為新增了一條指狀凸堤式 2.第二航廈：國外航線，本來是直線型，後來就和第三航廈一起設了三條指狀凸堤式 3.第三航廈：國外航線
	韓國仁川機場	雙平行跑道	第一、二旅客航站大廈設計為弓形，加上遠端四座衛星設計
北美地區	舊金山機場	交叉雙平行跑道	環型分布型態
	洛杉磯機場	雙平行跑道	七座指狀凸堤式加一座直線型的旅客航站大廈分布型態
	芝加哥機場	三對互相交錯的平行跑道	1.第一航廈：採直線與衛星混合式 2.第二航廈：採指狀凸堤式 3.第三航廈：採指狀凸堤式
	亞特蘭大機場	雙平行跑道	採中場型旅客航站大廈設計
	西雅圖機場	窄間距平行跑道	指狀凸堤式旅客航站大廈設計
	丹佛機場	三條南北向跑道 二條東西向跑道	採中場型旅客航站大廈設計
	波士頓機場	單一跑道	環型式旅客航站大廈設計

(二)旅客步行距離

應儘量採旅客最短步行距離方案，當轉機旅客運量大時，應特別考量：年離站運量小於一百萬人次，採六至八登機門之簡易或線式航站，最大服務機種約B-727，機位寬約33～40公尺，一般航機採自力進／推出之

表3-2　旅客航站大廈登機門分布型態比較表

型式	優點	缺點
線型前列式	1.步行距離短 2.易於導向 3.易於建造 4.易於出入境區隔 5.路線長度充足 6.分散型設計可減少行李運送距離	1.分散型設計設施重複設置 2.轉機者步行距離增長 3.集中型設計行李處理系統投資高 4.適應性較差 5.分散型設計航機資訊顯示系統設置增加
指狀凸堤式	1.集中型設置 2.設施減少重複 3.航機資訊顯示系統設置單一 4.適宜高運量機場	1.步行距離長 2.路線易擁擠 3.適應性及擴充性較差 4.航機之操作較不易 5.樓層數增加 6.建造成本高
衛星式	1.集中處理 2.候機室之舒適性佳 3.航機資訊顯示系統設置單一 4.適宜大機場 5.擴展性佳	1.建造成本高 2.行李處理不便 3.路線擁擠 4.適應性差 5.樓層數增加 6.旅客處理時間增加
遠端停機式	1.擴充性及適應性佳 2.航機操作最為便利 3.旅客動線簡單 4.適宜小型機場 5.易於出入境旅客區隔	1.延滯增加 2.機坪巴士投資大，維護操作成本均高 3.巴士在機坪造成困擾 4.擁擠增加 5.載運行李的車輛成本增加 6.增加人力成本
高密度前列式	1.步行距離短 2.易於導向 3.較長之路線 4.容納較多登機門 5.行李處理便利 6.航機資訊顯示系統設置經濟	1.常用分散型設計 2.航廈間轉換成本及時間均較高 3.人力成本增加 4.聯外運輸車站設置較不易

操作模式，航站提供各主要服務如報到櫃檯、候機大廳及行李提取等，總長度約210～300公尺，即自航站中心至航站最遠端距離約105～150公尺。年離站運量一百萬至三百萬人次，服務大型或廣體機種，機位寬約

45～55公尺，以一單元提供六至八登機門計算，停機坪長度約300～450公尺，航站各服務區較為分散，航站內及航站間步行距離較長，可考慮指狀、衛星或接駁式以縮短步行距離。年離站運量大於三百萬人次，轉機旅客占25%以上，不宜採接駁式航站。當航站形式受限時，可採電扶梯、電動步道等設備協助旅客。

(三)航空公司航點特性

航空公司於該機場之航線結構特性亦為航站形式決定之重要因素，如轉機站或出發站、國內線或國際線、定期或不定期航線等，其他考慮因素尚如航機類型及規模、地面作業時間、航空公司設備等。

(四)場址條件

場址擴建空間、既有設施、地形及聯外交通系統等。

(五)氣候條件

考量氣溫、雨量、風等特殊天氣條件，降低對旅客及行李之影響。

(六)發展潛力

客、貨運量及航空公司之成長，航空公司之成長包括未來航機機型、航班及設備之成長、新航空公司加入等。

五、旅客航站區域

依據「國內機場規劃設計規範之研究（二）航站區」（交通部民用航空局，2003）對旅客航站區域的分類，旅客航站依功能可分為旅客動線區域、服務區域與非公共區域三部分，如**圖3-2**。

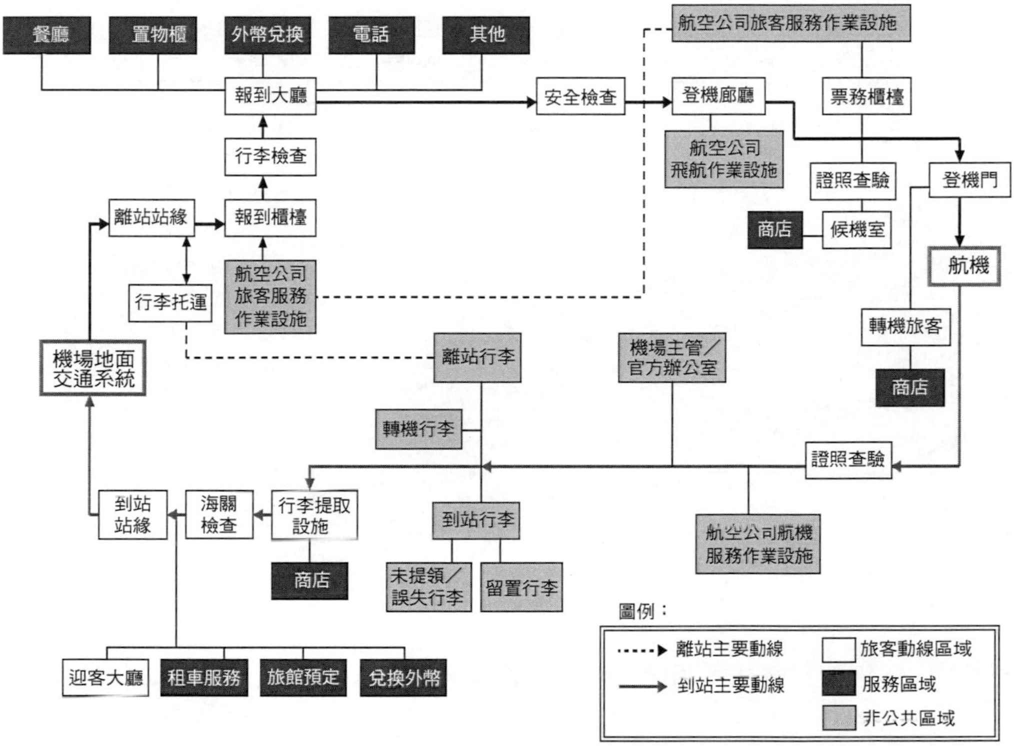

圖3-2　旅客航站區域圖

資料來源：ICAO, 1987.

(一)旅客動線區域

係指旅客及接送人員在航站內到站、離站流程之相關空間。包括站緣、報到大廳、證照查驗、安全檢查、登機廊廳、候機室、空側廊道、海關檢查、行李提取大廳以及迎客大廳。到站、離站流程如圖3-3。

(二)服務區域

服務區域包括：

1.旅客服務設施：航站內提供旅客資訊及服務之空間，包括服務台、

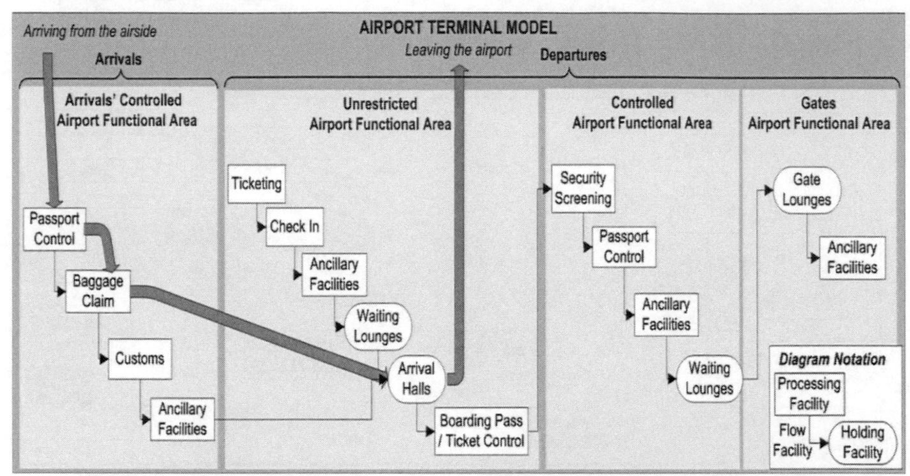

圖3-3　旅客到站、離站流程圖

資料來源：Manataki & Zografos, 2010.

銀行、電話、郵局、保險、行李保管、洗手間、育嬰室、朝拜室等。

2.商業服務設施：航站內提供旅客商業服務之空間，包括餐廳、禮品店、免稅商店、咖啡廳、租車、旅館諮詢等。

(三)非公共區域

非公共區域包括：

1.營運作業區：提供航空公司或其他服務單位之辦公室及設備所需空間，包括航空公司辦公室、機務室、行李處理區域等。

2.行政管理區：提供機場內各行政單位、政府單位或航站管理單位辦公室，包括航站辦公室、新聞發布室、航警辦公室、海關辦公室、飛航情報中心等。

3.維修設施區：航站內機電設施、管道間等，以及相關維修人員之休息室、置物櫃、物料儲藏室、卸貨平台等。

 第二節　旅客航站設施標準

本節在探討旅客航站各項設施與場地作業標準，共分為：旅客作業區域、服務區域、非公共區域以及輔助設施（交通部民用航空局，2003）。

一、旅客作業區域

在旅客航站，旅客作業區域包括：(1)站緣；(2)報到大廳；(3)證照查驗；(4)安全檢查；(5)登機廊廳；(6)候機室；(7)空側廊道；(8)海關檢查；(9)行李提取大廳；(10)迎客大廳。

旅客作業區域動線規劃原則如下：

1.縮短步行距離：建議最大步行距離300公尺，當步行距離大於300公尺時，建議採電動步道等設施協助；隨身行李推車上下樓層之方便性應納入考量。

2.國際線與國內線動線分離：國際線與國內線動線應予分離，但部分設施如登機門等宜可供彈性調整。

3.到站及離站旅客分離：國內線到站及離站旅客可不分離，但通過安全檢查之離站國際線旅客，及尚未通過入境相關安檢及證照查驗之到站國際線旅客，均須與其他旅客分離。

4.轉機旅客：不經海關及證照查驗程序，但仍須經安全檢查。

5.樓層改變：至少上樓方向必須提供電扶梯等機械設施；避免旅客攜帶非隨身行李跨樓層動線；電梯僅供老、殘或推車等特殊情況使用，不為正常動線的一部分。

6.適當之導引資訊：導引設施如指示牌、飛航資訊顯示等，可提高旅客動線之流暢；商業廣告不可影響公共導引資訊設施。

7.儘量縮短旅客攜帶非隨身行李時間。

8.餐飲商店設於方便但不影響旅客動線之位置。

9.登機查驗點宜儘量接近航機。

10.動線適用於所有航空公司。

11.非單一動線，避免瓶頸產生。

12.可因特殊情況另闢動線（如特定航班之檢疫作業），避免影響原主要之正常動線。

旅客及行李作業動線如**圖3-4**。

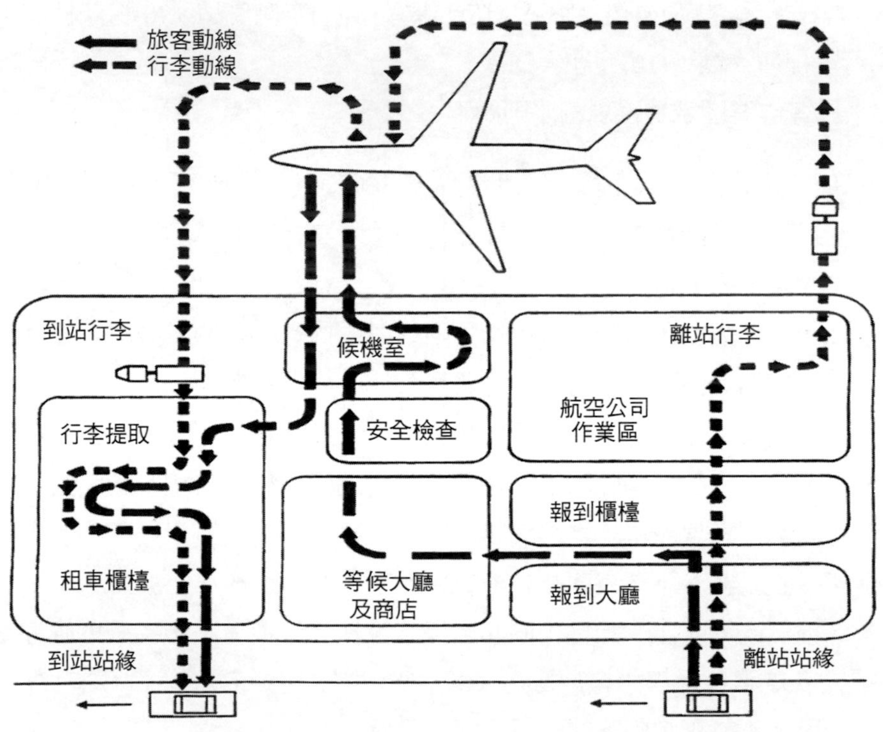

圖3-4　旅客及行李作業動線示意圖

資料來源：FAA, 1980.

(一)站緣

航站站緣（curb）包括人行道及沿航站外圍之車輛暫時停靠區域，供旅客自航站銜接道路系統。**圖3-5**所示為航站站緣。

站緣規劃如下：

1.將到、離站旅客站緣實體分離，避免到、離站旅客動線及人車衝突。

2.站緣規劃宜參考旅客交通工具使用情形、旅客／接送人員及旅客／行李之比例等。

3.暫停車道應規劃適當長度及寬度，以供車輛進出、人員上下及行李裝卸，以鄰近航站站緣為佳，勿影響穿越車道車流。

4.一般車輛及公共交通工具所需站緣長度應分別考量，一般車輛移動

圖3-5　航站站緣圖

較為靈活且占用時間較短，有固定班表之公共交通工具等候位置宜與一般車輛分開。

5.繁忙機場利用分隔島，一方面增加站緣區域面積，另一方面分隔不同車種車流，分隔島間設置人行穿越道以保障行人安全，穿越量高之地點宜布設人行天橋或地下道。

6.一般計程車招呼站與私人車輛可設於同一區域，惟在運量高之機場則宜分別設置。

7.人行道應設置雨庇。

◆離站站緣

離站站緣（departure curb）規劃設計原則：

1.出發站旅客量須辦理報到手續，一般旅客於起飛前三小時內抵達離站站緣。

2.離站站緣可提供站緣報到服務，該區域須能容納報到櫃檯（可移動式為宜）、行李處理設施等。行李以人力或機械輸送至行李處理場。站緣報到服務之設置應評估旅客運量、人力及設置費用等。行李輸送設施應考量現況及未來之需求。

3.站緣應設置明確之導引及航空公司資訊標誌。

◆到站站緣

到站站緣（arrival curb）規劃設計原則：

1.到站旅客約於航機落地後五至十五分鐘開始抵達到站站緣。

2.由於到站旅客時間多呈尖峰狀態，到站站緣之長度或深度應大於離站站緣。

3.到站站緣宜提供行李服務（人員或推車）、地面交通服務處（公共交通工具、租車、停車）、行李存取服務等。站緣道路之分配原則，應將大眾運輸（機場巴士、公車等）空間列為優先配置，副大眾運輸（計程車等）其次，小汽車在最外側。

4.設置計程車排班車道或排班停車場，避免站緣擁擠，且提供即時服務。計程車及公共交通工具等候位置應距航站合理之距離，勿影響航站運作且提供快速服務。

5.在繁忙機場，尖峰時段宜設置專人服務（裝載行李、指派計程車等），加速計程車載客服務。

(二)報到大廳

報到大廳（如**圖**3-6）主要包括：

1.等待區域。

2.提供旅客、送機人員等待座位及空間。

3.排隊報到區域。

4.旅客排隊等候辦理報到手續之區域。

5.報到櫃檯。

圖3-6　旅客報到大廳圖

6.提供旅客辦理報到、劃位及託運行李等手續。

7.航空公司機票及服務櫃檯。

8.提供旅客購票、查詢航空公司相關業務等服務。在小型機場，與報到櫃檯合併，不另設置。

9.公共服務設施，包括服務台、餐飲、商店、販賣機、電話、保險公司、郵局、銀行、育嬰室、公共資訊及洗手間等。

◆報到大廳規劃原則

報到大廳主要規劃原則：

1.應提供足夠空間以避免送機人員影響旅客報到作業，或採將旅客及送機人員分離之配置。

2.本區域應寬闊無障礙，使旅客進入報到大廳後能立即確認前往辦理手續之位置。

3.考慮如團體報到旅客、高危險航班之安全檢查等特殊情況。

4.各航空公司之機票及服務櫃檯，宜沿旅客動線設置，不可干擾旅客報到作業動線。可設在平行於航站面之各入口間。

5.公共服務設施位置勿鄰近報到區域，以維持報到大廳之作業秩序及效率。

6.提供指示標誌指引公共服務設施方向，避免非旅客人員動線穿越或進入報到區域。

7.報到作業方式影響航站運作甚鉅，在航站規劃初期即應與航空公司及營運單位充分溝通。

8.旅客攜帶行李步行至報到櫃檯之距離宜儘量縮短。

9.提供行李推車通道及停放空間。

10.報到大廳須設置飛航資訊顯示設施。

◆報到大廳等待區域

報到大廳等待區域規劃設計原則：

1.當登機門提供座位時，本區域設置座椅數約為尖峰小時離站旅客／接送人員之15～25%。
2.若登機門未提供座位等候區時，本區域設置座椅數約為尖峰小時離站旅客／接送人員之60～70%。

◆報到大廳報到排隊區域

報到大廳報到排隊區域規劃設計原則：

1.排隊等候深度至報到櫃檯面至少6公尺。
2.五十處登機門以上之機場，排隊等候深度自報到櫃檯面至少12～15公尺。

◆報到櫃檯型式

報到櫃檯型式分為：

1.非穿越式：可運用於集中或登機門報到方式，櫃檯排列成連續式。
2.穿越式：櫃檯各自獨立供旅客穿越，較橫列式多占4.7～5.1m^{2}空間。
3.島狀式：適用於集中報到方式，島狀中心軸平行於航站旅客動線，每一島狀單元單側最多可設置十二至十八處櫃檯，若櫃檯設於兩條行李輸送帶兩側，櫃檯數可加倍。兩島狀單元間距約20公尺，視現場需求加寬。

(三)證照查驗

證照查驗規劃設計原則如下：

1.離站旅客：一般僅對國際線旅客進行證照查驗作業；離站證照查驗作業可併入安全檢查程序辦理。
2.到站旅客：國際線到站旅客須經證照查驗作業，可針對本國籍、外國籍或特殊身分（如航空公司機組人員）等，闢設專用檢查櫃檯。

3.轉機旅客：國際／國際線轉機旅客不須經過證照查驗程序；國際／國內線轉機旅客同一般國際線旅客入境手續。

(四)安全檢查

◆旅客及隨身物品

人力徒手檢查、步行通過門式檢查、X光或電子感應設施檢查。

◆託運行李

1.於報到時以X光或螢幕設施檢查：數個報到櫃檯共用一檢查設施，需額外之旅客等待空間；優點為遇可疑行李時，可會同旅客開啟行李檢查。

2.於行李整裝場檢查：以電腦分三階段篩選可疑行李，快速且高度自動化。惟耗時尋找可疑行李之持有人，可能影響航機正常作業。

◆安檢設施規劃設計原則

1.已通過安全檢查之旅客與其他旅客或民眾應予區隔。

2.通過安全檢查區域內商店應管制進出人員，避免違法情事發生。

3.一組步行穿越之金屬偵測器及X光設施，檢查速度約500～600人／hr，需求面積約9～14m^2。

(五)登機廊廳

登機廊廳為供完成報到手續之旅客前往候機室之廊廳。規劃設計原則如下：

1.禁止非作業人員由登機廊廳進入空側。

2.當設置旅客眺望區時，以封閉之設施如玻璃窗等隔離旅客，避免旅客進入空側。

(六)候機室

候機室分為：內候機室、共同候機室以及轉機候機室。候機室可於航站內分別獨立區域設置，或簡化為同一區域，視航站規模及配置、旅客特性及航空公司作業而定。

◆內候機室（登機門候機室）規劃設計原則

1.旅客登機前之等候空間，一般個別之內候機室不設商店，可能數個內候機室共同設置商店於登機廊廳；內候機室內若分為幾個區域供數架飛機使用，可共設商店。

2.當內候機室服務一座以上登機門時，每增加一座登機門，每登機門候機室面積減少5%，以六座登機門為限。

3.內候機室通往下層之空橋不宜採電扶梯，避免因登機口擁擠發生危險。

4.視需求設置登機門報到櫃檯，櫃檯前至少設3公尺長排隊空間。

5.內候機室座位數量宜滿足所服務航機之旅客。

6.離機旅客可採活動式隔線或專用走道與候機室旅客區隔，其寬度約2公尺。

◆共同候機室規劃設計原則

1.多數國際機場另設共同候機室供較早完成報到及證照查驗手續旅客使用。

2.共同候機室設施：

(1)提供適量座椅數、飛航資訊顯示設施、商店、餐飲、育嬰室、洗手間、兌換外幣、郵局及電話等。

(2)航空公司詢問台，包括轉機旅客服務。

3.建議建立旅客流程模式以決定共同候機室空間需求，考慮因素包括：旅客作業速度、轉機旅客需求、是否設置內候機室，及載客率等。面積需求約$2m^2$／人。

4.檢查設施空間需求及位置亦須納入考量。

◆**轉機候機室規劃設計原則**

一般安排轉機旅客於共同候機室或內候機室等候，若另設置轉機候機室（如**圖3-7**），其需求與其他候機室相同。

◆**航空公司貴賓候機室規劃設計原則**

宜位於航站之空側，登機樓層且鄰近航空公司登機門為宜，需求較大之航空公司可依類別劃分為數個貴賓候機室（頭等艙、商務艙及其他）（如**圖3-8**），貴賓室內設置洗手間或淋浴間等。

(七)空側廊道

1.空側廊道為當登、離機旅客於同一樓層進出登機門時，為區隔離機及候機室內等待登機之旅客，於航站鄰空側劃定供離機旅客自登機門通往行李提取大廳或迎客大廳之廊道區域。

圖3-7　過境轉機室圖

圖3-8　航空公司貴賓室圖

2.避免廣告或陳設等吸引旅客駐足，以期旅客快速通過，步行距離宜儘量縮短，視需求設置電動步道。

3.考慮轉機、坐輪椅及推行李車旅客之需求，轉機旅客動線避免經過證照查驗關卡。

(八)海關檢查

海關檢查規劃設計原則如下：

1.海關檢查作業已逐漸簡化為檢查特定旅客或隨機抽驗，或設置紅／綠雙通道系統，由旅客自行選擇是否有須報稅物品。

2.政府機關可考慮將健康、移民、海關及檢疫等手續合併為單一窗口。

3.國際／國際線轉機旅客不必通過海關檢查；國際／國內線轉機旅客同一般國際線旅客入境手續。

(九)行李提取大廳

行李提取大廳規劃設計原則：

◆**行李提取大廳**

行李提取大廳應儘量鄰近迎客大廳及航站出口。行李提取大廳應設置航班及行李提取區編號顯示設施。除等候及提取區域外，應設置行李推車停放區、無人提取行李存放區、辦公室及遺失行李處理櫃檯等。服務國際機場或廣體客機之行李提取長度60～70公尺，窄體客機30～40公尺；相鄰兩組設施間距至少9公尺；在以窄體客機為主之機場，當服務廣體客機時，可將兩組相鄰設施組合使用。

◆**行李提取設施**

行李提取設施主要分為帶狀及環形輸送帶：帶狀提領設施易造成旅客動線交織，且占用時間較長。環形輸送帶分為直接輸入式及非直接輸入式，直接輸入式將行李直接卸於行李提取輸送帶上；非直接輸入式一般行李車於其他平面層將行李卸下後，再輸送至行李提取輸送帶上。行李提取設施形式之選擇，視航站空間而定。

斜坡式行李提取設施最大高度0.45公尺，平台式0.35公尺，輸送帶速度約36公尺／分鐘。

(十)迎客大廳

迎客大廳係提供接機人員接機等待之區域，提供交通安排、租車、訂旅館及錢幣兌換等服務。**圖3-9**所示為迎客大廳。

迎客大廳規劃設計原則：

1.完成手續之到站旅客能快速進入迎客大廳。

2.依據旅客量、航空公司時刻表、接機／旅客比例及區域配置等進行空間需求分析。

圖3-9　迎客大廳圖

二、服務區域

旅客航站服務區域大致可分為免費之旅客服務設施，以及可增加航站營收之商業服務設施，各項設施項目及數量、規模等因機場而異，設置位置視需求分布於報到大廳、登機廊廳、候機室、迎客大廳等。

(一)旅客服務設施

各設施之設置可視機場特性及條件決定，說明如下：

◆必要性服務設施

1.服務台（詢問、失物招領、廣播）：面積視需求而定。

2.銀行（提款機、外幣兌換、服務櫃檯、零錢兌換）：面積視需求而定。

3.電話：年離站旅客每百萬人次提供9.3～10.2m^2。

4.洗手間：視法規規定及需求；須考量增加女性洗手間之比例。

◆選擇性服務設施

1.行李寄放（置物櫃）：年離站旅客每百萬人次提供6.5～7.4m^2。

2.郵局：每處約11.6m^2。

3.保險業務：年離站旅客每百萬人次提供14～16m^2。

4.育嬰室：每間占用面積約4.7～5.6m^2，數量視航站規模而定。

5.兒童遊戲室：面積視實際需求而定。

6.朝拜室：面積視實際需求而定。

7.醫務室：面積視實際需求而定。

8.公共交通工具購票及等候區：面積視實際需求而定。

9.租車：每一租車公司至少2公尺寬，2.5公尺深，櫃檯前排隊深度至少3公尺。

10.觀光諮詢：面積視實際需求而定。

11.旅館諮詢：面積視實際需求而定。

12.行李推車：面積視實際需求而定。

13.觀景眺望區：面積視實際需求而定

銀行與醫務室各如**圖3-10**、**圖3-11**所示。

(二)商業服務設施

航站公共服務區域的收入已成為許多機場主要財務來源，其規模及項目等因機場而異。

1.販賣機：至少4.7m^2，或年離站旅客每百萬人次提供14m^2。

2.咖啡簡餐廳（僅設吧檯位置）：面積視實際需求。

3.餐廳（有獨立之桌椅）：面積視實際需求。部分餐廳可規劃為緊急應變中心或家屬、旅客接待處。

圖3-10　機場銀行圖

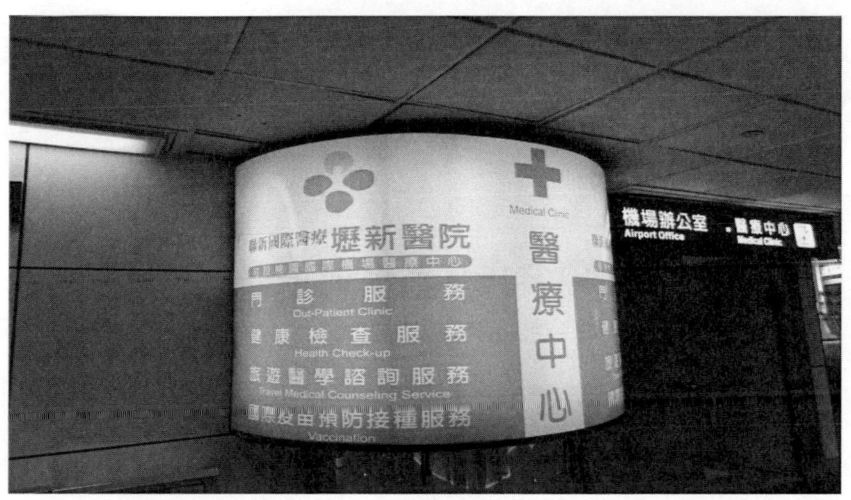

圖3-11　機場醫療中心圖

4.書報、禮品店、雜貨：中小型機場設於餐飲設施內，較大型機場則獨立設置。

5.行動電話租售服務：面積視實際需求。

6.商務中心：面積視實際需求。商務中心備有上網、通訊、會議室等設施，可規劃為緊急應變中心及演習時供進駐之場所。

7.免稅商店（僅設於國際機場）：面積視實際需求。

8.飯店預定：面積視實際需求。

9.理髮／美容：面積視實際需求。

10.電玩娛樂：面積視實際需求。

11.健身房、泳池及三溫暖：面積視實際需求。

12.旅館（提供盥洗及睡眠設施）：面積視實際需求。

機場商店如**圖3-12**、**圖3-13**所示。

(三)書報、禮品店、雜貨之設置

1.書報：年離站旅客大於二十萬人時獨立設置，年離站旅客每百萬人次提供14m^2。

2.禮品：年離站旅客大於一百萬人時獨立設置，年離站旅客每百萬人次提供56～66m^2。

3.雜貨：年離站旅客大於一百五十萬人時獨立設置，年離站旅客每百萬人次提供至少66m^2。

三、非公共區域

非公共區域可分為三部分：營運作業區（含行李處理區）、行政管理區以及維修設施區。

圖3-12　機場商店1

圖3-13　機場商店2

(一)營運作業區

營運作業區提供航空公司或其他服務單位之辦公室及設備所需空間，主要為：航空公司辦公室、航空公司作業區以及行李處理區。

◆航空公司辦公室

航空公司辦公室主要提供航空公司處理票務、旅客相關服務及人員休息等。

1.航空公司辦公室宜鄰近報到櫃檯，空間需求因運量及處理服務型態等而異。
2.航空公司辦公室可包含所有航空公司相關區域，如航空公司作業區及行李處理區等。

◆航空公司作業區

航空公司作業區為提供旅客登機作業及停放於登機門之航機服務所需空間，其功能及需求因機場及航空公司可能有相當大之差異。

1.航空公司作業區一般包括：
   (1)客艙服務物品、航機維修零件及工具、危險物品、貴重物品倉存。
   (2)辦公室、機組人員與地勤服務人員休息、盥洗、置物間及用餐室等。
   (3)提供飛航計畫、天氣及飛航資訊設施。
2.航空公司作業區宜鄰近航機停放位置。在航站或停機坪區域空間受限之狀況下，倉儲室、機組人員區域可另覓位置設置。
3.面積需求視班次、航機大小等因素決定，參考FAA尖峰小時每一離站航機當量46.5m^2。

◆行李處理區

行李處理區域分為：

1.離站行李處理場。

2.到站行李處理場。

圖3-14所示為機場行李處理區。

① 行李處理系統規劃設計原則

1.行李處理流程應快速、直接，過程中處理次數最少。
2.航站內及機坪上之行李處理須相互配合，並符合未來需求。
3.行李處理系統配合航站設計，轉彎次數及樓層變化最少。
4.行李處理動線不可與旅客、貨物、機組人員或車輛動線衝突。
5.轉機旅客行李轉至離站行李處理場。
6.停機坪上不宜設置行李查驗關卡，以免影響行李運送作業。
7.提供行李停止檢查之空間。
8.超大型行李處理設施。
9.備用處理系統供系統故障之需。

圖3-14　機場行李處理區圖

10.行李託運及提取處宜鄰近航站之入出口。

11.電梯僅適用於特殊行李之輸送。

② 行李處理系統評估原則

1.行李處理系統配合航站之設計。

2.最低人力處理需求。

3.能配合報到櫃檯行李收受之速度。

4.旅客及航空公司工作人員使用方便。

5.可安全地處理不同尺寸、形狀、重量及特殊行李，且不破壞行李條碼。

6.經濟性。

7.具設施擴充之彈性。

8.行李處理速度可配合旅客速度，並符合尖峰時段需求。

9.行李安全需求。

10.處理空間符合行李分類作業需求。

11.轉機行李處理速度。

12.處理自登機門轉至停機坪之行李。

13.行李輸送帶坡度不得大於22度，建議最大值採18度。

14.對旅客、大眾及行李處理人員安全性之要求。

15.直接運送至行李提取轉盤。

16.使用行李貨櫃；應當地海關需求，量秤行李貨櫃重量。

17.處理設施零件之取得及當地之維修能力。

18.低噪音。

19.大型整修週期至少三年（或以上）。

20.過早託運及無人提取行李之存放及處理。

③ 離站行李

1.離站行李處理系統：

(1)可為機械或人工處理，須將行李依航空公司、航班編號、目的地、艙等等類別將行李分類。

(2)離站行李處理系統包括：

- 自行李託運處至處理收集場之輸送系統。
- 收集、整理並分裝至貨櫃或行李車。
- 較複雜之系統則設有自動分類設備（可判讀行李條碼）。

(3)高運量之繁忙機場宜採自動化或半自動化處理系統，其營運維修成本及處理誤失宜納入評估；低運量之機場則直接收集處理。

2.離站行李處理場配置原則：

(1)行李整裝場配置需求：

- 行李貨櫃／盤車進出動線單純且無障礙，自行李整裝區域經個別之出口與入口進出停機坪。
- 行李整裝位置數量宜符合尖峰需求，同一航班之行李可能因目的地或艙等不同須分別組裝。
- 適當的輸送帶高度方便行李整裝。
- 貨櫃暫存區域。
- 過早託運行李存放區域。
- 貨櫃過磅區域。
- 足夠之樓地板強度，出入口地面保持平坦。
- 充足之照明，建議400～500 lux。
- 適當之通風設施。

(2)淨高須考量管道或上方行李輸送系統等設施，建議貨櫃行李車最小淨高2.43公尺，最小淨寬2.45公尺。

(3)離站行李處理場宜鄰近到站行李處理場，以節省處理轉機行李之時間及人力。

(4)離站行李處理場其他設施包括：安全檢查設施、閉路電視、通訊設備、辦公室、人員休息室及洗手間、飛航資訊顯示設施及自動系統之電腦控制室。

④ 轉機行李

轉機行李分為同航空公司之航班及不同航空公司之航班轉機。同航空公司轉機之行李，一般送至該航空公司之離站行李處理場處理或直接在停機坪航機間卸裝；不同航空公司之轉機行李則送往集中之轉機行李處理區域後分送。

⑤ 到站行李處理場配置原則

1.自停機坪至行李拆裝場應無障礙，宜採單向動線，入口及出口分別設置。

2.車道寬度可供車輛超越。

3.在入口以標誌顯示可前往之拆裝點。

4.空間空曠少障礙，須可容納行李車（或連結之行李車）運轉。

5.至行李提取大廳距離最短。

6.避免受天候及航機噴氣影響。

7.淨高限制同行李整裝場。

8.足夠之樓地板及車道鋪面強度。

⑥ 機械行李處理設施

1.機械行李處理設施應配合旅客報到作業方式（行李預先分類程度）及旅客運量等。

2.自動分揀系統適用於轉機行李量大之機場，以及多航空公司及航線共用報到櫃檯（大島型）之報到作業方式。

⑦ 機械行李處理設施種類

1.皮帶輸送機處理系統（belt conveyor sortation system）。

2.傾斜、螺旋輸送機、滑槽（inclined belts, vertical lift device or chutes）。

3.分揀轉盤（recirculating devices）。

4.半自動分揀系統（semi-automated sorting）。

5.傾倒盤式分揀系統（tilt-tray sortation system）。

6.台車式分揀系統（belt carry sorter system）。

7.DCV系統（destination coded vehicle system）。

(二)行政管理區

行政管理區係提供機場內行政單位、政府單位或航站管理單位辦公室及設備所需空間。面積依員工人數視需求訂定；視業務性質及航站可用空間，決定辦公室設於航站站屋內或機場範圍內其他位置。當辦公室設於航站站屋以外地點時，應考慮與航站及與停車場等設施間之交通。

行政管理區內單位包括：

◆機場行政管理單位辦公室

1.內含：業務組、維護組、航務組、貨運組、企劃組、總務組、會計組、人事組、政風組、中央控制中心、輸油作業中心、資料處理中心、飛航服務總台等，單位組織因航站等級而不同。

2.其中除中央控制中心及資料處理中心必須設於航站內，其他單位可不設於航站內。

◆政府單位辦公室

1.入出境管理局、航空警察局、關稅局、疾病管制局、動植物防疫檢疫局等，單位組織因航站等級而不同。

2.當航站空間受限時，建議於航站內僅設置與旅客作業相關之辦公室，主要辦公室可不設於航站內。

◆其他設施

員工餐廳、廚房、休息室、洗手間等。

(三)維修設施區

航站內維護、機房及其他相關設施空間，面積視需求訂定。

1.管道間。
2.機電機房。
3.維修工作間。
4.儲藏室。
5.廢棄物堆置區。
6.卸貨平台。
7.員工餐廳、廚房、休息室、洗手間（可與行政管理區員工設施合併）。

四、輔助設施

航站內輔助旅客使各項作業流暢與有效率之設施，如電動步道、人員自動運輸系統（automated people mover systems, APMS）以及旅客登機設施和標誌。

(一)電動步道

1.當步行距離大於300公尺時宜設置電動步道，寬度至少1公尺（寬度1.5公尺時旅客可超越），速度36.6公尺／分鐘，單元長度不超過125公尺。
2.以電動步道跨越樓層時，行李推車、輪椅均可使用，因長度較長，宜於規劃初期納入考量。

(二)人員自動運輸系統

1.人員自動運輸系統可運用於：

(1)航站／登機門間：應用於衛星式及指狀凸堤式航站。

(2)陸側設施間：如航站與遠端停車場、大眾交通工具車站等。

(3)航站／航站間。

2.乘客分為旅客、機組人員、航空公司及機場工作人員、接送人員等四類。依旅客類別分別分析其需求，如各尖峰時段、所需空間（含行李）、國際線或國內線、管制及非管制區域等。

3.人員自動運輸系統規劃考量因素：

(1)尺寸：車輛尺寸差異極大，從八至十二人之單一車箱，到七十五至一百人之四至六節車箱。

(2)速度：25～100km / hr，多受距離限制。

(3)推進形式：自力推進或纜線牽引。

(4)支承形式：橡膠車輪、鋼軌、氣浮或磁浮等。

4.人員自動運輸系統宜於航站規劃初期即進行評估，其相關設施包括：車站、軌道、維修設施、中央控制設施、電力供應設施及機房等。

圖3-15所示為桃園國際機場旅客自動電車輸送系統（people mover system, PMS）。

(三)旅客登機設施

旅客登機設施可分為空橋、扶梯、接駁車等。「空橋」係以空橋連接航站或空側廊道與航機，可提高登離機效率、減少地勤車輛之空間及數量、縮短停機坪占用時間，同時提供旅客較舒適方便之登離機服務。「扶梯」係供旅客於機坪層登、離航機，可為供特定機型使用之固定高度扶梯，或可調整高度扶梯。「接駁車」係服務旅客往返於航站及遠端停機坪航機之間，儘量採低底盤車身，車門寬，且座位數少。

空橋之設置：

圖3-15　桃園國際機場旅客自動電車輸送系統（PMS）圖

1.空橋形式及長度考慮因素包括：停機坪尺寸、航機組合、航空公司停機程序、航機翼展、機門位置、固定之服務航機設施、鄰近航機位置以及經濟性等。分為：

(1)活動式（apron drive）：活動式較具彈性，可服務較多機型，但建造成本、營運及維修費用較高。

(2)固定式：固定式空橋需有精確之停機導引系統配合，停機位之地面固定設施如輸油孔等亦須配合不同機型設置多組。

2.在繁忙機場，一架大型客機可能使用兩座空橋，以加速旅客登、離機速度，或提供不同艙等服務，可以兩空橋直接分別通往航站，或以通道合併兩空橋旅客自單一出入口銜接航站，雙空橋通道寬度至少3.2公尺。

3.航機出入口寬度84～107公分，旅客流量約25～40人／分鐘；採單一通道之空橋時，旅客流量約30人／分鐘。

4.空橋入口處儘量不設置階梯，當設置階梯時旅客流量降為20～25人／分鐘，階梯部分應有遮蔽設施，避免旅客受天氣影響。

圖3-16　旅客登機空橋圖

5.空橋最大坡度1：20。

6.自航機經空橋至航站間之所有門，應自航機向登機門方向開啟。

圖3-16所示為旅客登機空橋。

(四)標誌

◆一般通則

1.良好之標誌系統可促進航站作業動線之流暢，動線指示標誌之設置必須沿線連續。

2.同一航站內之標誌系統須統一，並採用一致之英譯、符碼、顏色及共通之語言，說明文字宜簡短易懂。

3.航廈標誌分為：

(1)旅客動線標誌：指示旅客登、離機相關作業動線之方向。

(2)設施標誌：分為交通、公共及服務等三種類型，提供如洗手間、餐飲、電話、商店等各種附屬設施資訊。

(3)禁止標誌：標示航站內各種禁止行為。

(4)警告標誌：提示旅客於航站內需注意之事項。

(5)其他標誌。

◆標誌規劃設計原則

1.一致及標準化：主要訊息以大型文字表示。以顏色區分不同功能、系統及類別訊息標誌。

2.簡潔：用語及文字排列盡可能簡潔，內容簡短。減少標誌數量。自概括性名詞（如地面交通）延伸至較具體名詞（如捷運、計程車、機場巴士等）。

3.明顯：

(1)採明顯清楚字體，中文部分如中黑體字型，英文部分如Arial字型，勿採誇大繁複之字體。

(2)每1公分高度文字，須能自3公尺處辨識，即15公分高度文字，須能自45公尺處辨識，經驗顯示，實際採用之字高多大於此最低標準。在任何觀看距離，字高均不宜小於1.6公分。建議觀看距離至少23公尺（字高7.6公分）。

(3)燈箱標誌之文字，須採較大之文字間距。

4.顏色：標誌牌面之底色應與符碼圖形及文字之顏色有明顯對比。符碼圖形可採淺色、發光，底色背景為深色，或採符碼圖形為深色，底色背景為淺色加深色外框。

5.符碼：符碼圖形與文字之配置方式，可依現場需要設置。單一地點勿標示過多簡圖及箭頭指示，避免造成困擾。

6.標誌位置：位於平視之視線範圍內（上下各10度），若必須超出10度範圍，則配合調整字高。圖案特性、字形、字體間距、配色、燈光及視角等均影響標誌之辨識難易，應詳加考量，盡可能實地測試後為之。

7.用語：應採中英對照。

(五)平面圖

1.利用航站平面圖提供旅客瞭解航站配置及自己所在位置與方位，欲前往之目的地方向、路線及大約距離，鄰近之服務設施如洗手間、電梯等。

2.顯示內容包括：

(1)航站或區域平面配置圖。

(2)明顯地標或建築。

(3)說明、名稱及圖示。

(4)方向（「目前位置」標記）。

(5)地圖或折頁簡介。

3.平面配置圖所示之方位宜與旅客所在之觀看位置一致。

(六)電子目視資訊系統

電子目視資訊系統（electronic visual information display system, EVIDS）為動態之資訊顯示設施，可即時更新顯示內容，廣泛運用於航站內。

電子目視資訊系統包括：

1.航空公司名稱顯示系統（airline name display system, ANDS）：顯示航空公司名稱及航班，多設於報到櫃檯。

2.行李提取指示（baggage claim directory, BCD）：指示應前往之行李轉盤。

3.行李資訊顯示系統（baggage information display system, BIDS）：行李轉盤所服務之航班編號。

4.行李裝載指示（baggage loading directory, BLD）：行李輸送帶所服務之航班編號。

5.登機門資訊顯示系統（electronic gate information display system,

EGIDS）：於登機門顯示航空公司及航班等資訊。

6.飛航資訊顯示系統（flight information display system, FIDS）：顯示到離站航班相關資訊。

7.地面交通資訊顯示系統（ground transportation information display system, GTIDS）：顯示地面交通相關資訊，方便旅客搭乘。

8.一般資訊系統（interactive information system, IIS）：航班、當地交通、住宿、活動等。

9.機坪作業資訊顯示系統（ramp information display system, RIDS）：提供作業人員航班被指派之登機門、預計時間及天氣等。

10.目視即時資訊顯示系統（visual paging display system, VPDS）：服務聽障旅客。

圖3-17所示為飛航資訊顯示系統（FIDS）。

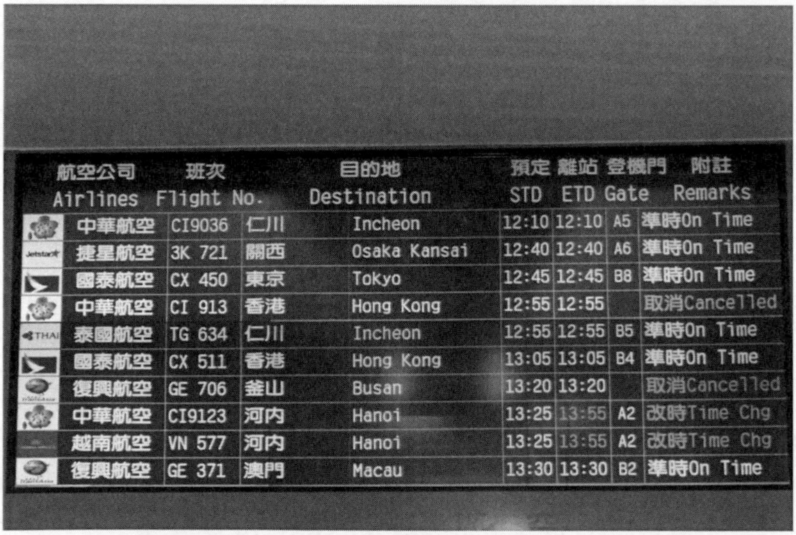

圖3-17　飛航資訊顯示系統（FIDS）圖

第三節　旅客航站的運作

旅客航站是屬於一個高活動的區域，許多使用者在此流通。在大型的機場，尖峰小時的旅客量超過一萬人次。國際線出境旅客平均花費在航站設施的時間大約一小時，入境旅客至少三十分鐘。在航站這段期間，旅客必須忙於許多事務的處理，也可能為了舒適以及方便起見，旅客使用許多機場的輔助設施，同時也帶給機場的利益。一般而言，航站活動可分成五種主要類別：(1)直接的旅客服務；(2)與航空公司有關的旅客服務；(3)與航空公司有關的作業機能；(4)政府管制作業；(5)非關旅客的機場管理當局功能（Ashford et al., 1997）。此外，貴賓的處理、旅客資訊系統、旅客運送輔助工具亦為旅客航站運作中重要之項目。

一、直接的旅客服務

這些航站的作業是提供航空旅客的方便性，且與航空公司的經營無直接關係的，通常被稱為直接的旅客服務，可進一步劃分為非商務與商務兩個類別。非商務活動通常被視為絕對必要的服務，它的提供不是免收費的就是只收取少許象徵性成本而已。商務活動是具有潛在獲利的作業，它是屬於外圍的機場運輸機能（例如免稅商店）的一部分，或者可避免的，以及可以由旅遊者自行選擇的服務（例如停放的汽車和租車公司）。

(一)非商務活動

通常在大型旅客航站，以下之非商務活動將由機場管理當局提供：

1.警衛。
2.飛航與一般機場資訊。

3.行李手推車。
4.行李寄存櫃與行李寄存室。
5.方向標誌。
6.座椅。
7.廁所、幼兒室與更衣室。
8.休息室。
9.郵局與電信區。
10.殘障與特殊旅客服務。

(二)商務活動

商務設施將由機場管理當局親自直接運作或出租給特許的專業操作者，在大型機場，以下的商務活動預計可能出現在旅客航站而且屬重要作業的一部分：

1.停車場。
2.免稅商店。
3.一般商店（書店、遊客商店、精品店等）。
4.汽車出租。
5.保險。
6.銀行。
7.美髮師、乾洗店、衣物洗燙服務。
8.預訂旅館。
9.娛樂消遣機器。
10.廣告。
11.商業中心設施。

免稅店以及廣告在機場是屬於一個重要的商業政策，機場商業化的程度本質上大為不同，有許多機場已採取政策從事促銷活動，例如：法蘭

克福、邁阿密、奧蘭多、阿姆斯特丹、倫敦和巴黎，這些機場的商務收入已達總收入的60%。其他的機場不論是政策的決定或缺乏機會，如果沒有強力推展商務時，它的商務資源將僅占它收入的10%。

◆機場商務推展之類型

一般而言，機場商務的推展有五種類型：

1.機場管理當局的直接部門。
2.機場管理當局特別成立百分百擁有的商務子公司。
3.機場管理當局與航空公司成立的商務子公司。
4.機場管理當局與專業的商務公司成立的商務子公司。
5.獨立商務企業公司。

一些政府擁有的機場仍選擇保留直接的對商業經營的控制。不過，這種選擇是不尋常的。大多數機場的商業經營變得非常成功，例如杜拜、希斯羅和法蘭克福機場，喜歡以准許控制的特許方式引進在特殊領域有商務經驗的獨立企業。不過，Aer Rianta航空（愛爾蘭機場管理當局）透過非常成功的商業部經營許多自已特許的商業，對其他機場而言，這也是一種特許的管理組織。透過特許權獲得者與機場管理當局之間合約的安排，可確保消費者服務的一定水準以及管理當局的獲利水準。此外，這些保證可讓特許權獲得者自由地使用其企業的最大商業機會獲取最大利潤。不論機場管理當局與航空公司商業部門或直接與專業的企業合作的混合，可以同樣獲得成功。

◆特許經營權的取得方式

各機場在評選特許經營權的方式各不相同，一些機場管理當局必須根據法律允許最高標的商業經營權。阿姆斯特丹的史基浦（Schiphol）機場，在使作業標準與價格的機場管控水準最大化之基礎下，已經發展一套成功的商務政策。以此種方式，機場認為當仍使用個別特許權企業的專業技術時，更能夠達到他自己的商業目標。機場特許經營權取得的方式有公開招標、非公開招標以及私人協定等三種。

在這三種方式當中，很可能選擇第二種——非公開招標，將會滿足機場的要求。私人協定很可能被認為是一種對公共資金的處理限制太多的一種模式，導致價格太過於優惠。另一方面，公開招標，當競爭有自行決定權時，可能導致組織的招標，無法達成必要的績效水準。不過，在某些國家，當有政府資金投入時，公開招標是法律上所要求的。在這些條件下，先來一次資格預審以保證只有能力和在財政上穩定的企業進入投標程序，有時是可允許的。

其他已經成功的管控方式包括：

1.租約的長度：五到十年的中期租約有幾個優勢，他們允許特許營業者擁有中期的利潤穩健地營業。經營良好的業者通常能在重新協議中取得特許的權利。經營不佳的業者可能在機場長期財務損害發生前離去。

2.專有權：為報答在機場上的專有權，機場管理當局常要求合約的簽定要能保護機場財務與績效利益。最近有一重要的趨勢，為了鼓勵具有競爭性的定價，在購物營業場所准許排除專有權。

3.服務質量：很多機場需要有可以對特許營業者的運作方式作限制的合約。這些限制條件包括：管理當局管制貨物進貨的範圍、利潤率與價格，和員工水準以及如廣告、室內裝飾、展示方式等詳細作業的控管。

廣告是很多機場沒有完全開發的一塊財政收益。廣告看板可以增加航站的裝飾，不會帶來凌亂，是一項令人非常滿意的現代展示，機場當局從極少的財務花費得到可觀的回收。必須注意的是，在選擇廣告展示時，不應干擾乘客流動或者堵塞必要資訊標誌。有些機場由於審美觀點禁止內部的廣告，但是這些現象已逐漸減少。

二、與航空公司有關的旅客服務

通常與航空公司有關的旅客服務位在機場候機室內，由航空公司或者他們的代理人完全處理，其中包括：

1.航空公司訊息服務。

2.訂位和機票購買。

3.行李報到和儲存。

4.飛機的行李裝卸。

5.行李交付和提領（行李提領通常受管理當局管控）。

6.航空公司旅客「俱樂部」區，有時稱為「商業上重要的人士」（commercially important persons, CIP）的設備。

上述是由航空公司提供旅遊者服務的一部分，航空公司在這種特定服務過程中保留強烈的興趣。旅行的基本合約，在航空公司和乘客之間是非常重要的。機場對此合約是屬第三者，因此非必要時不應介入這層關係。機場免除航空公司的一般管理責任，因為在乘客與機場之間沒有公開的合約，這可能降低一些旅客服務。服務水準很可能僅維持在是直接顧客的關係層面，而且影響到服務的履行。當機場私有化並且有廣大的航站商業的經營時，關係變得錯綜複雜，在這個情況下的乘客也名副其實成為機場的客戶。一般在設施的設計上，行李報到和行李交付區域的旅客仍然在航空公司的保護下。大部分行李提領區是由機場管理當局來作業的，但行李提領區的行李交付是屬航空公司的責任。機場管理當局的員工常接到旅客關於行李延誤、遺失或損壞的辱罵，事實上，機場在處理上是沒有牽連的也不必擔負起違約之責任。

最近，機場在報到區已經採用先進的旅客報到系統，稱之為「共用報到櫃檯」（common user terminal equipment, CUTE），CUTE技術的使用允許不同航空公司之間的櫃檯依照櫃檯的實際需求轉換，櫃檯有可能隨季節或每天變動。有些航空公司抗拒CUTE的引進，因為他要防止某些航空公司永久的占用航站，雖然他已經在特定時間內取得作業權力。許多新的機場正在設計CUTE系統，方便設施分享使用。

三、與航空公司有關的作業機能

與航空公司有關的機能，主要是飛航簽派。

航空公司在機場航站作業管理最主要的是能夠達成航機準時起飛，許多的活動都與航機準時起飛有關，例如航機在機坪所進行的加油、清艙與食物的補充是為大多數機場人員所熟知。不過有一些較不為人熟悉的程序涵蓋所有技術規劃的需要，如果沒有完成，航機就不能起飛。與飛航簽派程序有關的活動包括：(1)飛航計畫；(2)航機載重平衡；(3)飛航組員簡報；(4)飛航控制。

在美國，這是已經長期建立的程序，這個工作由航機簽派員與機長密切合作來執行的。雖然很多國際航空公司使用航機簽派員，但是仍有指定飛行作業員來執行這項工作。

航空公司在機場從事飛航簽派的部門，將有進入機場的作業部門、空中交通服務、氣象服務和通訊設備（包括電傳打字電報機、電話和收音機）等的需要，這要取決於他們活動的範圍，很多航空公司作業辦公室也將使用多種計算機設備，雖然有些設備可能不一定是內部通信系統。

(一)飛航計畫

飛航計畫的主要目的是確定一次個別的飛行將花費多少時間與需要帶多少燃料。對遠程的飛行來說，高度、路徑和飛機動力設定與速度模式將有多種選擇。在天氣、風向與溫度方面的變化也必須被考慮到。因為這些各式各樣的因素，通常被使用作為最初評估或者飛行前的分析。檢查全部可行的選擇，以便決定採用幾個方案中最合適的方案。評估時還可能由

成本的比較作為指標：從成本觀點來看，更慢的飛行可能被證明是可行的。分析將包括幾種高度的選擇，這往往被證明是有用的，如果是交通密度的關係，空中交通管制單位必須作最後一分鐘的高度改變。

對短程的飛行來說，通常選擇性非常少，且在非常稠密的交通地區，所有可行的航路已被航空路線架構預先決定。在這樣的情況下，例如在歐洲，飛航計畫通常已達標準化的程度，相關的摘要可能被空中交通管制單位（ATC）放在永久檔案上。

(二)航機載重平衡

特殊的飛航在燃料需求已經確定後，即進行計算可利用載運旅客、郵件和貨物（淨載重量）的有效重量。這些計算單位，在英國可能是磅（lb），在美國可能是公斤（kg）。但是，在任何實際載重計算進行之前，一定要考慮到在不同作業階段航機結構的實體重量限制以及設計限制。

◆起飛

航機有最大的起飛重量（即在剎車鬆開），以有效的馬力離開跑道並且維持安全的爬升。製造商已經在溫度、壓力、跑道高程與表面條件的理想狀況下建立了標準值。這些標準值，將隨著條件的變化由製造商提供執行細節。

◆飛行中

每架航機的機翼在設計上有其彈性限制，增加向上彎曲載荷的機翼根可以維持不破壞。如果沒有燃料保持在機翼（燃料箱）中，最大的負荷將增加，這零燃料重量認為是對機身荷重的限制。

◆降落

根據飛機起落架的吸震能力，有其最大降落重量，支撐飛機降落時不至於翻覆。因此，有三種設計限制的重量，即是最大的起飛重量、最大的零燃料重量和最大的降落重量。

完整的飛航計畫將提供兩個燃料數字：(1)起飛燃料，為一次特別的飛航在飛機上之燃料的總量，這不包括地面滑行的油料，但是將包括保留飛航至替代目的地或降落前之等待或延誤所需之油料；(2)旅次燃料，是指本旅次所需之油料，亦即在起飛與第一個預期降落點之間，有時稱為burnoff。

◆平衡／調整

已經保證飛機負荷是在被允許重量限制內，然後必須用一種模式分散負荷，使重心在規定限額內。現在這些功能幾乎普遍電腦化。

◆裝載

載重分散到機艙的不同區域，機坪裝卸人員必須有詳細資料，這是透過裝載指令的發布來完成的，而且通常是電腦圖解的形式。這些裝載必須由不同方面負責的航空公司人員在上面簽字。

(三)飛航組員簡報

目的是給飛航機組人員適當的建議與訊息，以及協助他們引導安全的飛航。訊息將包括飛航計畫、裝載細節以及中途和目的地天氣，甚至任何不適用的導航或協助降落的有關公告。後面的訊息包含飛航公告（Notices to Airmen, NOTAM），每個國家的民航主管當局交換他們國內任何設施（例如助導航與機場）不適用的資訊是屬國際上同意的體制。航空公司飛航簽派員將從合適的政府機構獲得NOTAM，編輯資料，如必要時，添加公司的設備。天氣訊息也將從機場氣象的部門獲得，並且可能從其他飛航組員所收到的飛行報告增添訊息。

(四)飛航控制

飛航控制是航機簽派員或飛航作業員監控個別飛行的一個程序。因

此，有時也被描述為跟隨飛行（flight following），這與美國空中交通管制單位（ATC）的目視飛航規則有所不同。由於航空運輸的世界性，所以使用的時間是為格林威治時間（GMT），有時寫「Z」時間。飛航控制並非完全被動的，在飛航時，天氣或服務能力或設施等任何突如其來的資訊已交換傳送到航機上。飛航控制可能分成不同的責任區，這完全要看航空公司航線結構的範圍而定。另外，大多數大型航空公司設有一集中協調作業中心，並擁有綜合通訊設備提供所有飛航中飛機的最新訊息。聯合航空公司的中心位於芝加哥；加拿大航空在多倫多國際機場；英國航空公司在倫敦（希斯羅）機場。知道使用該機場航空公司的協調作業中心位置和電話／電傳號碼以及飛航控制責任的組織，對機場作業管理是有用的。

四、政府管制作業

大多數機場在處理任何合理範圍內的旅客活動，假如民航管理當局與空中交通管制機構分屬不同單位時，將被要求於旅客航站附近地區，提供辦公室與其他工作空間。在大型機場，其國際旅客的處理，必須考慮要能達到四個政府管制作業：

1.海關。
2.移民局。
3.健康衛生。
4.農產品。

在大多數國家，健康和農業檢查必要的設備沒太要求。另一方面，海關和移民程序可能是冗長的，並且在檢查的過程中所需要的空間可能非常大。因為受移民過濾的影響與大多數海關檢查大廳相對的處理速度，海關設備通常不是廣大空間。海關使用紅／綠線通關，特別在歐洲，已經大幅改善海關處理時間，在績效上沒有顯著的惡化。雖然在某些國家仍有非常耗時與複雜的海關檢查程序，必須提供許多櫃檯與廣大的等待區域，另外還要有作業區、辦公室與其他支援場所，例如休息、廁所等。

五、非關旅客的機場管理當局功能

小型機場為了方便在航站建築物內容易溝通聯繫，機場管理當局非關旅客的功能應包括：

1.管理。
2.購買。
3.金融。
4.工程。
5.法律。
6.人事。
7.公共關係。
8.航空的服務。
9.民航公共服務（例如噪音監控）。
10.美化和建築物維修。

在大機場，通常把這些權力功能分成不同的建築或遠離航站建築區，以紓解忙碌航站的擁擠水準。

在許多部門組成的機場管理當局，例如巴黎機場、紐約與紐澤西機場管理當局，以及民營化多功能的英國機場管理局（British Airports Authority, BAA），大多數管理階層的員工全部搬離機場，只有配置線上作業的功能的機場基本員工。管理當局對設施使用意圖於航站詳細設計時必須納入考量，以空間需求為中心圍繞作業程序。

六、其他

另外，貴賓的處理、旅客資訊系統以及旅客運送輔助工具亦為旅客航站運作中重要的項目。一個大型的機場必須配置足夠的設施與人力，對貴賓給予適當的禮遇，對旅客適時提供正確的訊息，並且提供旅客方便轉機的運送工具，始能發揮機場應有的功能。

(一)貴賓的處理

航空旅行仍然是一種優質的旅行，吸引富商名流的有錢人。一些繁忙的機場處理許多貴賓（very important person, VIP），例如，估計超過六千個貴賓團在一年內通過倫敦希斯羅機場。這需要有特別的設備和人員確保入境與出境的團體享有所有必要的禮儀通過航站，躲避一般旅客的條件。

因此，VIP的設施有分隔的陸側通道，不論在陸側或空側均有全套的裝備與舒適的會客室讓貴賓團體等待，以及分隔的通道通往停機坪。這些設備必須能舉行大型的聚會，通常國家元首出遊其VIP團超過二十五人。除需要有足夠大與適當膳宿設施之外，從保安的觀點設備必須安全的，因為他們可能成為不合法行動的目標。在多座航站的機場設有幾個貴賓室或者一個中心的設施是很平常的，使擁擠和不便減到最小。

(二)旅客資訊系統

旅客可以使用雙腳自行移動通過機場航站，他們不像貨物以被動的方式來運送，雖然在大型航站機械設備常被使用來協助運送旅客。另外，旅客中有很大的比例是使用自己的個人車輛到達機場，因此，必須確保旅客有足夠資訊在旅途中與通過航站準時地到達正確的登機門，並且將困難度與不確定性減至最低。

另外，旅客在航站內需要很多關於設備位置的訊息，例如電話、洗手間、自助餐廳和免稅商店。因此，訊息通常依其功能分類為方向指標或飛行訊息。方向的指標在離機場很遠的地方即開始，通常會涉及與一些地方政府有關當局的合作，以確保將所有進入機場道路的合適路標被納入道路標誌系統。經常這些標誌包括飛機符號，以協助駕駛員迅速辨認方向。

機場附近，航站即將到達的路標應引導旅客到航站適當地點。給駕駛員大型且清楚的方位標誌是必要的，以允許車輛在即將到達的道路系統上安全調度。駕駛員必須在途中獲得有關入境與出境、國內與國際班機劃分的資訊，以及通往航空公司的明確位置。在許多部門組成的機場，不論是以航站名稱或者以航空公司集團，每個個別的航站將有標記。

在航站內，出境旅客流動主要由有方向的標誌來引導，例如指示報到、政府管制點、出境大廳、登機門位置等等。其他航站設施必須能辨別是特許的地區與公共服務設施（例如電話、洗手間和餐廳）。標誌仔細設計是必要的。國際民航組織（ICAO）在航站內標誌有一套推薦的圖表。許多機場已經採用自己的標誌規範，但有時候使用的標誌並沒達到可接受的標準。標誌的設置一定能夠讓乘客找到設備或者方向，不能有造成混淆的標誌。標誌的配置應與內部建築物有效的高度一致是必要的，頭頂上的標誌必須能夠辨識也很重要。

在航站內，出境班機的位置與狀況等相關資訊是由出境地區的飛航資訊系統來傳達。照慣例，這資訊將顯示在機械、機電或者電子出境班機顯示板。近年來，已經由更便宜的螢光屏顯示器（visual display unit, VDU）取代，能夠更經濟地在航站廣泛地區設置。

入境旅客亦應該有類似的指引資訊，協助他們到達行李轉盤區與陸側通道入口，如果是國際線入境則在移民局與海關途中停止。必須有足夠的出口標誌提供給航站內所有與內部環形的道路使用汽車的旅客。接機者到機場迎接特定的班機，其班機狀況與停機位置將顯示在入境班機顯示板或VDU上。

大多數機場營運者在每一航站出境區域至少設置一處機場詢問台，提供視覺系統所不能顯示的資訊。此外，它能幫助那些由於不同的原因而不能使用自動系統的旅客。假使自動系統失效時，唯一提供航機狀態和位置的方法可能就是透過配置服務人員的詢問台。

(三)旅客運送輔助工具

大型機場的航站為大型飛機設置多重的個登機門，必然會涉及大量的內部運行的距離。在某些較大的單一航站機場，例如芝加哥奧海爾（O'Hare）國際機場，兩個末端登機門的距離接近1.5公里，從停車區中心點到登機門盡頭已幾乎是相同的距離。對於機場來說，為了緩和長距離行走的負擔，設置某種形式的機械化運送輔助工具是非常普遍的。在多個航站設計的機場（例如堪薩斯市、巴黎戴高樂、西雅圖、紐約甘迺迪、休士敦），遠端停機坪（例如亞特蘭大和匹茲堡），以及遠端衛星航站（例如倫敦蓋特威克、邁阿密、坦帕、奧蘭多），距離可能非常遠，並且機械化的運送變得更屬必要。例如，新首爾國際機場（New Seoul International Airport, NSIA）主計畫的最終建設，在兩航站末端間超過8.5公里。 無論如何，當步行距離超過450公尺，提供機械化的協助目前已成為普遍的慣例。

協助運送的三個主要方式：

1.巴士：用於多個航站運作中的單元航站的連接（例如巴黎戴高樂、紐約甘迺迪、洛杉磯、倫敦希斯羅）。
2.電動步道：使用在停機坪內並且連接遠端衛星航站或者火車站（例如巴黎戴高樂、倫敦希斯羅、洛杉磯、巴塞隆納、亞特蘭大）。
3.自動旅客輸送系統：用於與遠端停機坪、火車站或者兩航站間的聯接（例如邁阿密、倫敦蓋特威克、奧蘭多、坦帕、亞特蘭大、休士敦和新加坡）。

人行走道是一種早期與現代相當廣泛使用技術，在速度上有很大的限制。為旅客上下安全的理由，速度必須保持約2.5公里／小時。對於長距離來說，這種設施並不合適。事實上，尚有另一個不利條件是因技術的理由限制其長度。人行走道只能朝一個方向運行，與兩軌旅客運輸系統的方式不一樣。在設備故障時，走路可能是唯一的其他選擇。

目前許多更大的機場使用旅客輸送系統，自動車輛實質上有如採用「橫向電梯」，並且能夠載運乘客，最高時速大約45公里／每小時。亞特蘭大機場使用地下的電動走道連接空側機坪與主航站區，旅客可以用走路、使用電動走道或使用環狀旅客輸送系統連接機坪，而且可以進入每一個機坪候機室。這種連接車輛是首次用在坦帕（Tampa）和邁阿密把航站和衛星航站連結起來的種類之一。這種自動系統減少人力，但是需要廣大的控制系統。它通常在航站區內或者在靠近衛星航站區提供維修區。一旦使用這種系統，必須提供車站區、軌道、控制室、維修區、適當的緊急事件撤退區域，如果故障，除了要有旅客運送的替代方法之外，還要有逃避點。

系統可靠性極其重要，因為沒有旅客輸送系統，航站區設計不再前後一致，旅客將無法忍受步行的距離。因此，機場管理當局為這些設備設定較高的性能標準。通常在載運旅客之前需要幾個月的停止運作。管理當局具體指定營運最初幾個月期間系統的有效性98%，和隨後的績效達99.5%的有效性。從作業系統中，當今的系統是99.9%的有效性是很明顯的。一般的協定是系統前兩年由設備製造商營運與負責維修，並且於合約中履行後續的維修。

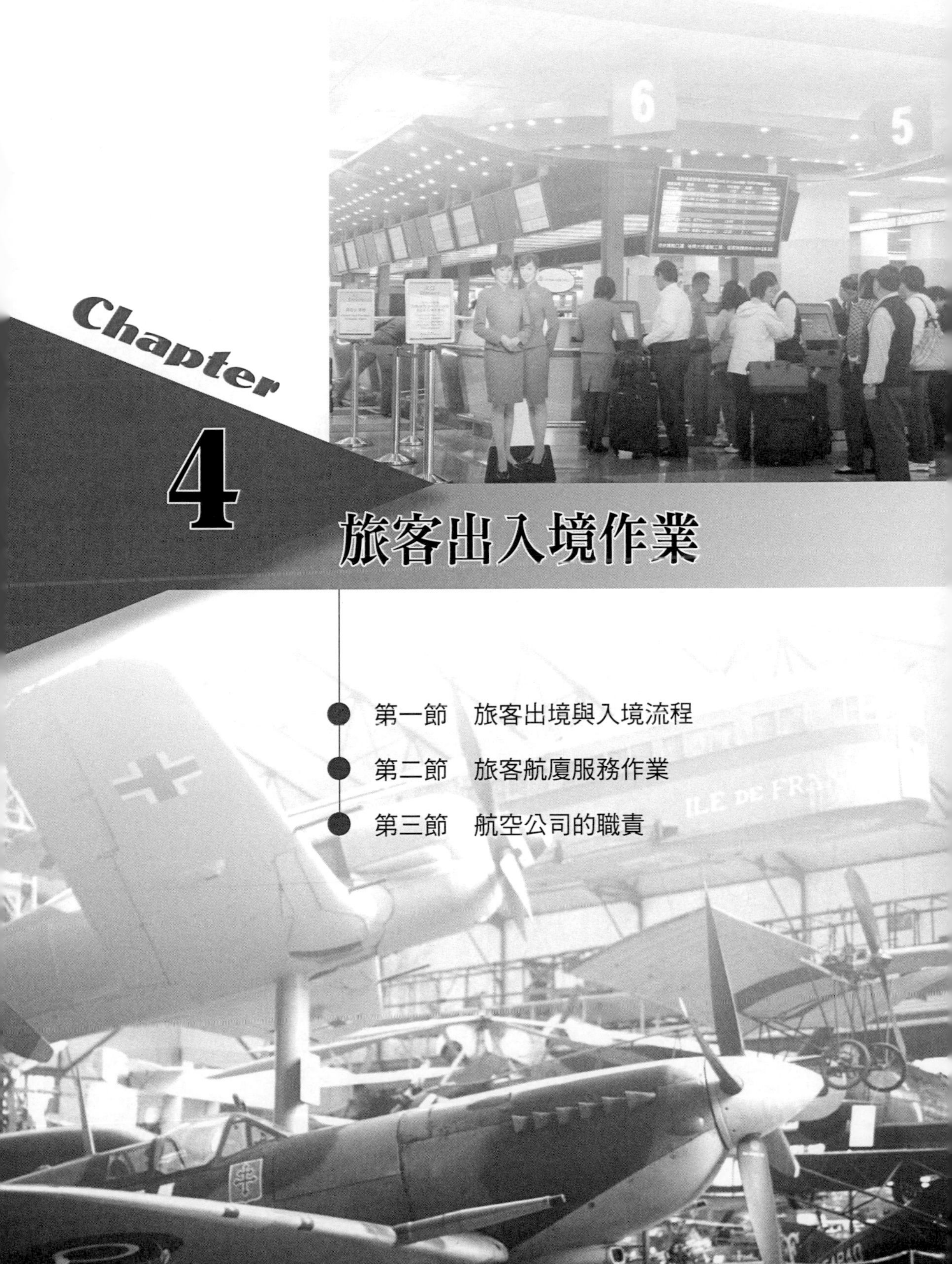

Chapter 4

旅客出入境作業

- 第一節　旅客出境與入境流程
- 第二節　旅客航廈服務作業
- 第三節　航空公司的職責

第一節　旅客出境與入境流程

一、旅客出境

旅客出境必備證件：(1)護照；(2)機票；(3)出境登記表。

搭乘國際航線之旅客需攜帶有效之旅行證件如護照（其有效期依各入境國之規定，通常需六至九個月不等）、有效簽證、檢疫文件等，於辦理報到手續時出示供各航空公司之機場地勤人員登記。

旅客出境程序：首先到所欲搭乘之航空公司櫃檯辦理報到並託運行李，接下來辦理證照查驗，完成隨身安全檢查後至候機室候機，再行登機。旅客出境步驟如**圖4-1**，出境流程如**圖4-2**所示。

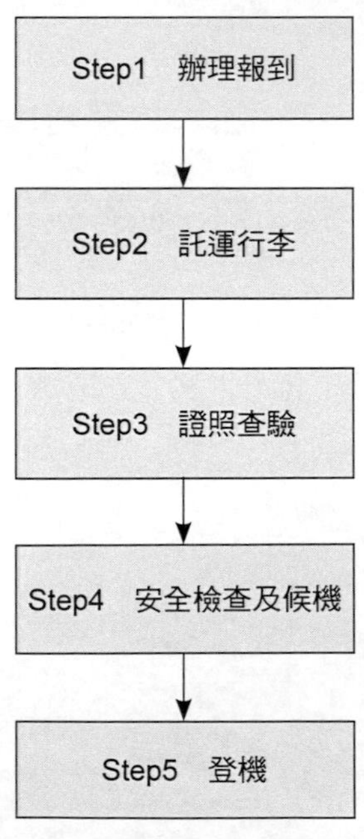

圖4-1　旅客出境程序

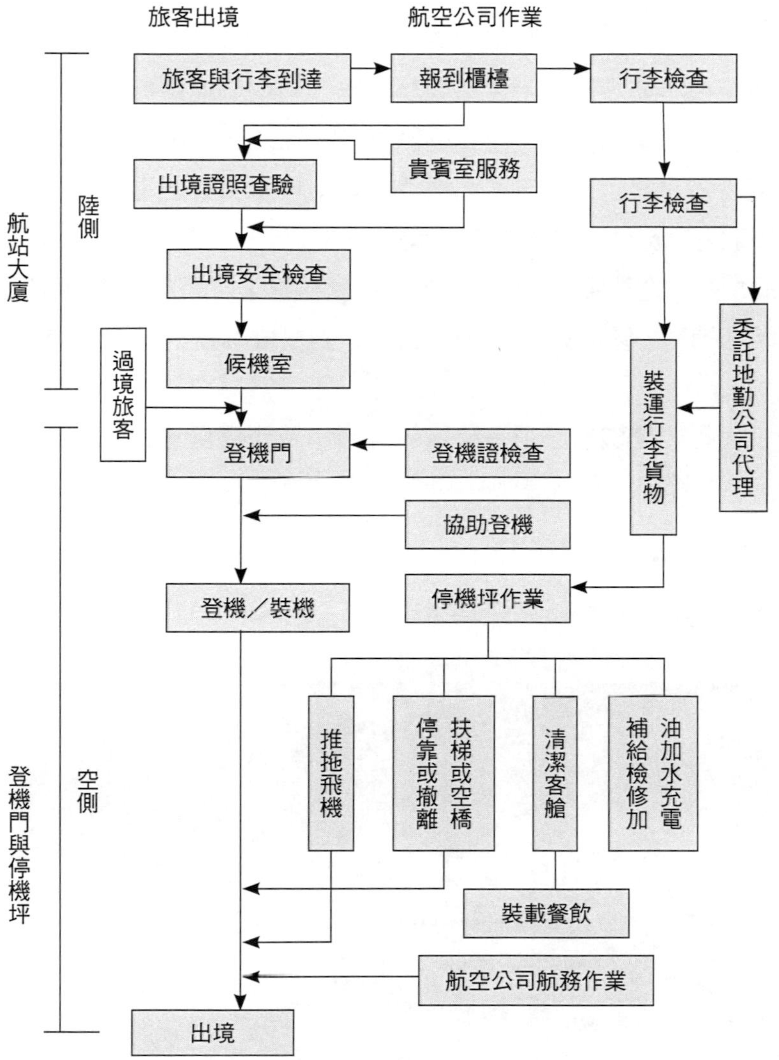

旅客出境 航空公司作業

航站大廈 陸側

旅客與行李到達 → 報到櫃檯 → 行李檢查

貴賓室服務

出境證照查驗

出境安全檢查

候機室

過境旅客

行李檢查

委託地勤公司代理

裝運行李貨物

登機門與停機坪 空側

登機門 ← 登機證檢查

協助登機

登機／裝機

停機坪作業

推拖飛機

扶梯或空橋停靠或撤離

清潔客艙

油加水充電補給檢修加

裝載餐飲

航空公司航務作業

出境

圖4-2　旅客出境流程

步驟一：辦理報到

旅客持機票與護照到所要搭乘之航空公司報到櫃檯辦理報到手續，並辦理劃位及託運行李。航空公司於規定的班機起飛前，開始辦理報到手續，請預先辦妥報到手續，否則機位將會由候補乘客遞補。完成報到手續後，領取各項證件、登機證及行李託運卡。另外，尚需要繳交機場服務費，一般機票均含機場服務費，如旅客所購機票未含服務費者，需逕洽航空公司辦理補繳。**圖4-3**所示為航空公司報到櫃檯；**圖4-4**所示為旅客託運行李。

一般而言，登機前必須在起飛前兩個小時到機場等候並辦理一些報到手續，但國際線與國內線有所不同。

1.國際線：航空公司於班機起飛前二至三個小時，開始辦理報到手續，旅客最遲應於起飛前四十五至六十分鐘前，辦妥報到手續。

圖4-3 航空公司報到櫃檯圖

圖4-4　旅客託運行李圖

2.國內線：航空公司於班機起飛前六十分鐘，開始辦理報到手續，旅客最遲應於起飛前三十分鐘前，辦妥報到手續（搭乘國內線旅客切記要攜帶身分證明文件）。

步驟二：託運行李

行李託運，請在行李上繫上行李條。行李通過X光機之檢查後，即可離開櫃檯。行李遺失、失物招領可至設於入境海關行李處理課前之失物招領處辦理，若有任何隨同飛機託運之行李未隨機抵達，切記於入境前須報備並填妥單據，以便日後追蹤行李及索賠之依據。

◆行李重量及尺寸

有關行李重量及隨身行李尺寸規定如下：

1.旅客託運行李應掛上行李牌，寫明中英文姓名、住址與聯絡電話。

2.歐亞澳地區旅客託運行李每人以20公斤為限。

3.美加地區旅客託運行李每人以二件為限，每件限重32公斤（西北NW／聯合UA航空，每件不逾23公斤）。

4.其他相關規定請逕洽航空公司。

5.旅客所攜帶之隨身行李尺寸如下：長56公分、寬36公分、高23公分。

◆**海關申報**

對入出境申報手續及所攜物品行李，如有疑問可至海關服務櫃檯辦理查詢。

◆**動植物檢疫**

如有旅客攜帶動植物及其產品出境，必須先至出境動植物防疫檢疫局辦公室辦理輸出檢疫。

步驟三：證照查驗

旅客辦妥報到手續、託運行李順利通過X光檢查後，請備妥護照、登機證與出境登記表（在台有戶籍者免填）等證件，在證照查驗櫃檯處排隊，依序進入證照查驗管制門，由證照查驗人員檢查證件。通過證照查驗後，依照登機門號碼，前往候機室。**圖4-5**所示為旅客正在辦理出境證照查驗。

步驟四：安全檢查及候機

經證照查驗後，依男女分別進入安全檢查線，並將身上金屬物品置於小籃內，其隨身行李放置輸送帶進入X光檢查儀內。旅客通過金屬偵測門後，取回所有隨身物品及手提行李。通過安全檢查後，旅客即可自由活動或前往免稅商店購物。必須注意的是旅客應於班機起飛前三十至四十分鐘，進入候機室候機。**圖4-6**所示為旅客正通過安檢線。

圖4-5　旅客辦理出境證照查驗圖

圖4-6　旅客正通過安檢線圖

步驟五：登機

依照指示至登機門登機。**圖**4-7所示為旅客候機室圖。

二、旅客入境

旅客入境必備證件：(1)護照；(2)入境旅客申報單；(3)外籍旅客另備：簽證、機票、入境登記表。

入境旅客必須遵守各國規定，入境時一定要嚴守各國入境攜帶物品之相關規定，若帶超額之現金、匯票、旅行支票，都要辦理申報，否則被當地海關人員查獲，可能被判徒刑或罰款而延誤行程。有關入境疾病檢疫規定，從疫區入境時，須按當地國規定出示預防注射證明書。旅客入境步驟如**圖**4-8，入境流程如**圖**4- 9所示。

圖4-7　旅客候機室圖

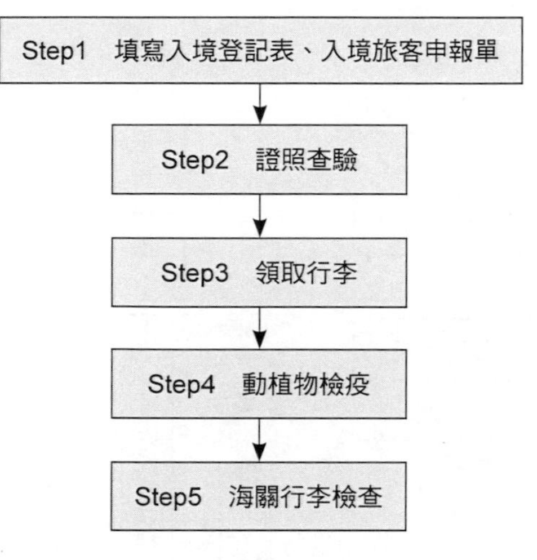

圖 4-8　旅客入境程序

步驟一：填寫入境登記表、入境旅客申報單

飛行途中，非中華民國籍旅客應填寫空服員遞發之「入境登記表」與「海關申報單」，以備入境通關及行李檢查之用。若空服員未發給，請於下機後，向入境證照查驗櫃檯索取。

步驟二：證照查驗

旅客下機後辦理入境證照查驗，請出示下列證件：

1.本國籍旅客證件：護照、入境登記表（在台有戶籍者免填）。
2.外國籍旅客證件：護照、簽證、機票、入境登記表。

由機場入境時，請將護照、簽證及入出境卡備妥，因各國作業及辦事效率不一，請耐心排隊等候查驗，部分國家的移民官員有時會詢問若干問題，如：在該國停留多久、入境目的、有無親屬、是否第一次到國、是否攜帶超值禮物等，若無個人因素，則檢查人員會在護照上蓋入境戳章即可順利通關。**圖4-10**所示為旅客辦理入境證照查驗。

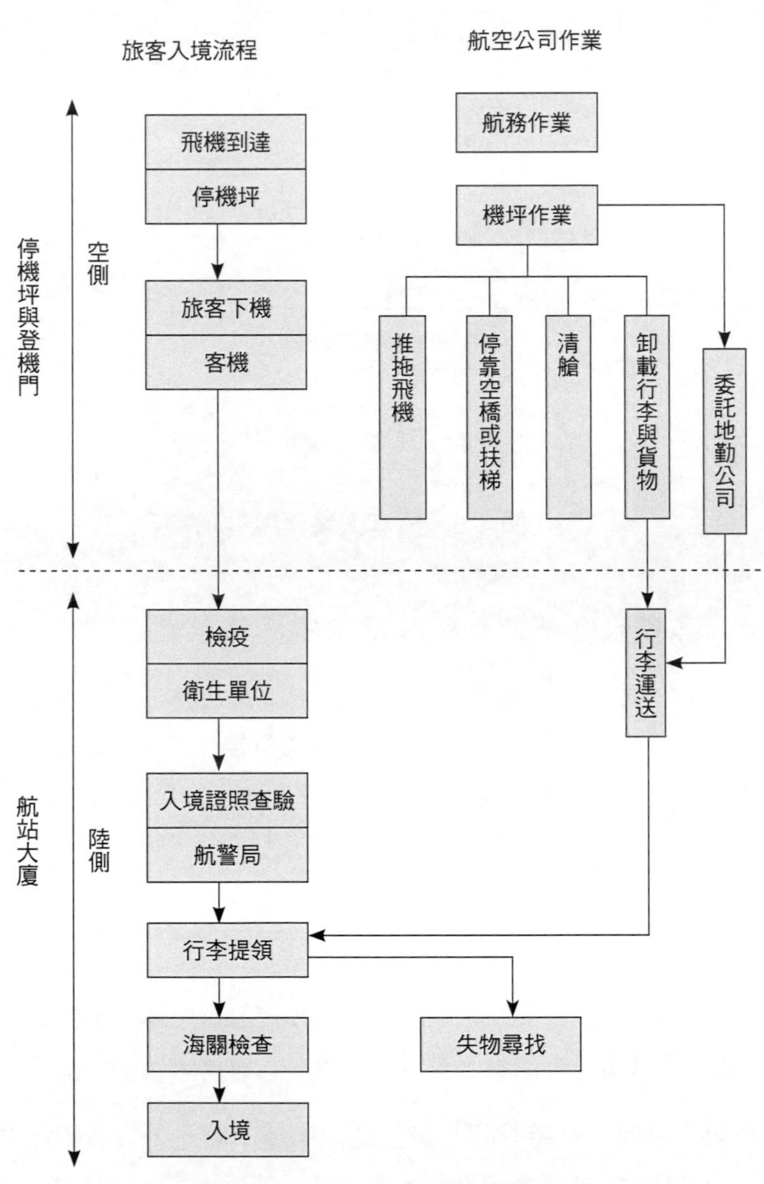
旅客入境流程
航空公司作業
飛機到達
停機坪
旅客下機
客機
航務作業
機坪作業
推拖飛機
停靠空橋或扶梯
清艙
卸載行李與貨物
委託地勤公司
停機坪與登機門
空側
檢疫
衛生單位
入境證照查驗
航警局
行李提領
海關檢查
入境
行李運送
失物尋找
航站大廈
陸側

圖4-9　旅客入境流程圖

圖4-10　旅客辦理入境證照查驗圖

步驟三：領取行李

旅客辦妥入境證照查驗後，應至行李檢查大廳，等候領取行李。機場行李大都經由自動輸送帶送到行李提領轉盤處，請依行李提取指示顯示板所標示搭乘航班的指定行李轉盤處，自行提領，萬一行李沒有出現，或受到損害，可向航空公司地勤人員提出申訴，申請賠償。**圖4-11**所示為旅客於行李大廳領取行李。

旅客若帶有不擬入境之行李，可暫存於過境行李寄存倉庫，俟出境時再提領。若無其他問題，則自行選擇扣稅櫃檯（紅燈通道）或免扣稅櫃檯（綠燈通道），依序將海關申報單交由海關人員備查，隨後進入入境大廳。

步驟四：動植物檢疫

由國外攜帶動、植物及其產品進口，應於到達機場時向檢疫機構申報並應至檢疫櫃檯辦理檢疫手續。如屬禁止輸入的項目，則會被沒收銷

圖4-11　旅客領取行李圖

毀，如屬有條件輸入項目，應檢附輸出國動植物檢疫機構簽發的檢疫說明書，並加註符合我國檢疫條件的內容始可，如屬隔離檢疫項目，則應辦理隔離檢疫。

旅客嚴禁攜帶下列產品入境：

1.新鮮水果及瓜果類植物。

2.未經核可之動植物產品（含活動物、肉品、活植物）。

3.如欲攜入各項農產品，請電話洽詢農委會動植物防疫檢疫局。

步驟五：海關行李檢查

旅客提取行李後，所攜行李如未超過免稅限額且無管制、禁止、限制進口物品者，可選擇「免申報檯」（即綠線檯）通關。否則即須由「應申報檯」（紅線檯）通關。

入境旅客所攜行李內容如無須向海關申報事項，可持護照經由綠線檯通關，檢查關員視情況予以免驗放行或予以抽驗，經抽驗之行李如發

現有應稅品或不得進口或禁止輸入之物品，則予以稅放、留件處理或扣押；行李內容如有應向海關申報事項，則須填寫中華民國海關申報單經由紅線檯通關，檢查關員查驗後依規定予以免稅（或課稅）放行或留件處理或扣押。**圖4-12**所示為入境海關查驗檯。

三、旅客出入境應注意事項

(一)旅客入境證照查驗手續

1.本國籍旅客應持有效護照及回台加簽、入出國許可或入出國證明書，但在台有戶籍國民持有效護照即可。

2.香港或澳門居民應持逐次加簽許可證或入出國許可證，及有效期間六個月以上之香港或澳門護照。

3.大陸地區人民應持有效之旅行證。

4.外國籍旅客應持有效之護照及來台簽證，符合來台適用免簽證國家

圖4-12　入境海關查驗檯圖

或適用落地簽國家，得憑有效期間六個月以上之護照及訂妥機位之回程機票。持簽證證明函之旅客應於入國時至外交部駐機場辦事處換發入境簽證。

5.前1-4項旅客入國時，應將證照及填妥之入出境登記表（在台有戶籍國民免填，簡稱E/D卡，由航空公司在航機上發填）交查驗員查驗後，在護照及E/D卡加蓋入國章戳，收繳入境登記表，發還護照後准予入國。

(二)出境查驗手續

1.本國籍旅客應持有效護照，但出國須經核准或許可者，應有出國核准章或入出國許可。

2.香港或澳門地區居民應持逐次加簽許可證或入出國許可證，及有效之香港或澳門護照。

3.大陸地區人民應持有效之旅行證。

4.外國籍旅客應持有效護照（在台停留須未逾簽證許可期限），如逾期者，逾期一個月以內得逕至航警局查驗隊外僑組辦理延期罰鍰手續，逾期超過一個月，應向居留地之縣市警察局辦理延期手續。

5.前1-4項旅客向航空公司櫃檯辦妥報到（check-in）手續領取登機證後，將護照、登機證、E/D卡（在台有戶籍之國民免填）交查驗員查驗後。在證照、E/D卡及登機證加蓋出國章戳，收繳出境登記表，發還護照、登機證後准許出境。

(三)過境旅客監護

1.直接轉機過境旅客，由航空公司人員引導至過境室，辦理轉機手續候機並由外僑組派員監護。

2.符合「過境乘客過夜住宿辦法」第二、三、四條規定，因航機故障、氣候不良等因素必須停留過夜之過境旅客，經航空公司申請核

准後，由航警局查驗隊外僑組會同航空公司派員護送至指定飯店，實施站外監護。

(四)出境旅客行李檢查

1.旅客至航空公司櫃檯完成報到手續後，將託運行李交航勤人員放置輸送帶上，先經X光儀器透視，由安檢人員檢視螢光幕顯像，無可疑者予以放行，即完成通關。**圖4-13**所示為出境行李經X光儀器透視；**圖4-14**所示為出境行李經X光儀器透視送往行李處理場。

2.旅客手提行李檢查，先經X光儀透視檢查發現可疑，再由旅客接受安檢員人身複查。**圖4-15**所示為旅客手提行李經X光儀器檢查。

3.人身檢查：旅客機員須通過金屬探測門，如發現有金屬反應或異狀再實施人身複檢（女性旅客人身之檢查由女檢查員為之）。

(五)入境旅客行李檢查

1.旅客機員之託運行李，須先經安檢員會同海關人員以X光儀透視檢

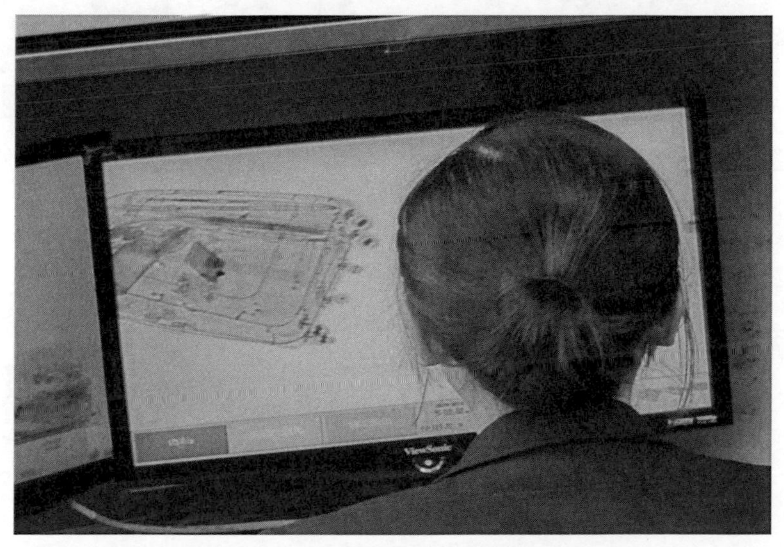

圖4-13　出境行李經X光儀器透視圖

圖4-14　行李處理場圖

圖4-15　旅客手提行李經X光儀器檢查圖

查，發現可疑予以標記再實施詳細檢查。

2.旅客轉盤領取託運行李後，連同手提行李依海關規定選擇紅、綠線檯通關，如須檢查時將行李放置檢查檯自行打開接受檢查，必要時海關亦得實施人身檢查。

(六)旅客一般須知

1.請勿攜帶易燃、刀、劍、棍、鐵器及槍械彈藥等危險物品，如已攜帶自動申報由安檢人員處理。

2.託運行李須複查時，由旅客本人開箱接受檢查並核驗登機證及申報單。

3.接受搜身及手提行李檢查時，請自行取出身上金屬品，打開手提行李。

4.請勿攜帶超額金、銀或外幣、珠寶，原自國外來台旅客，如於入境時將所攜帶金、銀、外幣或飾物向海關申報有案者，請於出境時自動出示證明單。

5.請勿將託運行李（大件行李）攜往手提行李檢查處。

6.請排隊循序接受搜身及手提行李檢查。

第二節　旅客航廈服務作業

一、旅客報到作業

(一)旅客報到

據研究發現，旅客對於航站各服務設施績效的影響因素有不同之重視程度，對於出境作業處理設施之影響因素，旅客認為等候時間占60%重視程度，手續便利性為31%，而空間則為9%。

出境旅客到達航站出境大廳，應有足夠資訊讓旅客瞭解他所欲搭乘之航班在哪個報到櫃檯辦理報到，同時報到櫃檯上方亦應有航空公司名稱、班機編號、預計起飛時間等資訊，對於共用班號的班機，其班機編號更應顯示清楚。旅客報到區必須設置有足夠且合適的報到櫃檯，以及櫃檯前足夠旅客排隊的空間，以便旅客應依其所搭乘之艙等到不同的櫃檯辦理報到，一般航空公司的作法是開不同艙等的櫃檯且採頭等艙旅客優先報到。航空公司報到櫃檯通常在班機起飛兩小時前開檯，以應付隨機到達機場的搭機旅客報到作業，旅客報到等待時間應儘量縮短，故除了要有足夠的櫃檯外，尚需要有足夠的服務人員，機動調派，同時宜注意服務人員能力、儀容與禮貌，以顯示服務品質與績效。旅客劃位應有一定的程序，以顧及航機之載重平衡。目前所有班機已經禁止吸菸，故無吸菸區與非吸菸區之區別。

航空公司對旅客的接受有一定的管制程序，例如重病、通緝犯、政府列管以及經常鬧事被航空公司列為不受歡迎之旅客，通常在報到時會作篩選過濾。航空公司通常會超賣座位（overbooking），晚報到旅客劃不到座位時應有權宜的作法，協商旅客另轉他航或改搭下班並給予適當的補償，各航空公司有其不同的作法。另外對於補位的控管、遲到的旅客、酬賓會員與行李超大、超量、特殊等的處理，航空公司亦有一定的作業程序。

旅客行李報到時除必須留意是否有危險物品外，尚須確實管制其重量與件數，並將行李條貼附於機票上，行李超重部分必須額外付費。旅客所報到的行李必須分別掛上標籤，尤其轉機與頭等艙的行李應分開處理。一般頭等艙的行李是最後裝上飛機以便到達目的地機場時最先下機，讓頭等艙旅客優先領取行李；轉機行李分開處理，以方便旅途中轉，避免與一般行李一起送到目的地。

旅客的登機證、機票、現金與信用卡證件等之安全必須隨身留意，避免於報到時遺失。旅客於客艙中之餐點可以於訂位時一起預訂，航空公

司於旅客報到時作必要的控管。

航空公司於旅客報到完畢後在班機起飛前必須完成艙單的製作，並對旅客報到花費最少與平均的時間、機票的發售與預訂情形做必要之統計分析，以利營運業務改進之參考。

一般旅客報到時間約四十五秒至三分鐘之間，如超過此時間應加派員工引導旅客，加速作業。

(二)報到方式

旅客報到方式分為三類：

◆集中報到

集中設於報到大廳，櫃檯可依航空公司或航班劃分，或旅客可至共用櫃檯報到。在繁忙機場，共用櫃檯報到方式之行李處理系統複雜且費用高。

◆分散報到

報到作業分散於航站內兩處或以上位置，例如旅客可於集中之報到大廳、站緣報到或於登機門內候機室門口辦理報到手續。

◆登機門報到

旅客於登機門內候機室門口辦理報到手續，應考慮旅客行李被航空公司拒絕託運之情況。

登機門報到方式之特色：

1.縮短旅客在航站內之步行距離。
2.簡化報到手續，縮短旅客報到及等待時間。
3.行李處理設施減少。
4.需求較多之工作人員。

(三)共用報到櫃檯

共用設備與人力可節省成本，在十幾年前，是大部分國際線航空公司努力的方向。某些航空公司班次較少，不必整天占用報到櫃檯，即可與其他航空公司共用報到櫃檯（CUTE），只要航空公司的電腦系統與櫃檯連線即可辦理旅客報到作業，惟辦理報到的航空公司必須於櫃檯的上方顯示公司名稱、班號與離場時間等資訊。航空公司依據報到櫃檯實際之需求量而來開設櫃檯數，可大幅提升整個報到大廳之使用效率。

(四)旅客報到新趨勢

國際航空運輸協會（International Air Transport Association, IATA）自1998年起積極著手推動電子機票（e-ticketing）、網路報到（e-checking）、KIOSK自助報到（KIOSK check-in）及無線射頻辨識（Radio Frequency Identification, RFID）行李通關。

◆電子機票

依國際航空運輸協會（IATA）規定，包含國泰等各航空公司從2008年6月份起全面以電子機票取代傳統實體機票，而新加坡航空公司更進一步宣布，只要行程中與一百三十八家和新航合作之航空公司的所有乘客，都將可以使用一張電子機票完成整個飛行旅程。聯航電子票務服務讓旅客在轉乘不同航空公司前往目的地時，全程只需使用一張電子機票，而不再需要持有多家航空公司電子機票與紙本機票。

電子機票比傳統的機票更為方便，當旅客在網上訂購機票之後，這些資料將被儲存於航空公司的電腦內成為電子機票檔。抵達機場時，旅客只需於辦理登機手續時出示護照及付款之信用卡即可。為確保旅客權益，請務必就近向航空公司票務或機場櫃檯索取並保留電子機票的正式收據及旅客須知，以便證照查驗及報帳使用。辦理報到手續時，除有效的旅遊證件（如護照、簽證）外，另應出示電子機票收據，或告知服務人員以下任一資料，以便順利查詢與處理：

1.電子機票票號。

2.信用卡號碼。

3.航空公司會員卡號（訂位開票時應事先告知）。

4.搭乘航班及日期。

電子機票是將機票上的各項資料儲存在航空公司的電腦資料庫中，旅客不必再攜帶機票，擔心機票的遺失。提供旅客更簡單、方便、安全的選擇。

◆電子機票之訂購

登錄販售電子機票旅行社的網站，依照旅客想要去的地點與時間點選，出現行程後，依指示操作，最後會有個確認欄，用信用卡付款，點選後就會出現確認，接著旅行社就會發出一封電子機票確認信函。也可以透過航空公司的網站訂購，步驟依指示操作後，用信用卡付款確認機票。一般的旅行社，只要確定好時間地點、價錢，就可以用轉帳或是信用卡付款，旅行社也會寄出一封電子郵件告知旅客的電子機票內容。

◆網路報到

部分航空公司還開放訂購電子機票的旅客進行網路報到，例如只要旅客透過新航全球網singaporeair.com或singaporeair.com.tw完成訂票程序，將會在其所登錄的電子信箱收到訂購的電子機票。其後，就可以登入新航全球網，點選「我的訂位紀錄」進行劃位、餐點甚至更動自己的行程。使用電子機票的乘客可以在新航全球網事先辦理報到劃位（起飛前四十八小時），同時還可以在家裡或辦公室先行列印登機證（二維條碼式），在前往機場之前，所有的程序只要透過新航電子化服務就可以完成。

◆KIOSK自助報到

KIOSK自助報到乃為可幫助旅客快速通關的新興科技，可有效降低航空公司的作業成本。機場自助報到程序是旅客自行到KIOSK自助報到機器，利用護照條碼感應或自行輸入電腦訂位代號，確認個人登機資訊後，可進行更改、挑選座位，或更改航班、辦理艙位升等作業；並俟該等作業執行完畢後，即可列印登機證，而完成報到程序。

此等作業過程僅約需一分鐘，除可以有效率節省旅客辦理報到之等候時間外，另一方面也可減少報到服務櫃檯之設置，進而降低航空公司之人力成本。

目前全球共有超過六十五個國家、一百五十二個機場已實施或正在開發建置KIOSK自助報到系統；其中，北美地區機場設置自助報到系統之情形為全球之冠。就美國籍航空公司為例，目前American、America West、Continental、Delta、United、US Airways等美籍航空公司已經設置4,338台KIOSK。在功能方面，除挑選座位、檢查行李、列印登機證及電子單據等基本功能外，另有部分航空公司提供艙位升等或更改航班的服務功能；此外，多數航空公司備有行李快速通關設備，以利使用自助報到之旅客使用。美國籍航空公司近年更把KIOSK設置地點由航站擴大至飯店大廳、停車場、火車站等，此舉不僅增加旅客便利性，且不需在短時間內建造新的硬體設施來迎合新增的客源。

在國內國際線部分，目前有華航、華信、長榮、立榮、國泰、港龍、復興、全日空、達美以及荷蘭等多家航空公司提供自助報到之服務。自助報到櫃檯功能主要包括機艙升等、挑選座位、列印登機證、資訊查詢等功能，但皆無行李檢查與登記功能，也無附設行李快速通關設備或專屬櫃檯以登記託運行李。

落實在全球推行電子機票，為旅客帶來更多便利，加上航空公司目前提供的自助服務，如自助辦理登機服務，旅客可更簡便地自行安排行程，此舉也有助航空業界減低成本及創造環保效益。

二、行李處理作業

(一)行李處理

Ashford等（1997）提出，在機場作業系統中，乘客的行李處理是一項重要因素。如果在行李處理上有任何困難，無論在出境或者入境，它將對機場作業有很大的影響。例如，離場航機的行李耽誤則航機將占用登機門比預定時間長，並且長時間停放機坪不可避免將導致擁擠與空側作業普遍的延遲，並且這也可能延誤到進場航機的停放。根據過去美國的研究，道路與航站擁擠將造成行李的延誤到達與處理。

此外，行李處理是一個特別敏感的問題，從乘客的角度來看，正如無數的調查，在旅客的優先次序表中雖非是首位，但這個主題擺的非常高。因此，這種現象在旅客和機場或航空公司管理之間，很顯然是一致的。即使行李的處理往往非由機場工作人員、航空公司或處理公司來執行，但常常被旅客認為是機場運作的責任。

行李暫時性的遺失必須後送到旅客的家，一般必須多支付一百五十美元以上，對航空公司來說，是一筆額外的費用。如果這種行李後送的事件常常發生，場站費用可能迅速失去控制，至於行李不能挽回地遺失的費用，那就更不用說了。根據北大西洋一家主要的航空公司的估計，它需要另外賺三、四千萬美元才能彌補這項費用。

受到早期七〇年代的三個影響，旅客行李本質與數量作了戲劇性的改變：

1.飛機大小增加。
2.行李允許的標準改變。
3.引進低的票價。

廣體客機出現後，對旅客服務而言，行李好像是一種容易控管的要素。而且這種行李的控管，被一般旅行的民眾所接受。很明顯的，在窄體噴射機所能攜帶的行李有很大的限制，特別是在長距離的飛行。不論一件或二件行李，行李超過特定的重量（經濟艙20公斤，頭等艙30公斤）必須加收額外的行李費用。廣體客機在容量上大量增加，致使行李限制在程序簡化上大為放寬。在許多長程航線上，限制報到的行李件數，最多只允許兩件，這些託運的行李不再有重量限制。

另外，低的票價帶來許許多多低預算的旅遊者，大量增加許多年輕人攜帶他們隨身所需的物品，包括床墊和帆布背包等。這將形成一個問題，不但大量增加行李處理量，而且涉及各個行李的尺寸、外型與種類，亦必須對超大型的行李做準備，此種超大型的行李在歐洲專有的術語稱為「標準規格外的行李」（out of gauge baggage）。在二十世紀七〇年代初，有部分產業失敗，從大批旅客所攜帶的大量行李是可以體會到的。除了短程外，所有商務飛行平均每位旅客約託運1.3件行李，在全世界的某些航線託運的行李，如不收取超重費用，將遠超過這個平均數。

通常，這種現象與往來第三世界國家的航線有關，可能原因是消費物品不容易買到。近年來，旅客在他們的旅途中攜帶大量行李的情形顯著增加，造成行李處理上的重大衝擊。

由於廣體客機的數量逐漸增加，行李的貨櫃化已經成為標準規範。目前廣體客機的行李貨櫃仍然沒有普遍的標準尺寸，雖然LD3是最通常使用的尺寸，設計兩個並排位子，填補大部分廣體客機地板下的空間。

(二)行李處理程序

◆出境

1.攜帶行李前往報到。

2.報到程序包括掛標籤與過磅。

3.行李運送到空側。

4.分類與打包裝櫃。

5.行李運送至機邊。

6.裝載進入航機。

◆**入境**

1.從航機卸載下機。

2.運送至航站空側。

3.分類並裝進提領設備。

4.運送至提領區。

5.展現行李方便旅客提領。

6.從提領區取回行李。

旅客行李之處理作業如**圖4-16**行李裝卸順序圖所示。

(三)攜帶行李前往報到

大部分的旅客都有一件以上的行李需要報到交運，行李系統應能在旅客進入機場後發揮處理效率，以減少旅客必須攜帶沉重的行李步行長遠的距離。考慮到這一事實，因此可能會有機場外行李報到的需要。

在機場以外設置旅客報到設施的概念已經進入一個新的階段，從舊有的專用市中心航站的觀念改變成更多不同的系統。在某些歐洲的旅館設置有為他們客人託運行李的設施。如果有直接的鐵路聯繫到機場航站大廈，通常旅客可以將行李在起站的火車站（如瑞士）和一些主要城市鐵路車站（在英國和德國）辦理託運。此外，一些主要的歐洲航空公司允許乘客只攜帶手提行李時——以電話；或只有一件行李時——以傳真（法國航空）辦理託運。

在部分機場，旅客攜帶行李到櫃檯報到的距離有很大的不同，有些人必須攜帶行李從附近的公共運輸站開始步行，例如在華盛頓國家機場，這個距離有幾百碼（yards），還要上下階梯。在其他情況下，機場或航空公司將提供路緣（curbside）辦理登機手續，或者至少有搬運人員協助旅客將行李送往報到櫃檯辦理登機手續。在路緣辦理報到的行李通常

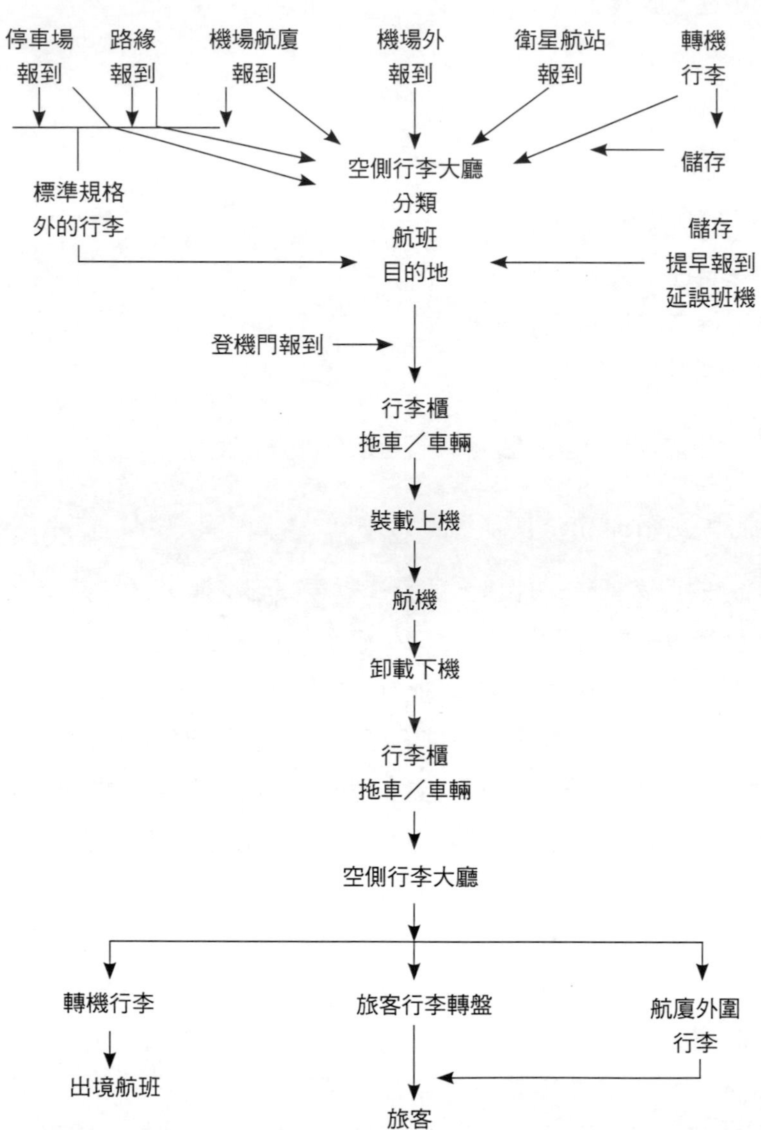

圖4-16 行李裝卸順序

資料來源：Ashford et al., 1997.

還會提供袋子，方便直接運送到鄰近的行李分檢區。

此外，在美國機場可以提供旅客自助行李手推車，通常被稱為行李車。在歐洲機場行李手推車是免費提供的，在美國通常收取一美元的費用。在歐洲行李手推車的類型，它的長度或重量與美國類似。在德國法蘭克福機場的手推車是經過特別設計的，讓手推車能夠安全地使用電動扶梯。雖然這種手推車成本相對較高，超過（美國）每台六百美元，但其對多樓層的航站在紓解旅客人潮是非常有效的。許多機場考慮幾千輛手推車成本問題，雖然金額不少，但為乘客服務的利益是值得的。

不過，許許多多手推車使用中，使用之後的收集必須妥當管理，放置於合適地點方便再次使用。這些地點可能是靠近路緣旅客下車的地方，旅客還需要步行一段距離去辦理報到。在入境旅客方面，其步行距離可能很長，除了在行李提領區放置大量的手推車外，於旅客下機的適當地方也可以考慮設置手推車放置地點，特別是目前旅客攜帶手提行李有越來越重的趨勢。旅客也越來越進步了，並且使用他們自己的內置車輪或手把小的可摺疊的手推車或者行李箱。

適當的標誌還有助於旅客背著沉重的行李減少不必要的步行距離。在多樓層的航站，標明出境的樓層與設施的位置是相當重要的，以避免車輛在道路或路緣的混亂與擁擠。因此，將有必要提供更詳細的標誌以明白指出所在位置，或在就近入口處設置個人辦理登機手續的櫃檯。總之，所有的措施就是要讓旅客從下車點到辦理登機手續的櫃檯，一路順暢。在較小的機場，特別是單一樓層的航站，應特別注意將旅客登機手續的流程與離境旅客的行李分開。

(四)辦理登機手續

辦理登機手續的幾個作業是在確實控制旅客的行李數量和重量。個別旅客所攜帶行李的數目與重量記錄在該旅客的機票上這是必須的。航空公司（或航空公司的代理）會照管行李與承擔責任，相對的發給乘客行李取回的標籤。在接受行李之前，航空公司應採取必要步驟，提醒旅客託運行李不得放置任何危險或有害的物品。

這些程序將不可避免地導致了排隊等待，尤其在廣體客機，排隊等待可能會很長。通常情況下，個別檢查每位乘客的時間是介於四十五秒至三分鐘。如果有任何疑問或問題產生，嚴重影響作業時，大多數航空公司或地勤代理將有一套程序，將旅客帶離作業線到另外的櫃檯作業。航空公司與機場管理當局必須盡一切努力掌控報到作業線，並且可能在櫃檯前面安置另外的人員指導乘客或者設置簡單的圍欄，協助旅客完成登機手續。

許多航空公司的普遍做法，是讓那些只攜帶手提行李的旅客，直接到登機門等候航班，避免到機票櫃檯排隊。還有一個好處是，旅客抵達目的地不必等待託運行李。但是，旅客攜帶行李的項目有越來越大且越重的趨勢，導致機艙內頭頂存放櫃儲存的困難。如此一來，也可能引起登機區的擁擠與延誤。航空公司已意識到這一問題，並試圖控制它，但成果有限，主要是由於競爭激烈的航空業希望能與乘客保持友好的關係。

(五)RFID應用在行李處理

無線射頻辨識（RFID），主要是由電子標籤（tag）內之天線（antenna）及晶片（chip）的構成組件，可利用讀取器（reader）和相關應用系統（application system）透過無線電訊號來識別特定目標，並讀寫相關資料的一種非接觸式的射頻辨識系統，可用於辨別、追蹤、排序和確認各式物件，包含人、汽車、包裹、動物和貨物等等。

RFID運作原理可分為主動式與被動式，主動式乃電子標籤內含電池，當其在讀取器（亦可視為寫入器）所感應的範圍內主動發射晶片內所含的訊號給讀取器，再經由後端的相關軟硬體應用系統識別；被動式則不含電池，當其在讀取器（亦可視為寫入器）所發射的磁場範圍內，基於磁場感應天線而產生電流的原理，便能將訊號傳送至讀取器，例如持悠遊卡搭乘捷運，在通道匣門上，利用電磁感應方式讀取資料並完成扣款以及通關。

國際航空運輸協會（IATA）已將RFID導入航空行李標籤中的建議方案納入標準，為使得機場與航空公司可廣泛的使用RFID技術管理與追蹤行李，該組織在2006年11月於日內瓦所舉辦之Passenger Services Conference，取得所有參與會議之航空公司無異議承認超高頻（UHF）頻率之RFID標準。IATA也同時在2005年陸續展開RFID在行李應用上的測試與驗證作業。

IATA已經將應用於航空行李標籤之RFID標準列入其“Passenger Services Conference Resolution Manual”中的Recommended Practice 1740c之“Radio Frequency (RF) Specifications for Interline Baggage”，在該資料中清楚的描述RFID種類、系統需求、RFID需求、讀取器需求、RFID特性與規格、讀取器特性與規格、資料內涵、保安、作業程序的考慮，以及建置等的資訊。其中較為RFID產業製造商所關心的頻率與價錢，也在2005年清楚的由IATA傳達給製造商。IATA對使用於行李管理與追蹤的RFID頻率選定為850MHz～950MHz，也就是俗稱的UHF頻段。其協定介面則採用ISO-18000-6-C、ISO-15691與ISO-15692等的標準。同時期望行李標籤的每一單價可降至美金0.21元。

現階段全球航空行李處理誤失率為1%，處理每一誤失行李的費用平均為一百美元，現今全球一年的行李處理量約有十七億件，以此基準來換算，如果在航空行李管理與追蹤上使用RFID技術，減少全球十七億行李中的1%的誤失率，每一年單在處理誤失行李的費用就可節省高達七億六千萬美元的損失（汪君平、高增英，2006）。

三、安檢作業

(一)保安檢查

在預防非法干擾航空運輸之保安措施中，概分為三類（ICAO, 2002）：

1.劫機預防措施（anti-hijack measures）：指防範一切發生於旅客運輸之非法干擾事件。

2.破壞預防措施（anti-sabotage measures）：指防範一切發生於貨物運輸之非法干擾事件。

3.一般預防措施（general measures）：同時可提供劫機與破壞事件之預防措施。

在ICAO之Annex 17中，雖然規定各會員國針對上述各項預防措施所需達到之防範威脅標準；但其內容並未詳細規定各預防措施之具體執行內容，各會員國必須依據其環境特性設計符合自身需求之程序。在Annex 17第4.2章中，在劫機預防方面提供五項標準及建議措施（Standards and Recommended Practices, SARPs），包括旅客進入管制區（a sterile concourse）前之人身及隨身行李的檢查。Annex 17同樣針對破壞預防方面，提供偵測及預防爆裂物設施之設置建議。在4.3章中規定必須在行李所有人登機後，才能將所有託運行李送上飛機。另外在4.1.1、4.2.1及4.2.2皆有規定一般性的預防措施。

(二)人員及隨身行李檢查

人員及隨身行李檢查的目的，在於防止任何可能成為危險攻擊之物品進入機場空側。此類物品包括符合上述目的的任何物件，例如：炸彈、雷管、汽油、槍枝、手榴彈、任何可釋放出毒氣的容器、刀子、劍、球棒及其他攻擊性武器。

根據Annex 17的規定，除了國內航線外，所有國際線旅客都應受檢查；然而由於國內線同樣可能受到非法干擾，因此，某些國家在國內線也採全數檢查。在轉機旅客方面，雖然規定中只要該轉機旅客未離開管制區，皆不需要進行另外的安檢；然而，由於無法保證原先出境國家之安檢措施是否與轉機國家或目的地國家之安檢措施水準相同。因此，某些國家認為轉機旅客必須重新接受安全檢查。

為了有效分辨旅客安全風險的高低，可以利用以下訊息進行初步判讀：

◆護照

1.發出該護照的國家是否為恐怖活動頻繁的國家，或支持恐怖活動的國家。

2.護照上對該名旅客種族的描述是否正確。

3.發給條件式簽證的考量為何。

4.護照上的照片或出境國家是否被竄改。

5.護照上的出生年月日是否與持有者外貌相符。

6.護照上的照片是否與持有者外貌相符。

◆機票

1.該機票是否為最近二十四小時內以現金支付。

2.該機票是否與其他無效機票有雷同之處。

◆行李

1.行李的數量是否與其飛行目的相符。

2.該旅客是否固執地想隨身攜帶大型行李。

◆個人特徵

1.該旅客是否不希望搭乘某特定國籍的飛機。

2.該旅客是否意圖在最後一分鐘劃位。

3.該旅客之情緒是否異常不悅或高昂。

4.該旅客是否單獨搭機或伴隨一群類似的旅客。

人員及行李檢查方式包括從最基本的人工檢查，至高成本的電子或X光設備檢查。人員檢查通常設置在旅客出入境之通道中，當人員及隨身行李通過設備時即完成檢查，人員可繼續未完之手續（例如至候機室等候登機）。安檢人員必須接受完整的人工檢查訓練，例如當行李有不正常的隱藏暗扣時，可能表示該行李內藏武器或爆裂物等。X光檢查設備包括單純顯示形狀之標準設施，至高科技的生化偵測設備。人工檢查與機器檢查之比較如**表4-1**所示。

(三)託運行李之檢查

目前國際間對託運行李檢查的要求，傾向百分之百的檢查，因此其檢查量十分龐大。為了不妨礙旅客登機的速度，託運行李檢查的速度必須在一定的水準以上。用以檢查託運行李是否內含非法武器或爆裂物的設備，包括：(1)X光設備；(2)以追蹤探測設備（trace detection equipment）為基礎的電腦系統，可輔助偵測爆裂物。目前對託運行李檢查的要求，其檢查系統必須要做到：

1.錯誤警報（false alarm）儘量降低。

2.能夠找到任何藏匿的武器、爆裂物或其他危險物品。

3.不對機場營運增加任何負面的影響。

4.不破壞或改變檢查的對象。

表4-1　人工與機器檢查之比較

人工檢查	機器檢查
1.假如沒有時間限制的話，人工檢查較為澈底。 2.可作為機器檢查的輔助方法，較容易確認物品的內容。 3.成本較低。 4.人員訓練的費用較購買設備的成本低。 5.面對旅客流量較大時，有增加服務效率的壓力，將降低檢查的績效。 6.檢查人員的注意力將隨時間增加而降低，長時間的工作需要休息時間。	1.不需打開行李，或移動任何內容物。 2.有可能檢查到人工檢查不到之物品（例如肉眼不能分辨之毒品）。 3.檢查時間縮減，增加服務效率。 4.設備的數量受到機場預算的限制。 5.某些可接受的影像可能含危險品。 6.機器操縱人員為檢查績效的主因。

5.符合法規需求。

6.操作方便且易於維護。

7.在機場管理當局可接受的成本範圍內。

8.能融入現有機場的設計。

9.減少工作人力的浪費及人為判斷的程度。

目前的檢查方法乃利用多層級的X光掃描系統（multi-level X-ray systems）進行檢查，以偵測爆裂物為主。

根據Annex 17第4.3章，締約國必須建立一套措施，不得運送未登機旅客的行李。此項規定在防止不登機的恐怖份子買票劃位並託運行李，且將爆裂物藏在託運行李中以破壞飛機；因此當發生上述狀況時，該名旅客的行李將被拉下飛機。這個動作必須重新將行李翻出，找到目標行李，拉下該行李，再將其他行李重新歸位。因此，若以純人工進行上述動作，將耗費許多時間與人力，可能嚴重延誤飛機起飛。

英國倫敦蓋特威克機場（London Gatwick Airport）引進一種行李電子條碼（barcode）追蹤裝置，若有旅客未登機，其身上條碼未被掃描，該電腦系統將自動找出配對之行李；此系統除了用來尋找故意未登機旅客外，也可減少轉機行李的失誤率。除了上述的電子條碼系統外，英國希斯羅機場（London Heathrow Airport）正研發一種無線電頻辨識標籤（radio frequency identification tags）。此系統目前最大的缺點在於成本過高；傳統之電子條碼系統每名旅客只需0.05美元，新的電子標籤系統每名旅客耗費0.5美元。

(四)安全檢查的地點

安全檢查的地點不但影響安檢的績效，同時也會影響機場的運作。安全檢查的地點主要分成兩種方式：(1)集中式（centralized security），也就是旅客在進入管制區前需先行通過安檢；(2)分散式（decentralized security），也就是旅客在進入登機門時才接受安檢。此兩種方式各有其優缺點，端視各機場之環境不同而有所選擇。

◆集中式優點

1.集中受檢所需之安檢人力與設備較少。

2.旅客有較多的時間在餐廳或免稅商店消費。

3.航警的人力較易負荷。

4.人員與設備節省的成本可用來更新老舊設備或增加人員訓練。

◆集中式缺點

1.受檢與未受檢旅客較易混淆。

2.對於餐廳或免稅商店販賣的商品需要額外的控制。

3.安檢的方式僅有一種，較難依據航線特性而有所區別。

4.未受檢旅客可能經由停機坪或機組員通道進入管制區。

◆分散式優點

1.由於旅客在登機前才受檢，因此登機旅客必為受檢旅客，不易混淆。

2.對於安全風險較高的航次，可提高其安檢等級，例如：由中東國家入境旅次、欲飛往美國旅次。

3.人員較不會感到無聊或疲憊而散失注意力。

◆分散式缺點

1.由於分散檢查，可能同一時間需要較多的人員及設備。

2.旅客需要提早登機時間，可能導致機場餐廳及免稅商店的收入減少。

3.在航班較擁擠的機門，旅客必須等待較長時間，甚至發生不同旅次旅客混淆。

4.所需航警人數較多。

5.如果發生班次調動，將造成檢察團隊移動上的浪費。

6.未受檢旅客較靠近飛機，恐怖份子有較大的機會攻擊飛機。

7.恐怖份子有較長的時間鎖定特定之旅客進行攻擊。

8.現在的機門設計並不一定適合。

(五)安檢設備

◆人員及隨身行李檢查

目前大部分機場所使用的行李檢查設備為TRACE系統，該系統能偵測爆裂物之殘餘物或氣體。FAA利用此系統，設計一套TRACE偵測器，用以偵測旅客是否攜帶爆裂物；同時加入X光掃描，以確保旅客身上無法藏匿爆裂物。TRACE系統與X光掃描系統的結合，首先利用TRACE系統尋找可疑之危險行李，安檢人員可在發現可疑行李後按下按鈕，以輸送帶及閘門將行李分類，接著利用掃描系統做進一步的檢查。

國內機場出境旅客安檢所使用的設備儀器主要為X光檢查儀、金屬偵測門及手持金屬探測器等，安檢設備儀器之功能與適用性說明如下：

1.X光檢查儀：可自動鎖定爆裂物、槍械、毒品，並透視2.5公分鋼板後面所隱藏之槍械。並能解晰細如髮絲之銅線及分辨易燃液體與水。同時具有各式爆裂物裝置及槍彈、刀械、土製炸彈等教學圖像檔案資料庫，及自動摹擬歹徒行李藏匿各類危害物品闖關之假偵測等項目，可提供安檢人員在職教育訓練並督促執勤時保持警覺。

2.金屬偵測門：旅客身體攜帶金屬物品超過常態規範之部位，可顯示於門柱相對位置，便於安檢人員複檢並加速通關速度，對於環境干擾電波等可以頻率修正保持正常作業，同時具有保險鎖裝置防止非授權人員更改偵檢靈敏度。

3.金屬探測器：使用音頻電磁場平衡感應法，以探測隱藏金屬之方位，並以音階式音響，或紅光顯示可疑金屬物品之存在。其操作方便，屬手持式，適用於小件物品及人身搜查。

4.煙毒品檢驗盒：內含各種不同之偵檢試劑，可檢驗嗎啡、海洛因、高根及麻煙等常見之煙毒品。其原理係利用試劑與固體樣品表面之呈色反應，加以辨別毒品種類。

5.火炸藥檢驗盒：其含有各種不同的偵檢試劑，可檢驗氯酸鉀、二硝基苯及有機硝酸鹽類等火炸藥，其原理是利用試劑與火炸藥之特殊黑色反應或生沉澱加以辨別。

◆證照查驗

在證照查驗部分，證照查驗之安全程度與證照防偽設計及辨識工具與能力有關，因此，完善的防偽設計配合精密辨識工具與專業的辨識能力，才得以將風險有效降低。辨識證照的工具除目視辨識外，依照各國防偽設計不同，大致上有下列技術與辨識工具：

1.影像隱藏科技（hidden image technology, HIT）：將特定圖文以隱藏技術印刷，必須以特定解碼片閱讀的防偽設計。我國現行護照在持照人影像上方有一條粉紅色長方塊，在解碼片下可顯示「REPUBLIC OF CHINA」字樣。泰國等部分國家護照，則是在持照人影像區內另將該持照人的姓名或護照號碼等資料與照片影像同時以隱藏技術列印，在肉眼下影像區內只能看到持照人影像，但是以解碼片覆蓋影像區，則可顯示出持照人的姓名或護照號碼。此等技術無法以肉眼辨識，則需使用特定解碼片配合專業辨識人員得以成功辨識。

2.微小字（micro-text）：在護照資料頁或內頁以平版或凹版印刷技術所製作小於一平方公厘的細字，必須以高倍率放大鏡才能清楚辨識。微小字多以連續調方式出現，極難以影印、掃描或照相等方式複製，是有效防範變造的重要防偽設計之一。

3.螢光油墨（fluorescent inks）：在一般正常光源下無顏色反應，在紫外線螢光燈照射下呈紅、黃或綠等顏色反應。該類油墨目前普通使用於各種安全文件中。

4.對光變色油墨（photochromic inks）：這種油墨通常為白色，以紫外燈照射一段時間後會變黑，紫外線燈移開後又回復為白色。美國護照的各頁頁碼就是用這種油墨印製。

5.色變異油墨（metameric inks）：在一般光源下是一種顏色，在紅色或藍色光源下油墨顏色會作稍許改變。例如日本護照個人資料頁上方的櫻花圖形中有兩片花瓣就以這種油墨印製。

6.3M防偽膠膜：加拿大及澳洲現行護照所使用的美國3M防偽膠膜，膠膜表面塗布一層極細的玻璃珠，一旦膠膜被人剝離，玻璃珠結構就會破壞，即使重新護貝，在特殊燈具下仍可清楚顯示被破壞的痕跡。

7.紅外線透明油墨（IR-transparent inks）及紅外線吸收油墨（IR-absorbing inks）：在正常光源下顏色無異常反應，但是在紅外線燈源下顏色會消失不見的油墨屬於前者，顏色不會消失的屬於後者。前者普遍應用在各種安全文件的印刷上。

8.添加物（tag）：在製造護照用紙時，於紙漿中添加使用者指定的特定化學物質，其成分及檢驗方式僅有製造及使用者瞭解，可在無法以目視或其他方式確定護照是否遭偽造時，以破壞性方式（例如將護照內頁紙張浸入特定溶劑）鑑定護照的真偽。

目前，以放大鏡或紫光燈作為辨識工具的防偽設計仍為此類防偽設計的主流，並有繼續發展的潛力，例如微小字發展成超微小字（nano-text），單色螢光油墨發展成彩色螢光油墨等。至於其他必須以特殊工具辨識的防偽設計，由於辨識工具多為管制品或是不易取得，大多數國家因難以辨識，而有逐漸減少的趨勢。我國民航局目前購置全功能文件驗證機，以利證照查驗工作之進行並提高證照查驗之安全性。

(六)安檢四個階段

機場旅客出境安檢服務應達成旅客風險評估、各單位間的資訊分享以及新安檢科技的使用；因此要落實旅客分類，並將其適當嵌入機場安檢服務流程中，必須透過在安檢流程中各活動間資訊之蒐集、探勘、整理與分享，才得以將雜亂的資訊轉化為安檢決策有用的輔助資訊，落實保安與效率的改善。安檢服務藍圖共分為：(1)旅客預先偵檢；(2)旅客報到檢查；(3)旅客保安檢查；(4)旅客登機前檢查四個安檢階段。

◆旅客預先偵檢

旅客預先偵檢的理念在於，旅客在進入機場或報到前，機場保安當局即可獲得旅客資訊，可充分瞭解每一班機之旅客組成，進而在旅客進入機場前即完成旅客分類與保安控制之相關準備。航空公司將旅客航務與票務等資訊累積至一定資訊量（如每航次的前一天訂位結束時），以批次（batch）處理方式傳至機場保安控制中心，依旅客之基本資訊等與機場保安控制中心之資料庫比對分類評估，於訂位時即給予初步篩選分類，將旅客分類為「高度危險」、「中度危險」及「低度危險」三類，並將初步分類分析結果傳遞至各安檢活動，對於航警局與海關而言，可依通緝名單或特殊情況而作提前部署準備。

旅客預先偵檢階段可獲得來自「旅客資料庫」（政府或國外政府之通緝、列管名單及過去曾有犯罪紀錄）及「旅客訂位」兩管道的旅客資訊。

◆旅客報到檢查

航空公司依據旅客預先偵檢評估結果，輔以旅客行為觀察與航務票務資訊等偵檢方式，決策旅客通過或需要安檢人員深度質詢，如高度危險類旅客予以特別觀察與檢查，而中度危險類旅客僅稍微注意，對於低度危險類旅客則不加以執行報到檢查，以利旅客通過。

◆旅客保安檢查

旅客以身分識別工具向海關單位確認身分後，海關依據機場保安控制中心分別於「旅客預先偵檢」與「旅客報到檢查」兩階段所提供之旅客

評估分類資訊，進行旅客身分與證照之查驗動作，並綜合航警局於保安檢查之偵檢結果，將旅客分類為低、中、高風險三類，作為進一步保安控制的依據。本研究假設將證照查驗與保安檢查結合，利用海關人員證照查驗的服務時間，進行旅客身體與隨身行李的保安控制，簡化旅客安檢程序、服務時間與等候時間；海關與保安檢查結合的主要優勢為效率的提升。然而此作法最大的困難為設備與機場空間布設的配合。

◆旅客登機前檢查

在旅客登機前做最後的保安控制。若是旅客在登機門前使用某一身分確認設備（智慧卡或生物科技），該設備將旅客與機場保安控制中心所回傳之行李安檢結果作比對，作為旅客登機離境前的追蹤工具與保安控制，以及旅客行李檢查結果確認等工作。在此階段最重要的工作在於「旅客與行李配對」（PPBM），前述在旅客報到檢查活動時交寄之託運行李，其檢查結果於此處回傳，行李未通過保安檢查的旅客不得登機；另一方面，若旅客未通過此登機前檢查者，其行李亦不得裝載。此即美國FAA於2001年4月所制定之「民航保安策略計畫」中「旅客與行李配對」（PPBM）政策之落實。

(七)各國安檢措施

機場安檢工作乃以嚴密之檢視與查驗，俾儘早發現危害飛航安全的可疑人、事、物等，以保安為最高目標，以便民為基本要求。過境安檢係針對外站（該機場以外之航站）飛抵機場過境轉搭班機前往他國之轉機旅客，再度實施旅客人身及隨身行李登機保安檢查，以確保飛航安全。

國際間最早的航空保安規範性規章為國際民航組織（ICAO）於1974年通過的「國際民用航空公約附約十七」——防止對國際民用航空進行非法干擾行為的安全保衛（Security: Safeguarding International Civil Aviation Against Acts of Unlawful Interference），提供各締約國對於航空運輸保安保衛相關之標準、建議措施和程序。除「國際民用航空公約附約十七」

外，其他附約中提及旅客出境安檢者包括：附約九（簡化手續）中提到旅客安檢與旅客出境文件應儘量簡化以維持一定程度的速度；機場保安設備與服務應得以隨交通量與保安程序措施之需要而彈性調整與擴充；附註應維護旅客隱私，及不應使用放射性技術設備；並建議在旅客與行李的保安檢查方法應儘量有效使用專用設備以減少旅客與行李受檢查的次數。另外，「國際民用航空公約附約十七」第4章中規範：「在通過機場保安檢查後已受保安控制旅客，和未經保安控制者不得有任何混同或接觸的可能性。如果發生接觸，有關旅客和其客艙行李必須在登機前重新檢查。」

◆韓國

南韓首爾金浦（Gimpo）國際機場之保安檢查活動之可容忍服務時間為1.25～1.75分鐘之間，而英國伯明罕（Birmingham）機場則為6.5～10.5分鐘之間，造成此差異可能源自安檢程序不同所致，可見機場保安檢查是一個對服務時間相當敏感的活動。

旅客安全檢查必須考慮搜身與掃描的效率，一般搜身檢查的作法是旅客先經過金屬探測門後，有必要時再分男、女二條線以金屬探測器實施搜身檢查，經過金屬探測門之前須掏出身上所有金屬物品並同手提行李通過X光掃描。手提行李檢查的效率非常重要，許多機場在安檢區由於設施或人力的不足，常造成旅客長時間的排隊與等候，高效率的機場應儘量將旅客安檢不方便的程度與等候的時間降至最低。

◆英國

先進科技SecureScan X-ray是一種低輻射X射線掃描器，可作為任何一種機場個人之安全檢查。DRS SecureScan可以透過人的身體和衣裳，看到所有暗藏在身體表面或隱藏在人體裡面的物品。具有個人保密性和尊嚴的特性，不會產生道德方面的問題。乘客踏入一個可移動式的平台（X射線束<2mm），經由低劑量輻射，約十五至二十秒，即完成掃描。數字式掃描過程：接受先前之掃描之射線轉換成數字式圖片。

英國曼徹斯特機場為加快安檢速度，2009年10月12日起，試用X光全身掃描機，除了讓武器或爆裂物無所遁形外，也呈現旅客「光溜溜」的影像，包括假奶、義肢、身上穿環甚至私處輪廓等全都露。「速瞄安檢1000」攝得的影像將立即刪除，這部機器「完全免除脫去衣物的問題」。一般登機乘客接受安檢時，必須先脫去外套，接著是皮帶與鞋子。這套設備價值八萬英鎊（約台幣四百一十萬元），它對站在指定點的旅客發出電磁波，然後藉由反射能量建立立體影像。儀器射出的輻射量「超級安全」，旅客每年可放心通過這部機器五千次，因為它傳送的輻射量非常少。其功能可以先進技術偵測實體威脅，提高危機之意識，防範女性恐怖份子攻擊。並可查察危險武器、毒品走私等違禁品之攜帶。更可進一步讓隱藏式爆裂物裝置無所遁形。它提供更快的乘客整體檢查過程時間，在三十至四十秒之內完成偵查，可以增加可及性，減少營業成本（魏國金，2009）。

◆美國

有鑑於美國911恐怖攻擊事件所帶來航空保安課題的重新省思，ICAO亦於2002年12月修訂通過了「國際民用航空公約附約十七」第七版，內容增加有國內保安運作、國際威脅資訊整合、國家航空保安委員會、國家品質管制、進出控制、旅客與其隨身行李、託運行李、飛航中駕駛座艙保安及人因管理等相關課題，提供新措施方法以防止航空運輸的非法干擾行為。

美國的航空保安策略以支持國家保安策略為主，2001年4月美國聯邦航空總署制定「民航保安策略計畫」，擬定由2001年至2004年的航空保安計畫，目標包括：防止美國民航系統受到攻擊、防止運輸危險物品之傷亡、確保日益增加的旅客與貨物之保安，以及有效使用機場之科技設備。該計畫將策略焦點分為機場與航空運輸業、危險品與危險貨物、聯邦航空總署內部保安、人員及外部關係等五大部分。

民航保安規則（Civil Aviation Security Rules）原由聯邦航空總署

（FAA）所制定用於提升民用航空之保安，給予機場經營者、機場使用者及航空運輸相關產業經營與使用上的規範，經過增修並採納「航空及運輸安全法」（Aviation and Transportation Security Act, ATSA）中之相關規定後，現皆移轉由運輸安全局（Transportation Security Administration, TSA）監督管理。當民航業者使用沒有提供安檢活動的機場時，民航業者需自行進行安檢動作，而在美國境內則由TSA負責，內容包括安檢的目的、要求、方法、危險品範圍等，以及犯罪紀錄檢查制度、安檢人員資格審核、X光檢測儀之標示等項。

美國國務院在911事後立即成立運輸安全局（TSA）隸屬於運輸部（Department of Transportation），將運輸部中有關運輸保安（transportation security）部分全數轉移至運輸安全局下，包括各機場安檢設備之配置安排、安檢人員、執法人員與機場保安管理人員之僱用、訓練與考核等。

2001年9月11日，美國紐約雙子星大樓受到中東恐怖份子利用民航機攻擊而倒塌後，世界各國對機場安全檢查特別重視。根據BAA公布的新安檢規範，獲准攜帶上機的物品都必須裝在透明塑膠袋裡，所有乘客都必須經由安檢人員人工安檢，並脫鞋檢查，所有攜帶上機的物品，包括手推車、助行器都必須經過X光檢查，輪椅則必須使用航空公司提供的輪椅登上客艙。至於飛往美國的班機，乘客必須在登機門再接受第二道安檢手續。

美國國土安全部也宣布，所有從英國飛往美國的民航客機安全警戒層級提升為最高的「紅色」警戒，而其他地區進入美國或者美國機場出發的客機則提升為次高的「橘色」警戒。國土安全部說，「由於這次調查行動揭露的威脅性質，我們禁止（乘客）攜帶任何液體物品登機，包括飲料、髮型造型液、乳液等。」

◆ 台灣

我國航空警察局勤務指揮中心通知航警局所屬單位，加強旅客隨身

行李及所有託運行李安全檢查，對飛美、英及所有美籍航空公司班機，嚴格禁止旅客攜帶液體類及水膠類物品隨身搭機，並要求所有旅客脫鞋接受檢查。國籍航空公司則呼籲旅客，前往英、美兩國旅客報到登機時間提前到飛機起飛前三個半小時，行李儘量託運，減少攜帶手提行李，以免延誤行程。

四、證照查驗作業

(一)證照查驗

所謂證照查驗（immigration inspection），乃一國政府之權責機關對於入出國旅客，審查其所持用之通關許可文件是否具合法性、有效性及正確性，並確認其入出境目的真偽、對受管制對象進行入出國管制之行政作為。換言之，證照查驗工作的核心價值係維護國家安全、防杜不法份子趁隙矇混入出國境。目前我國現行法規並未對證照查驗的內涵加以定義，故「證照查驗」乃屬實務運作上之概念，而非明確的法律用語。在國外則屬邊境控制（border control）或邊境管理（border management）的一部分。

就意義而言，證照查驗是檢查（inspection）與篩選（screening）的工作。所謂的檢查，通常是表示對旅客的一般性檢查；而篩選則是更進一步地檢視或查證欲入境旅客，或被標示為高風險旅客的相關文件資料或資訊是否合法、合理、正確，以及攔截處理不受歡迎旅客、特定人士的後續驗明正身及拒絕入境、禁止出境等處理事項。

簡言之，「證照查驗」主要工作乃是由證照查驗單位核驗出境旅客之證照，以確定其身分與所持證照是否相符，以作為准許或限制其出境之依據。「證照查驗」主要分為入境、出境與轉機旅客的查驗作業。

台灣證照查驗人員由內政部警政署航空警察局提供，而國際機場出境之證照查驗程序可分為外籍旅客出國及國人出國兩種。由於各國對於其境內外國人出境的規定各有不同，而我國對於外籍旅客出境證照查驗程序則需先填繳出國登記表，連同護照，經查驗人員核對相符，依電腦作業程序將旅客資料建檔及查核完畢後，加蓋出國查驗章，始得出境。而特殊證照查驗程序又依旅客身分不同而異，包括逾期停留者、外僑、外交人員、航員與臨時入國旅客、遺失護照之外人、在台出生之外人、強制驅逐出境之外人等類。若查獲冒用及偽造證照等情事，則依其情況而作留置、偵訊或移送法辦等處理。至於國人出境亦與外國人出境查驗程序相似，所在差異為證件種類不同。

911事件的恐怖攻擊，對航空運輸與機場通關帶來相當大的衝擊，為了防止恐怖攻擊與劫機事件再度發生，各國民航管理、海關、境管移民機關及航空公司均提高各項管制層級。例如美國政府要求前往美國之外國旅客，入境美國時應捺指紋建檔，方能入境美國領土，以生物辨識（biometrics）的方式來控管航空入境旅客。

為了防止非法人士利用假證件偷渡，甚至是恐怖攻擊與劫機事件發生，遂將指紋、臉部或虹膜等生物特徵，存於電子晶片並植入護照內，晶片護照（chip passport）或稱電子護照（electronic passport）因此問世。為降低機場擁擠人潮，讓旅客安全且快速查驗證照通關，於是發展出「自動查驗快速通關系統」，以閘口方式，使用機器系統來比對電子護照內的指紋、臉部或虹膜等生物特徵，是否與護照持用人吻合，以輔助人工查驗之不足。例如馬來西亞、新加坡、日本以及香港，對其人民入出國境採用自動查驗快速通關系統。

「國際民航組織」於 2005年公布新規範，希望全世界於2010 年4月前都能使用機器可辨識之電子護照；美國更宣布自2006年10月起，全球二十七個赴美國觀光享有免持簽證的國家人民，如果未使用電子護照，則不得享有免持簽證赴美待遇。台灣在國際化的腳步驅使下，亦將實施「國際機場自動查驗快速通關系統」，2007年底在桃園國際機場設置「自動查驗快速通關測試系統」，並已完成了第一階段的測試，未來我國實施國際機場自動查驗快速通關系統後，將對機場入出境旅客通關的效率

及國境安全帶來極大影響。

(二)證照查驗作業方式

◆自動邊境管制系統

自動邊境管制系統（automated border control system）是一種出入境旅客利用機器執行證照查驗通關的相關設施，為邊境控制範疇的一部分。旅客提示旅行文件進入閘門，除讀取電子護照資料外，並擷取生物辨識資料，與後端查驗主機所提供之資訊進行旅客資料比對，以決定是否放行，如資料符合開啟閘門，不符合通知查驗。

◆生物辨識

生物辨識（biometric，或稱生物測定學）為每個人獨特具有的生理特徵或行為模式，如人臉、指紋、虹膜、靜脈、去氧核醣核酸（DNA）、語音及簽名等等，具有獨一無二、可分辨性、不易複製及不需記憶的四大特性。生物特徵經由運算過程數值化後的資料，可作為比對驗證的依據。

生物認證依照使用目的之不同，可分為一對一（1：1）的身分核實驗證（authentication），以及一對多（1：N）的辨識（identification或recognition）兩大種類。藉由生物特徵進行身分確認的優點主要是偽造及破解困難、個人使用方便，以及適用性廣泛，在需要確認使用者身分的場合都可應用這樣的技術，例如門禁管制、電子商務及資料存取等。

利用生物特徵進行身分核實的過程稱為生物認證，可分為事前註冊、事後認證及核實後的處理三個過程。註冊（enrollment）的目的是將使用者的生物特徵存在資料庫中，以作為日後認證的比對範本。首先使用者須登記註冊帳戶及個人相關資訊，藉由探測光、熱、濕等感測器（sensor）來擷取生物特徵圖像（image）；再經演算法（algorithm）運算取出可辨識的特徵點，並轉換為數位資料，此步驟稱為擷取特徵點（feature extractor）；然後儲存為樣本（template），以作為日後比對之依據。

至於身分辨識或核實的流程則是先由當事人利用與註冊相同之感測器和步驟擷取生物圖像，亦稱為現場樣本（live template）；接著認證軟體會將現場樣本與註冊樣本進行比對，當兩者的吻合度大於一定標準，便可確認該樣本是屬於當初註冊生物特徵樣本的人員，因此准許其進行後續程序。

◆無線射頻辨識

國際民航組織（ICAO）規範電子旅行文件（electronic machine readable travel documents, eMRTD），即是應用無線射頻辨識技術，於護照內嵌入電子標籤。

◆機器判讀旅行文件

機器判讀旅行文件（machine readable travel documents, MRTDs），為國際民航組織為提供國際旅客旅行通關之便利所規範之旅行文件，要求各國簽發護照時，將文件類型區分為護照及簽證，護照代號為P，簽證為V，並將持用人之英文姓名、護照號碼、出生年月日及護照效期等，以文字方式列印於護照記載個人資料頁之下方，以利通關時各國證照查驗當局使用光學讀取器讀取資料，省去人工查驗輸入資料的時間，以加速旅客通關時效。

◆電子旅行文件

電子旅行文件（eMRTD）乃附有RFID電子標籤之身分證明文件，除了在文件上明示使用人照片、姓名、出生年月日、證件效期等具有光學機器可判讀區外，另加入RFID電子標籤，其晶片內以加密技術儲存個人基本資料及生物辨識特徵。依據國際民航組織之規範，旅行文件有護照、簽證及官方旅行文件。生物特徵之儲存，臉部資料為必要存取，指紋或虹膜則為自由選項，由發行國自行選擇存取與否。

◆電子護照安全機制

電子護照透過公開金鑰基礎設施（public key infrastructure, PKI）及數位簽章方式達成，電子護照具保密性、完整性、可驗證性及不可否認性。

PKI技術是利用非對稱式密碼學的方式產生，乃利用一把用以加密資料，且僅有發照國知道的私鑰（private key）及一把可解密的公鑰（public key）進行加解密的工作，彼此間有數學上關聯，但無法由公鑰資訊逆推私鑰資訊。因為公鑰無法提供任何有關私鑰的資訊，因此可以在無須揭露任何有關加密私鑰資料的情形下，公開地用以核實加密資料的來源與有效性。其方法為利用單向赫序函數計算法（one-way hash function calculation，又稱雜湊函數）將電子旅行文件晶片內的資料加以運算產生一個固定長度的訊息摘要（hash value，又稱赫序值），再由發照國以私鑰加密，以數位簽章的形式存入電子旅行文件晶片內，而非單純地將資料本身加密而已。這個赫序函數運算是個複雜的數學運算程序，其產生的赫序值乃獨一無二，可看作是整個晶片資料的「數位指紋」；所以若電子旅行文件的資料任一部分遭到修改，則赫序函數就會產生不同的赫序值。

當其他國家在讀取該電子旅行文件資料時，便須使用該發照國的公開金鑰來解開數位簽章，也就是對赫序值解密。為了要查核此赫序值是否為真，查驗國用發照國所使用過的赫序函數來重新計算晶片內的電子資料，並將赫序函數所產生的結果與存在晶片內的赫序值作比對。若兩者相符，則代表電子旅行文件晶片內的資料為真，且證明資料內容在經過發照國簽章過後就沒有遭到修改。

反之，若兩者結果相異，則表示資料來源有問題，或是資料在經過簽章後曾經遭受竄改。依照這樣整個的加解密及核實程序，電子旅行文件內的資料便可確保真實未被偽變造。由於重新計算的赫序值相同，且發照國的私鑰也不會被偽變造者得知，因此證照查驗官員便可偵測出任何的偽變造電子旅行文件，進而維護國境安全。

金鑰在加解密的過程扮演著重要的角色，但是金鑰對本身並不包含其他支援性的資訊，比如該份金鑰屬於何國？由誰簽發的？及其有效期間是何時？沒有這些相關資訊，就沒有任何連結可顯示金鑰的擁有國與金鑰本身之間的關係。這個問題的解決方式就是利用「數位憑證」（digital certificate）。在數位憑證中包含的資訊就代表了某一特定公鑰與某一國家之間的連結。可是要想確認所取得的數位憑證乃是真實的，而非他人所偽造產生的，就必須依賴國家憑證管理中心（certificate authority, CA）。國家憑證管理中心管理憑證的產生、簽發、廢止的過程，它扮演著憑證的可信賴第三者的角色。憑證管理中心擁有它自己的憑證及金鑰對，並以之對所發出的憑證做數位簽名。使用國只需以憑證管理中心的憑證檢驗所取得的其他使用國的憑證，就可以確定取得憑證中的訊息之正確性。無論是各國的證照查驗的政府單位，或是民間的航空業者都應該要瞭解核實公鑰的真實及有效性，如同核實電子旅行文件的資料一樣重要，因為假的公鑰仍能讓電腦成功核實其資料，而讓不法份子持偽造護照闖關成功，因此僅核實電子旅行文件的數位簽章是無法防制不法份子闖關的。

透過ICAO的公鑰目錄（public key directory, PKD），所有自政府發出或廢止的公鑰都能適用於全世界，政府與航空公司之間也能透過憑證的定期下載而產生合作方案。因為若各國要將自己持有的公鑰與別國分享，在全世界眾多國家之間要完成交換行為，簡直是耗時費事，也增加許多不可信賴的變數，而透過PKD，則可完成極具效率且可控管的公鑰交換任務；對航空公司而言，PKD也是公鑰唯一的安全來源。因此發照國、ICAO、PKD及使用者之間的關係，乃是發照國對電子旅行文件以數位簽章加密後發出，並將國家憑證中心所核發的公鑰數位憑證上傳給ICAO，經ICAO核實後存入PKD內；使用者再下載發照國公鑰憑證到自己的資料庫內，利用使用者核實系統來核實電子旅行文件。

◆電子護照通關

電子護照本身有極高的防偽效果，在防止他人持用之冒用行為時，則需要在查驗端上使用相關數位影像擷取器，擷取持用人之生物特徵，如臉部、指紋或虹膜，經過通關電腦處理應用系統，將持用人之生物特徵與電子護照內之生物特徵相互比對，或更進一步地與資料庫之資料做比對，以防止冒用。

通關流程說明如下：

1.將電子旅行文件插入讀取器。
2.取回讀取電子旅行文件，進入檢查閘門內。
3.將拇指放入指紋讀取器內，系統正在執行擷取之指紋資料、晶片內資料及資料庫內資料之比對驗證。
4.驗證完畢無誤後，開放檢查閘門，旅客離開完成通關程序。

(三)美國機場快速通關系統

機場通關主要是追求「安全」與「效率」，自從美國911事件後，全球各國政府都加強了機場的保安，其中包括引入生物辨識統計技術到護照的製作上、RFID科技的應用。2005年7月佛羅里達州的奧蘭多（Orlando）國際機場首先安裝使用一項名為Clear的快速通行服務系統。2008年4月美國海關與邊境保護局（U.S. Bureau of Customs and Border Protection, CBP）宣布實施Global Entry TM實驗安全計畫，希望能使加入此計畫的旅客能更快通過安全檢查，提供更方便且更安全的服務。

◆Clear快速通關計畫

Clear的快速通行服務為Verified Identity Pass公司所設計及管理的Clear Registered Traveler Program（簡稱Clear計畫），它是由CLEAR公司提供設置在機場的專門設備，即旅客登記安檢線（registered traveler lanes）來完成。

該設備可以檢驗指紋和眼球影像。旅客可以選擇採用指紋或眼球影像來驗證身分，因而不必大排長龍，但仍需經過安全人員的檢查。想要加入這個行列的旅客必須預先申請，提供身分背景資料，存下指紋或眼球檔案，並提供一個高技術卡，這使得他們可以進入在國內指定的機場保安快線。在「Clear」計畫正式進行前，機場將會向運輸安全局（TSA）申請許可，批准後的三十天內Verified Identity Pass將開始為此計畫接納旅客，在九十天內開始運行Clear安全檢查線。Verified Identity Pass總裁Steven Brill表示，Clear將為所有的旅客提供安全服務的升級，減少排隊人數。

Clear註冊旅客的行李還需經過X光安全儀器的檢查，但不需要脫鞋或脫外套即可通過安檢區，使加入此計畫的旅客能更快通過安全檢查。此計畫將為旅客提供一高科技解決方案，常飛旅客會因為Clear而得到更好的服務。

據Verified ID最新的數據顯示，Clear在奧蘭多國際機場剛啟用的前幾個星期，通過Clear安全檢查線的每位顧客，平均使用十四秒鐘，聖荷西機場預計Clear將在機場最繁忙的時候為每位顧客節省二十九分鐘。

全美通過採行這項快速檢驗通關設備的機場已超過十家，會員超過二十萬人。

◆Global Entry TM實驗安全計畫

美國海關與邊境保護局（CBP）推出了新的國際飛行快速通關程序Global Entry TM，幫助更快通過護照身分檢查。對低安全風險、經常從事國際旅行的「可靠」旅客，Global Entry TM計畫是可以加快他們入出美國時的身分檢查程序。

十四歲以上的美國公民和合法永久居民均能申請參加這一項Global Entry TM計畫，從2008年5月12日起，Global Entry TM開始接受通過網上註冊系統（global on-line enrollment system, GOES）遞交的申請。每位申請人須支付一百美元的不可退費用，可在網上申請時付款。

自6月10日起，Global Entry TM將在紐約甘迺迪機場第四航站

（Terminal 4）、華盛頓達拉斯國際機場和休士頓喬治．布希洲際機場接受提前申請通過Global Entry TM的乘客。在Global Entry申請手續中，申請人必須經過CBP在這些機場辦事處的面試。

十四歲以上的美國公民或合法永久居民均可申請Global Entry TM，但如有以下事實，則不具備申請資格：未經移民法許可來到美國；在申請時提供虛假或不完整信息；被證實在任何國家犯過罪；被發現違反海關或移民法；或沒有達到Global Entry TM的其他要求。如果申請人沒有達到Global Entry TM的要求，他們的申請將被拒絕（秦飛，2008）。

加入Global Entry TM安全計畫的旅客回到美國時可以不走一般的護照檢查路線，而直接進入Global Entry TM的櫃員機（KIOSK）。旅客把護照或是永久居留卡插入機器的文件閱讀器以啟動系統。櫃員機會指引旅客提供指紋，並且和檔案中的指紋生物特性比對生物資訊。旅客將被拍攝一張數碼照片作為檢查紀錄的一部分。最後，旅客將在櫃員機的觸控式螢幕上回答一些海關與邊境保護局提出的問題。一旦程序完成，旅客將取得一張收據，這張收據在離開檢查區時一定要交給安檢官員。雖然Global Entry參與者可免去CBP的常規詢問，但是CBP官員也可進行隨機抽查，還是可能在海關隨時被抽查。

評估Global Entry TM的試行計畫後，如果國土安全部認為計畫可行，將建立Global Entry TM和其他如美國運輸安全局（TSA）註冊旅客計畫（registered traveler program）的緊密關聯合作。國土安全部也計畫和其他國家推廣互惠的Global Entry TM計畫，如果雙方同意後，將可加速美國公民到其他國家的入境程序（田清，2008）。

五、海關查驗作業

(一)海關業務之範圍與特性

海關主要負責貨物、運輸工具、人員進出國境之控管，派駐機場的關員負責進出國際機場之邊境管理。其業務範圍包括：

1.徵收關稅。
2.邊境查緝：包括查緝走私、逃漏稅捐、逃避管制、查禁仿冒。
3.保稅：保稅倉庫、保稅工廠、免稅商店、加工出口區、科學工業園區、物流中心、自由貿易港區、農業科技園區。
4.退稅：進口原料加工出口後退稅。

依據「海關緝私條例」主要規定私運貨物進出口之查緝，著重在進出國境物品之查緝權則與作業程序，而「懲治走私條例」主要為懲治私運管制物品或應稅物品而制定，為政府對特定之走私罪犯行為所設之刑事法律，對走私者賦予刑事責任，以嚇阻走私風氣。「入境旅客攜帶行李物品報驗稅放辦法」主要規定入境旅客隨身及不隨身行李物品之報驗稅放，對於旅客所能攜帶入境之物品數量皆有規定，辦法中第三條規定「為簡化並加速入境旅客隨身行李物品之查驗，得視實際需要對入境旅客行李物品實施紅綠線通關作業」，此規定自1998年4月29日起，已全面實施。

海關除了依法對旅客行李進行查驗外，還接受經濟部標準檢驗局、農業委員會動植物防疫檢疫局、智慧財產局等單位之委託進行相關物品之檢查工作，如發現旅客所攜帶之物品有違反相關單位之規定，將由海關移交相關單位進一步檢疫或調查。

此外，航警局如於旅客行李查獲走私品、違禁品與接獲走私密報等，皆須通報海關。如相關物品還涉及刑事責任，海關於查獲後將送至法務部調查局進行調查，若由海關與航警局共同查獲，則送交航警局進行調查。

(二)出境旅客行李檢查作業流程

出境旅客向航空公司辦理報到手續後，託運行李或手提行李，皆須經過X光檢查儀檢查，檢查結果如無可疑物品則予放行；如有可疑物品，

再以人工複核，複核結果屬正常行李則予放行，如有不得出境或禁止輸出之物品，則責其退運，屬管制品或毒品等，則扣押移送主管機關處理。旅客出境通關流程如**圖4-17**所示。

◆申報

出境旅客如有下列情形之一者，應向海關報明：

1.攜帶超額新台幣、外幣現鈔、人民幣、有價證券（指無記名之旅行支票、其他支票、本票、匯票，或得由持有人在本國或外國行使權利之其他有價證券）者。
2.攜帶貨樣或其他隨身自用物品（如個人電腦、專業用攝影、照相器材等），其價值逾免稅限額且日後預備再由國外帶回者。
3.攜帶有電腦軟體者，請主動報關，以便驗放。

◆新台幣、外幣、人民幣及有價證券

1.新台幣：六萬元為限。如所帶之新台幣超過限額時，應在出境前事

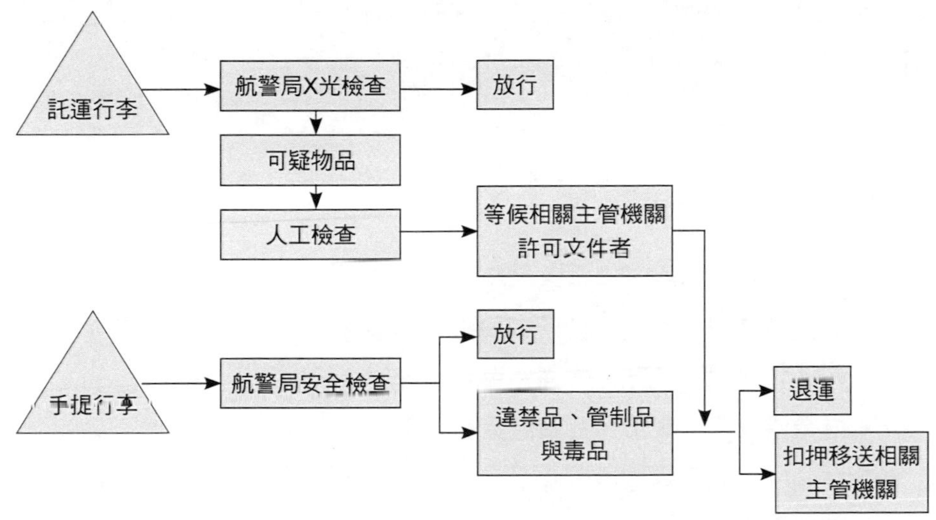

圖4-17　旅客出境通關流程圖

先向中央銀行申請核准，持憑查驗放行；超額部分未經核准，不准攜出。

2.外幣：超過等值美幣一萬元現金者，應報明海關登記；未經申報，依法沒入。

3.人民幣：二萬元為限。如所帶之人民幣超過限額時，雖向海關申報，仍僅能於限額內攜出；如申報不實者，其超過部分，依法沒入。

4.有價證券（指無記名之旅行支票、其他支票、本票、匯票，或得由持有人在本國或外國行使權利之其他有價證券）：總面額逾等值一萬美元者，應向海關申報。未依規定申報或申報不實者，科以相當於未申報或申報不實之有價證券價額之罰鍰。

◆出口限額

出境旅客及過境旅客攜帶自用行李以外之物品，如非屬經濟部國際貿易局公告之「限制輸出貨品表」之物品，其價值以美幣二萬元為限，超過限額或屬該「限制輸出貨品表」內之物品者，須繳驗輸出許可證始准出口。

◆禁止攜帶物品

1.未經合法授權之翻製書籍、錄音帶、錄影帶、影音光碟及電腦軟體。

2.文化資產保存法所規定之古物等。

3.槍砲彈藥刀械管制條例所列槍砲（如獵槍、空氣槍、魚槍等）、彈藥（如砲彈、子彈、炸彈、爆裂物等）及刀械。

4.偽造或變造之貨幣、有價證券及印製偽幣印模。

5.毒品危害防制條例所列毒品（如海洛因、嗎啡、鴉片、古柯鹼、大麻、安非他命等）。

6.野生動物之活體及保育類野生動植物及其產製品，未經行政院農業委員會之許可，不得出口；屬CITES（全名是Convention on International Trade in Endangered Species of Wild Fauna and Flora，瀕臨絕種野生動植物國際貿易公約）列管者，並需檢附CITES許可證，向海關申報查驗。

7.其他法律規定不得出口或禁止輸出之物品。

(三)入境旅客行李檢查作業流程

入境旅客所攜行李內容如無需向海關申報事項，可持護照經由綠線檯通關，檢查關員視情況予以免驗放行或予以抽驗，經抽驗之行李如發現有應稅品或不得進口或禁止輸入之物品，則予以稅放、留件處理或扣押；行李內容如有應向海關申報事項，則須填寫中華民國海關申報單經由紅線檯通關，檢查關員查驗後依規定予以免稅（或課稅）放行或留件處理或扣押。旅客入境通關流程如圖4-18所示。

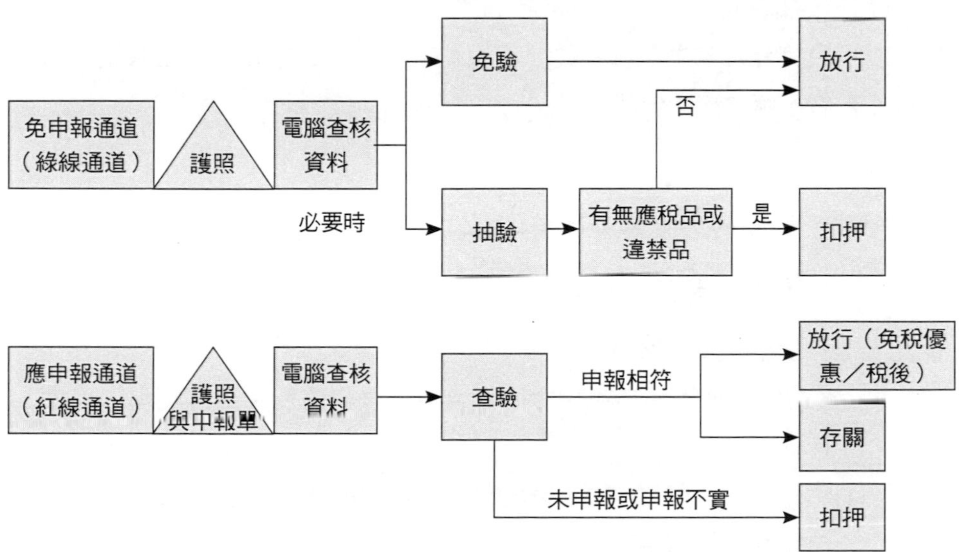

圖4-18　旅客入境通關流程圖

◆紅線通關

入境旅客攜帶管制或限制輸入之行李物品，或有下列應申報事項者，應填寫「中華民國海關申報單」向海關申報，並經「應申報檯」（即紅線檯）通關：

1.攜帶菸、酒或其他行李物品逾免稅規定者。
2.攜帶外幣現鈔總值逾等值美幣一萬元者。
3.攜帶新台幣逾六萬元者。
4.攜帶黃金價值逾美幣二萬元者。
5.攜帶人民幣逾二萬元者（超過部分，入境旅客應自行封存於海關，出境時准予攜出）。
6.攜帶水產品或動植物及其產品者。
7.有不隨身行李者。
8.有其他不符合免稅規定或須申報事項或依規定不得免驗通關者。

此外，攜帶有價證券（指無記名之旅行支票、其他支票、本票、匯票，或得由持有人在本國或外國行使權利之其他有價證券）總面額逾等值一萬美元者，應向海關申報。

◆綠線通關

未有上述情形之旅客，可免填寫申報單，持憑護照選擇「免申報檯」（即綠線檯）通關。

◆免稅物品之範圍及數量

1.旅客攜帶行李物品其免稅範圍以合於本人自用及家用者為限，範圍如下：
(1)酒1公升，捲菸200支或雪茄25支或菸絲1磅，但限滿二十歲之成年旅客始得適用。
(2)非屬管制進口，並已使用過之行李物品，其單件或一組之完稅

價格在新台幣一萬元以下者。

(3)上列(1)、(2)以外之行李物品（管制品及菸酒除外），其完稅價格總值在新台幣二萬元以下者。

2.旅客攜帶貨樣，其完稅價格在新台幣一萬二千元以下者免稅。

◆應稅物品

旅客攜帶進口隨身及不隨身行李物品合計如已超出免稅物品之範圍及數量者，均應課徵稅捐。

1.應稅物品之限值與限量

(1)入境旅客攜帶進口隨身及不隨身行李物品（包括視同行李物品之貨樣、機器零件、原料、物料、儀器、工具等貨物），其中應稅部分之完稅價格總和以不超過每人美幣二萬元為限。

(2)入境旅客隨身攜帶之單件自用行李，如屬於准許進口類者，雖超過上列限值，仍得免辦輸入許可證。

(3)進口供餽贈或自用之洋菸酒，其數量不得超過酒5公升，捲菸1,000支或菸絲5磅或雪茄125支，超過限量者，應檢附菸酒進口業許可執照影本。

(4)明顯帶貨營利行為或經常出入境（係指於三十日內入出境二次以上或半年內入出境六次以上）且有違規紀錄之旅客，其所攜行李物品之數量及價值，得依規定折半計算。

(5)以過境方式入境之旅客，除因旅行必須隨身攜帶之自用衣物及其他日常生活用品得免稅攜帶外，其餘所攜帶之行李物品依(4)規定辦理稅放。

(6)入境旅客攜帶之行李物品，超過上列限值及限量者，如已據實申報，應自入境之翌日起二個月內繳驗輸入許可證或將超逾限制範圍部分辦理退運或以書面聲明放棄，必要時得申請延長一個月，屆期不繳驗輸入許可證或辦理退運或聲明放棄者，依「關稅法」

第九十六條規定處理。

2.不隨身行李物品

(1)不隨身行李物品應在入境時即於「中華民國海關申報單」上報明件數及主要品目，並應自入境之翌日起六個月內進口。

(2)違反上述進口期限或入境時未報明有後送行李者，除有正當理由（例如船期延誤），經海關核可者外，其進口通關按一般進口貨物處理。

(3)行李物品應於裝載行李之運輸工具進口日之翌日起十五日內報關，逾限未報關者依「關稅法」第七十三條之規定辦理。

(4)旅客之不隨身行李物品進口時，應由旅客本人或以委託書委託代理人或報關業者填具進口報單向海關申報。

◆新台幣、外幣、人民幣及有價證券

1.新台幣：攜帶新台幣入境以六萬元為限，如所帶之新台幣超過該項限額時，應在入境前先向中央銀行申請核准，持憑查驗放行；超額部分未經核准，不准攜入。

2.外幣：攜帶外幣入境不予限制，但超過等值美幣一萬元者，應於入境時向海關申報；入境時未經申報，其超過部分應予沒入。

3.人民幣：攜帶人民幣入境逾二萬元者，應自動向海關申報；超過部分，自行封存於海關，出境時准予攜出。如申報不實者，其超過部分，依法沒入。

4.有價證券（指無記名之旅行支票、其他支票、本票、匯票，或得由持有人在本國或外國行使權利之其他有價證券）：攜帶有價證券入境總面額逾等值一萬美元者，應向海關申報。未依規定申報或申報不實者，科以相當於未申報或申報不實之有價證券價額之罰鍰。

◆藥品

1.旅客攜帶自用藥物以6種為限，除各級管制藥品及公告禁止使用之

保育物種者，應依法處理外，其他自用藥物，其成分未含各級管制藥品者，其限量以每種2瓶（盒）為限，合計以不超過6種為原則。

2.旅客或船舶、航空器服務人員攜帶之管制藥品，須憑醫院、診所之證明，以治療其本人疾病者為限，其攜帶量不得超過該醫療證明之處方量。

3.中藥材及中藥成藥：中藥材每種0.6公斤，合計12種。中藥成藥每種12瓶（盒），惟總數不得逾36瓶（盒），其完稅價格不得超過新台幣一萬元。

4.口服維生素藥品12瓶（總量不得超過1,200顆）。錠狀、膠囊狀食品每種12瓶，其總量不得超過2,400粒，每種數量在1,200粒至2,400粒應向行政院衛生署申辦樣品輸入手續。

5.其餘自用藥物之品名及限量請參考自用藥物限量表及環境用藥限量表。

◆農畜水產品及大陸地區物品限量

1.農畜水產品類6公斤（禁止攜帶活動物及其產品、活植物及其生鮮產品、新鮮水果。但符合動物傳染病防治條例規定之犬、貓、兔及動物產品，經乾燥、加工調製之水產品及符合植物防疫檢疫法規定者，不在此限）。

2.詳細之品名及數量請參考大陸地區物品限量表及農畜水產品及菸酒限量表。

◆禁止攜帶物品

1.毒品危害防制條例所列毒品，如海洛因、嗎啡、鴉片、古柯鹼、大麻、安非他命等。

2.槍砲彈藥刀械管制條例所列槍砲，如獵槍、空氣槍、魚槍等、彈藥，如砲彈、子彈、炸彈、爆裂物等及刀械。

3.野生動物之活體及保育類野生動植物及其產製品，未經行政院農業委員會之許可，不得進口；屬CITES列管者，並需檢附CITES許可證，向海關申報查驗。

4.侵害專利權、商標權及著作權之物品。

5.偽造或變造之貨幣、有價證券及印製偽幣印模。

6.所有非醫師處方或非醫療性之管制物品及藥物。

7.禁止攜帶活動物及其產品、活植物及其生鮮產品、新鮮水果。但符合動物傳染病防治條例規定之犬、貓、兔及動物產品，經乾燥、加工調製之水產品及符合植物防疫檢疫法規定者，不在此限。

8.其他法律規定不得進口或禁止輸入之物品。

(四)旅客行李單一窗口作業

◆入境旅客攜帶藥品、食品簽放通關單一窗口作業

1.入境旅客攜帶下列四種貨品：(1)藥品；(2)化粧品；(3)醫療器材；(4)食品（含食品添加物），需憑行政院衛生署核准文件方能進口貨品，由旅客向海關課稅處申請，再由該處電傳行政院衛生署辦理，俟該署完成審核作業，再回傳海關辦理，旅客可免兩地申請奔波之不便。

2.入境旅客申請單一窗口簽放作業，其表格「貨品進口同意書申請書」於入境現場應稅檯提供，唯須檢附成份說明書。

3.本作業正常情況下工作時間約需三天。

◆旅客隨身攜帶非屬樣品之金飾、珠寶、珊瑚等加工製品出口通關，單一窗口作業

1.旅客隨身攜帶非屬樣品出口，為加強便民，可逕向稽查組辦理出口通關手續。

2.受理項目：

(1)黃金、白金條塊或製品。

(2)藝術品及其他貴重品。

(3)展覽品。

(4)保稅工廠產品：每案以十件為限，每件不得超過20公斤，並限由公司職員或顧客攜帶。

3.報關文件：出口報單、發票、出口通關申請書、報關委任書、委任旅客攜帶出境切結書。

4.單一窗口作業標準工作時間：三十分鐘。

六、機場檢疫作業

機場檢疫分為三部分：

(一)人員檢疫

1.入出境航機及人員檢疫。

2.入出境眼角膜及屍體檢疫事項。

3.國際預防接種簽證及預防瘧疾藥品供給。

4.國際傳染病防治諮詢。

5.港區衛生管理。

(二)動植物產品檢疫

1.旅客攜帶出入境動植物及其產品檢疫。

2.空運輸出入動植物及其產品檢疫。

(三)商品檢驗

旅客如攜帶物品，屬下列情形之一者，應須至商品檢驗局機場辦事處辦理免驗手續，持該局核發應施檢驗同意免驗通知書，始可通關攜入國內。

1.攜帶非銷售之自用品，其報單單一項次之金額在美金一千元以下或同規格型式之數量未逾下列規定之一者，准予免驗。

液化石油氣汽車燃氣系統零組件：八只。

輪胎：五個。

汽車用輕合金盤輪圈：五只。

建築用防火門：三組。

安定器：六只。

資訊設備商品：五件。

螢光燈管、燈泡：五組。

配電器材及電氣零組件：五只。

其他商品：二件（屬應施檢驗商品之品目須經檢驗合格後，始得輸入進口）。

2.攜帶非銷售之食品類食品，作為自用品、商業用樣品、展覽品、研發測試用物品，其報單單一項次之金額在美金一千元以下且數量或件數未逾下列規定之一者，准予免驗。

商品淨重量在十公斤以下者。

商品淨重量逾十公斤，包裝件數一件者。

凡旅客攜帶屬上述物品者，請準備國民身分證、進口報單等影本至機場辦事處洽辦。

3.攜帶下列商品，不准予免驗：

防暴馬達。

額定功率在三十千伏安（30KVA）以上之大型電腦。

額定功率在三十千伏安（30KVA）以上之大型電磁相容檢驗商品（桃園國際機場股份有限公司，2012）。

七、世界各國通關業務隸屬單位

世界各國機場海關查驗業務，除了香港因其區位屬自由貿易港區而無關稅問題由機場管理局負責外，其餘機場多由該國政府海關執行；檢疫工作皆由政府衛生與農業機關執行其工作。飛航保安業務除新加坡樟宜機場由國家警察與民間警衛公司共同負責外，其餘機場皆由各政府警政機關執行，其中英國希斯羅機場與日本關西機場較為特殊，其業務由私人保全公司負擔職責。911恐怖攻擊事件後，美國總統布希於2001年10月8日發布行政命令，成立「國土安全部」，直屬白宮，其目的在整建與協調具有反恐相關職責之行政部門，藉以強化美國反恐機制與能力。因此整合移民局、海岸巡防隊、海關、運輸安全局等機構，使其在機場業務隸屬相較於其他各國較為特殊。世界各國通關業務隸屬單位如**表4-2**所示。

表4-2　世界各國通關業務隸屬單位

項目 各國機場	出入境	海關	檢疫	航空保安	警衛
桃園國際機場	內政部（移民署）	海關（台北關稅局）	行政院衛生署疾病管制局、農業委員會動植物防疫檢疫局	民航局（警政署航空警察局）	內政部（警政署航空警察局）
美國華盛頓杜勒斯機場	國土安全部	國土安全部	聯邦衛生部	國土安全部	國土安全部
香港赤鱲角機場	機場管理局	機場管理局	機場管理局	機場管理局	機場管理局
新加坡樟宜機場	內政部	海關	環境部	國家警察與民間輔助警衛公司	國家警察與民間輔助警衛公司
英國希斯羅機場	內政部		農業部	運輸部（機場保安委員會、保全公司）	內政部（警察協會）
日本關西機場	法務省 入國管理局	海關	國家健檢部門	機場警察署（私人民間警備公司、航空公司）	機場警察署（私人民間警備公司、航空公司）
加拿大多倫多機場	加拿大移民機構	海關	加拿大健檢部門	機場公共安全部	機場警察

第三節　航空公司的職責

航空公司於旅客航廈服務作業的職責，包括：(1)旅客護送與登機；(2)旅客到站服務；(3)班機延誤、轉降與航班取消的作業；(4)行李追蹤處理。

一、旅客護送與登機

出境旅客前往出境大廳航空公司櫃檯完成報到後，航空公司有責任護送旅客登上航機。通常在櫃檯報到時，航空公司除將告知旅客登機門之編號、登機時間外，尚會指引旅客前往候機室的方向，並要求旅客準時前往候機室準備登機。至於行動不便或特殊身分旅客，並須由航空公司人員陪同前往登機。

旅客通過海關、移民局與檢疫等政府管制點，航空公司人員亦應給予必要之協助。旅客登機亦有一定作業程序，通常將旅客按頭等艙、商務艙、經濟艙、行動不便（未成年、殘障）或特殊人士等分類，由航空公司以麥克風宣布依序登機，避免混亂。

報到櫃檯與機艙組員亦應保持聯繫，以利較晚報到之旅客也能順利登上航機。對於出高價機票之旅客或貴賓，通常航空公司會邀請進入貴賓室候機，給予較高規格之接待。

二、旅客到站服務

航機到站，航空公司必須派員前往機門接機，指引旅客通關方向，並告知轉機或過境旅客必要資訊與休息場所。

旅客到站除了如同出境一般協助旅客通過海關、移民局與檢疫等政府管制點外，尚需協助轉機或過境旅客辦理必要之手續。

另外，老弱婦孺、殘障人士亦必須給予必要之協助，通常機場配備有電動車輛讓不良於行之旅客搭乘。到站行李運送至海關大廳行李轉盤也有一定作業程序，通常頭等艙旅客之行李會優先輸送至行李轉盤，避免優先下機之頭等艙旅客於提領行李時等候太久時間。航空公司亦必須派員於行李提領區協助旅客作業，對於無人提領之行李做必要之處理。

三、班機延誤、轉降與航班取消的作業

因天候或其他因素，班機常延誤、轉降或取消，造成旅客不滿。對於此等狀況，航空公司應有一定的作業程序，除必須將相關訊息充分告知旅客外，亦必須有一定接待程序，例如餐宿安排、免費電話、交通接送、額外補償等，以避免激怒旅客造成「霸機事件」。在航機上，航空公司應將目的地與航路上位置資訊的相關訊息告知旅客，當航路改變或航機必須轉降時亦應有一定程序，讓旅客充分瞭解。

依我國「民用航空法」之規定，乘客於運送中或於運送完成後，與航空器運送人發生糾紛者，民航局應協助調處之。乘客於調處時，受航空器運送人退去之要求，而仍留滯於航空器中者，航空器運送人經民航局同意，得請求航空警察局勸導或強制乘客離開航空器。調處辦法，由民航局定之。

四、行李追蹤處理

在旅客搭乘飛機整個運送過程，行李有可能遺失、短少或損壞，經常發生在旅客下機至大廳行李轉盤提領行李時，找不到自己的行李。行李在運送過程非常複雜，涵蓋了航空公司報到櫃檯行李託運作業、航空站行李分檢系統與設備、地勤輸送作業、海關查驗作業、安全檢查作業、檢疫作業、地勤公司執行行李搬運與裝櫃、載運行李櫃運送到出境班機機邊裝

機作業、入境班機卸載等作業。在任一過程中，旅客交運行李均有可能發生異常及損壞狀況。航機受天候之影響亦常造成大批行李延遲運送及後送行李。行李遺失、短少或損壞原因很多，有可能轉機時遺落、行李箱破損導致內部行李掉落或運送過程遭竊。因此，航空公司必須有一套行李追蹤程序，並派員於行李提領區協助旅客提領行李外，遇旅客行李遺失、短少或損壞時及時處理，同時將資料彙整提報公司，以便後續旅客申訴或索賠等程序之處理。

Chapter 5

航空貨運作業

第一節　航空貨物之運送

一、航空貨物之特性

相較於其他運輸方式而言，航空運送成本最高，但因其具快速運輸之特性，不但有效降低貨物存貨數量，而且加速資金週轉的效率。同時，藉由航空運輸快速運送之特性，可分散生產地點並縮短運輸時間以提升企業競爭力。一般適用於航空運輸貨物如下：

1.高價值的貨物：例如高科技產品、電子產品、高價值產品，因價值高，相應運費負擔能力高，較高運輸成本。

2.生鮮產品：如鮮花、魚苗、水果等生鮮產品較易腐壞，都必須在短期間內運抵市場。

3.具時間性的貨物：例如具有時間性的產品，必須利用高速度的運輸來拓展市場的產品，如報紙、郵件等。

4.可降低包裝和保險成本的貨物：科學裝備、汽車零件或生化產品。

5.利用空運使貨物損害或延遲減至最低之貨物：如收音機、電子儀器、家庭用品。

航空貨物需求具有之特性：較不易預測且不確定性高、需求頻率不規律、地區對該貨物之需求大於本身之供給、具有季節性的貨品。

一般而言，主要委由航空載運之貨種如：汽車零組件及備品、機器設備與其零件、印刷品、電子設備與零件、時裝、鞋子、工具或硬體設備、金屬製品、照相設備零件與膠片、鮮花或花苗、電視、音響設備、水果蔬菜、運動器材、玩具、動物、化學物品、塑膠製品、醫藥器材與物品、光學儀器、一般食物雜貨。

二、航空貨物報關文件

(一)報關繳驗文件

航空貨物報關應繳驗規定之文件：

1.進口報單（一式五份）。

2.進口稅納證。

3.輸入許可證（import license）。

4.空運提單（airway bill）或郵遞包裹通知單（postal declaration）。

5.商業發票（commercial invoice），正本一份，副本兩份，由進口商簽署證明無訛，正本驗後交還，副本海關留存。

6.裝箱單（packing list）及重量尺碼單（weight & measurement list）。

7.領事簽證發票（consular invoice）。

8.貨物圖樣、目錄單或說明書——依進口貨物而定，可節省辦理驗估手續之時間。

9.依貨物之性質，繳驗其他規定證件。證件如不齊全，是不能順利辦理提貨的。

(二)通關程序

不經報關驗收是不能裝機的，因此須經過報關手續，其通關程序：

1.填製出口報單，連同託運單附應檢送文件及應繳證件呈關（出口課）。

2.經審核所繳單證登記編號後辦理驗估、將抽驗或全驗，凡開箱檢驗過的貨物要恢復原樣。經查驗、審核、繳費後，取得海關在報單證件上之簽證，及託運單上加蓋放行貨物關防方為有效放行通關。

3.將蓋有放行關防的託運單繕具出口艙單，持向航空公司換取空運提單第三聯作為裝機憑證。

4.航空公司將海關放行的託運單連同出口艙單呈關，經海關稽查組登記，並經理貨關員簽字後，由該關員監視裝機。

第二節　航空貨物處理流程

航空貨物種類，主要可分為三種，航空郵件（air mail）、航空快遞（air express）、一般航空貨物（air freight）。桃園國際機場航空貨物的種類，大致可分為機邊驗放貨物、一般貨物及郵政貨物等（如**表5-1**）。主要機邊驗放的貨物包含如鮮貨、易腐物品、活動物、植物、有時間性之新聞及資料、危險品、放射性元素、骨灰、屍體、大宗及散裝貨物；而郵政貨物通常係指郵袋，而除外交郵袋外，一般快遞業者所載運的商業文件、貨樣及小件貨物，仍視為一般貨物處理。而所謂的一般貨物則是指所有非機邊驗放及郵政貨物外的其他貨物稱之。

近年來，使用航空運輸的貨物種類，除了價值高、質量輕的貨物

表5-1　桃園國際機場航空貨物分類

機邊驗放貨物	一般貨物		郵政貨物
• 農產品	• 能源礦產品	• 木、竹、藤製材及製品	• 郵袋
• 林產品	• 金屬礦石	• 紙漿、紙、紙製品、印刷	
• 禽畜產品	• 非金屬礦產品	• 化學材料	
• 水產品	• 寶石原石	• 化學製品	
• 狩獵產品	• 加工食品	• 橡膠及塑膠製品	
• 外交郵袋	• 飲料及菸類	• 非金屬礦物製品	
	• 紡織品	• 基本金屬	
	• 紡織衣著及其飾品	• 金屬製品	
	• 皮革、毛皮及其製品	• 機械	
	• 電力及電器	• 運輸工具	
	• 精密儀器設備	• 其他製品	
	• 藝術品、珍藏品及古董		
	• 私人後送行李		

外，漸漸的有高價而質量重的貨物，選擇使用航空運輸，如電力及電器、精密機械設備等貨物。

除此之外，政府為吸引國際整合型航空運輸業進駐台灣，於民國84年底成立「快遞貨物作業專區」，其為專用於處理需要進出口快速通關的貨物及具時效性之轉口貨物，主要在於加快貨物通關及轉口貨物分類儲放速度，超脫海關受限上班時間的作業方式，使業者進行二十四小時通關，業者得以在專區內從事地勤、倉儲、航空運輸、貨運承攬、報關等業務。現行進、出、轉口貨物作業流程，現行機放倉進出口作業流程及快遞貨物進出口作業流程，各說明如下：

一、進、出、轉口貨物作業流程

(一)進口貨物作業流程

進口貨物作業流程分為卸貨、貨物拆理、貨物點收、貨物進存、貨物取驗及出貨放行等階段（如圖5-1）。

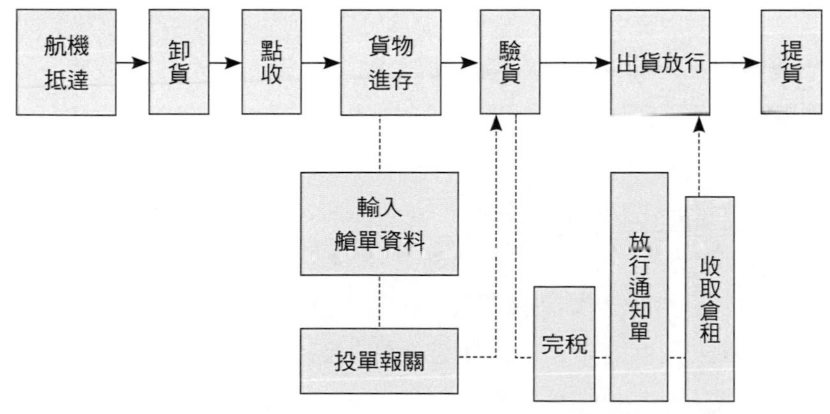

圖5-1　進口貨物作業流程示意圖

(二)出口貨物作業流程

貨主或其代理人填妥貨物託運申請書，承辦人員須審查託運申請書上資料是否已填妥。託運申請書經審查後，承辦人員即於其上加蓋航空公司准予進倉章，並將託運申請書交還給貨主。出口貨物作業流程分為卸貨、點收、進倉、分類儲存、驗貨、出貨、打盤、裝機等階段（如**圖5-2**）。

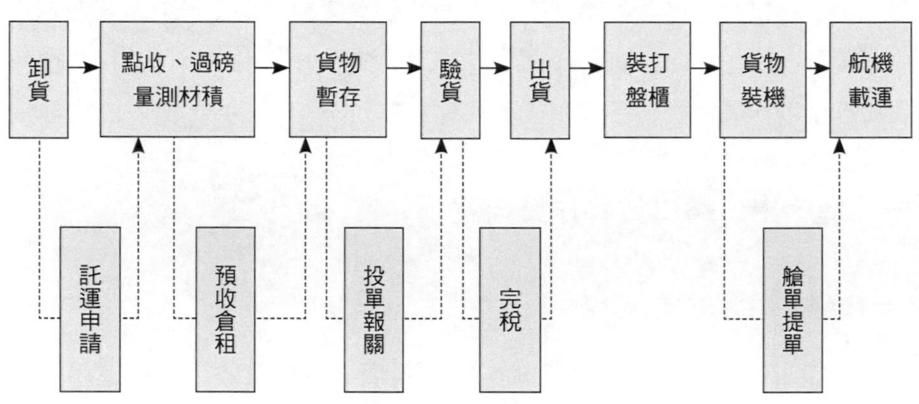

圖5-2　出口貨物作業流程示意圖

(三)轉口貨物作業

空運轉口貨物作業流程分為卸貨、點收、暫存、打盤、裝機等階段（如**圖5-3**）。

二、機放倉進出口作業流程

機邊驗放貨物，多屬易腐壞性、時效性及大宗散裝之貨物，故其為爭取時間，多未入倉儲存，以下分別以進口及出口機放倉作業流程作說明（如**圖5-4**及**圖5-5**）。

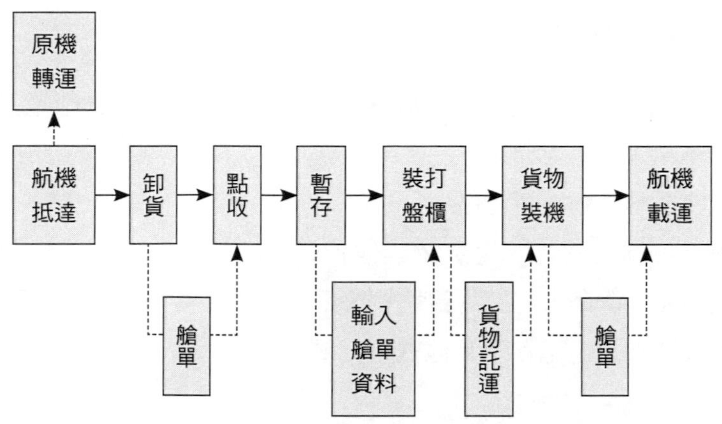

圖5-3　轉口貨物作業流程示意圖

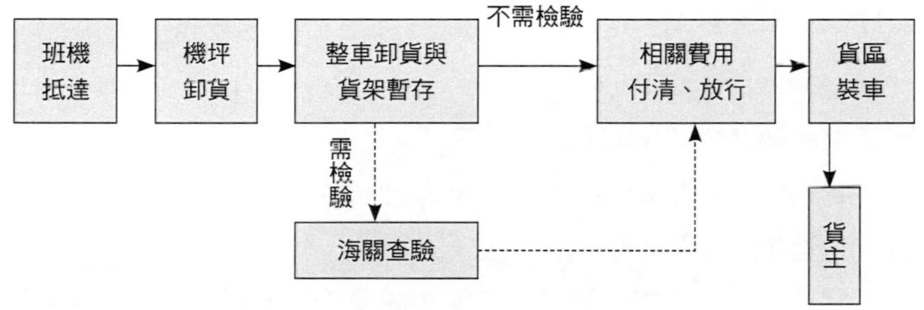

圖5-4　機放倉進口作業流程示意圖

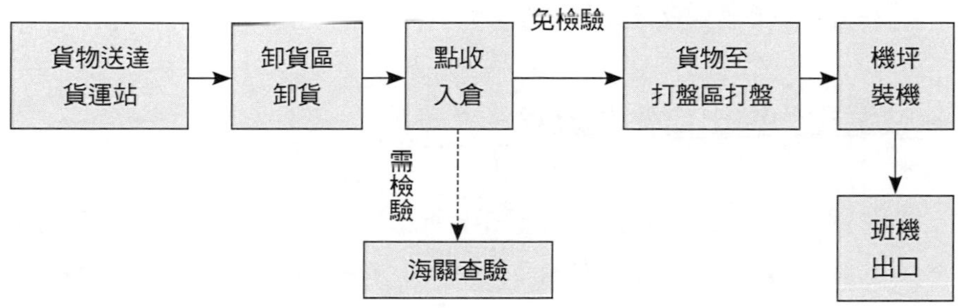

圖5-5　機放倉出口作業流程示意圖

(一)機放倉進口作業流程

1.進口機放貨物由地勤公司負責從機坪運至拆盤區，拆盤業者再依進口艙單進行拆盤作業。

2.貨物拆理後暫置待驗區。

3.需要檢驗之貨物，海關及其他相關公務單位將依照查驗通知單驗貨。X光機檢查，若需要將由權責單位完成。

4.當貨物的遞送儲存及其他費用已經付清，貨主持放行提單辦理提領申請。

5.放行人員核對提單號碼、件數及允許通關章無誤後，即可將貨物搬運至放行區放行。

(二)機放倉出口作業流程

1.貨物送達貨運站，貨主將貨物卸下、理貨及貼標，並備妥「貨物託運申請單」，等待進倉。

2.貨物經點收人員檢查貨物狀況、文件資料及丈量貨物重量、體積、件數後，完成貨物入倉。

3.需要檢驗之貨物，海關及其他相關公務單位將依照查驗通知單驗貨。X光機的檢查，若需要將由權責單位完成。

4.依航空公司打盤通知單，將貨物送至打盤區，由打盤業者進行打盤及將打盤後之貨物運送至機坪。

三、快遞貨物進出口作業流程

快遞貨物進出口作業流程如**圖5-6**所示，因快遞貨物多屬時效性貨物，故其通關速度與流程皆簡化許多，且其全由整合型航空運輸業營運，未涉及其他單位，頗具競爭力。

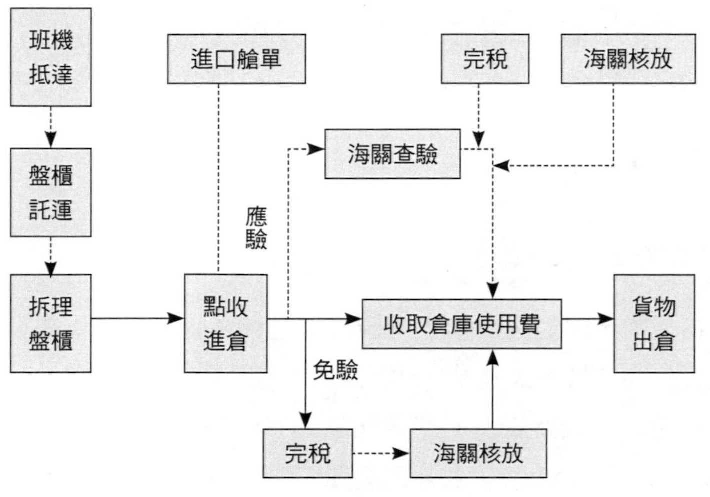

快遞貨物進口作業流程

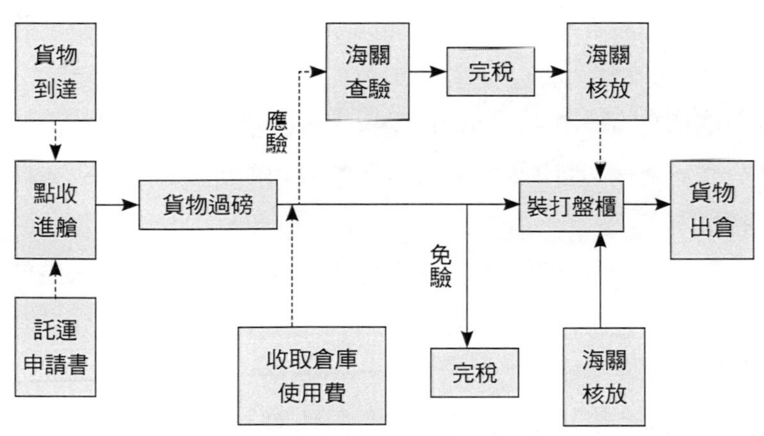

快遞貨物出口作業流程

說明：1.實線部分係貨運站作業流程
　　　2.虛線部分非貨運站作業流程

圖5-6　快遞貨物進出口作業流程圖

資料來源：王詩怡，2003。

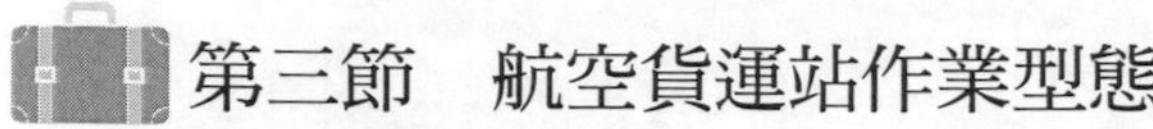

第三節　航空貨運站作業型態

一、航空貨運站定義

(一)航空貨運站的功能

當貨物運送經由地面或航空運輸運送至機場時，一般均須經由航空貨運站進行貨物之裝、卸作業。因此，航空貨運站在航空運輸上扮演相當重要的角色。一般而言，航空貨運站具有轉換（conversion）、分類（sorting）、儲存（storage）及資訊處理（facilitation and documentation）等四種功能，分述如下（張有恆，2008）：

1.轉換：由於貨運站為航空陸側與空側作業之交接處，經此將貨物由地面運輸轉換成航空運輸；或將航空運輸轉換為地面運輸，此一功能即稱為「轉換」。而轉換過程之拆裝整櫃即為俗稱之「拆櫃」。

2.分類：貨運站將到站貨物依其種類及目的地加以分類，以便儲存或轉換。

3.儲存：由於陸側與空側之作業速度不同，加上配合班機時刻及其他相關作業之所需（如海關查驗貨物、安全檢查），必須具有儲存貨物之空間及功能。

4.資訊處理：資訊化為企業經營共同趨勢。為加速貨運站之進出口行政作業及配合國際通訊，貨運站必須具處理貨物相關資訊之能力。

(二)進出口貨棧

依「海關管理進出口貨棧辦法」第二條規定，貨棧係指經海關核准登記專供存儲未完成海關放行手續之進口、出口或轉運、轉口貨物之場所，可分為進口貨棧及出口貨棧兩種：

1.進口貨棧：依規定限於儲存未完成海關放行手續之進口貨物或轉運、轉口貨物，貨運站依航空公司倉單進行拆盤作業，於清點件數後入倉，進倉資料隨即傳送至關貿網路，等待海關放行，經關貿網路傳送放行訊息回應航空公司、報關承攬業者、集散站，報關承攬業者繳交倉租後，集散站即可放行出倉。

2.出口貨棧：依規定限於儲存未完成海關放行手續之出口貨物，即承接報關承攬業者的貨物，於過磅量重、丈量材積、清點件數後入倉，進倉資料隨即傳送至關貿網路，等待海關放行，經關貿網路傳送放行訊息回應航空公司、報關承攬業者、集散站後，集散站才可依航空公司申請需求進行出貨打盤作業。（鄭文雨、周振發，2002）

(三)作業特性

考量進出口貨物之驗關作業、貨物類型、貨物幾何特性、存取性、流動性、出入貨量、時效性及業者作業方式等因素，可將貨物進出倉儲作業型態分為八大類，分別為機邊驗放進口、機邊驗放出口、專人專差快遞、快遞進口、快遞出口、一般進口、一般出口及轉口作業等（鄭文雨、周振發，2002）。**圖5-7**所示為航空貨物倉儲區現代化作業情形。

二、一般貨物作業

(一)進口貨物作業

平均存倉時間長，需較大的儲存、作業及海關驗貨空間。因貨物種類繁雜，通常以併號出倉且出倉後仍會停留，後因涉及不同的承攬報關業者及貨運業者，盤根錯節，形成貨運站以一對多的作業情況，碼頭及停留等待區易形成瓶頸。

應考量以貨運業者或是承攬報關業者為集貨單元將貨物放行出倉，

圖5-7 貨物倉儲區現代化作業圖

儘量考量朝自動化倉儲系統發展，以節省人力、降低作業的複雜度。進口貨物作業流程（**圖5-8**）如下：

◆裝載電報

接獲裝載電報（FFM），立刻分析貨載及航空公司指示事項，並據以調派拆點人力，並由艙單組將電報影送：

1.地勤拆理調度人員安排進／轉口貨拆盤人力。

2.機坪待勤室（拆點班）追蹤調度盤櫃及安排點貨／監拆人力。

3.快遞組之機放倉／EHU（express handling unit）／OBC（on board courier）等相關單位安排人力。

◆貨物送達

各航空公司分別以貨機、半貨機、客機等班機，將各地之貨物運送至貨運站，由裝卸人員按卸表將各盤、櫃、散裝貨物裝載至盤車上移至指

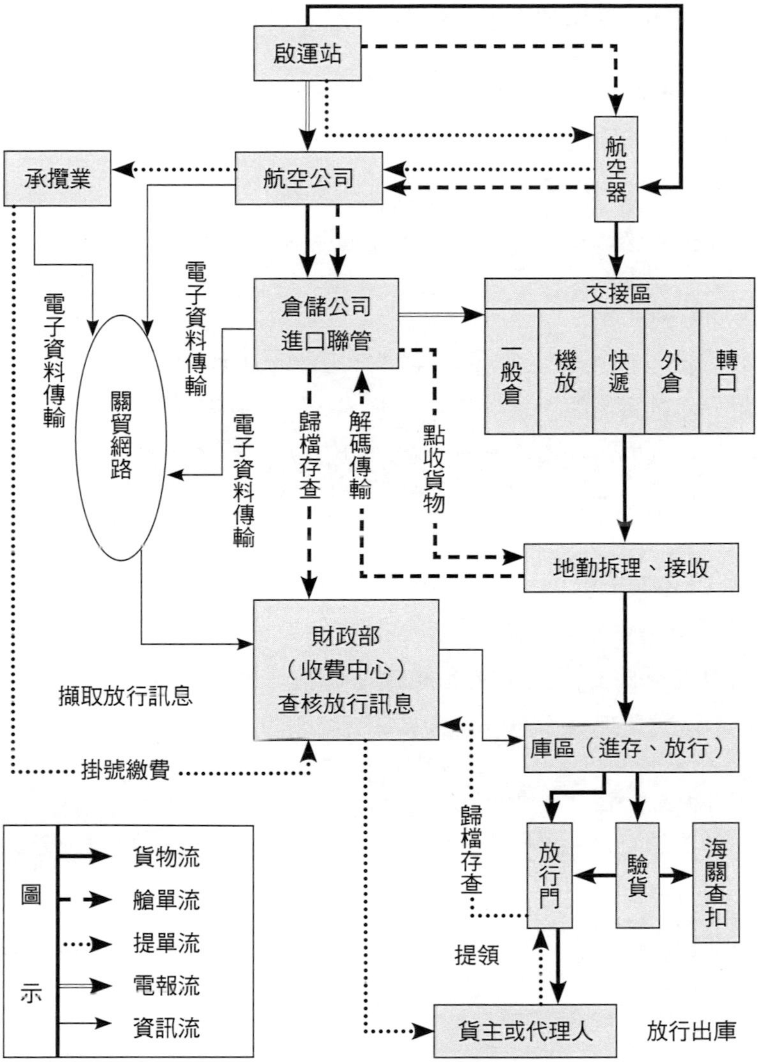

啟運站
航空器
承攬業
航空公司
電子資料傳輸
電子資料傳輸
倉儲公司
進口聯管
交接區
一般倉
機放
快遞
外倉
轉口
關貿網路
電子資料傳輸
歸檔存查
解碼傳輸
點收貨物
地勤拆理、接收
財政部
（收費中心）
查核放行訊息
擷取放行訊息
掛號繳費
庫區（進存、放行）
歸檔存查
放行門
驗貨
海關查扣
提領
貨主或代理人
放行出庫

圖示
貨物流
艙單流
提單流
電報流
資訊流

圖5-8　一般貨進口作業流程圖

資料來源：華儲公司。

定交接，並與交接區值勤人員依盤櫃號碼交接。

◆盤櫃裝貨物、散裝貨物

啟運站依貨物之大小、重量、性質分別以10、20呎之大盤及AKE、ALF、AMD、DMQ等各種規格之鋁櫃裝載，零散貨物則以散裝櫃裝載，並記錄主提單號碼、件數、重量、盤櫃號碼製成裝載電報。

◆進口艙單

艙單組於接獲航空公司整理完畢之艙單，於第一頁背面打印遞送艙單時間，並依貨物的件數、重量、貨名內容、特殊貨物註記等分別賦予存區代號，並註記於艙單件數欄之前方或後方，交予地勤公司拆理及點貨員作為拆理依憑之用。

◆GCI（Good Check-In）輸入及解碼

依照艙單存區輸入電腦，待拆理作業完成時，依照點貨員完成點貨之艙單進行核對修正，並加以解碼傳輸，取得關貿網路海關放行訊息後，貨主或其代理人方可進行繳費提領或驗貨作業。

◆拆卸貨櫃（盤）

拆理人員依據航空公司裝載電報記載，將盤櫃移至適當之拆理地點進行拆盤及理貨之工作，並依已審進口艙單上所註記存區，以件數、提單號碼分別置於指定之大、小盤上。

◆點收貨物

點貨人員檢視貨箱上標籤之提單號碼、件數與已審進口艙單核對無誤後，予以圈點並註明其異常或短溢情形，另將指定之存區代號以紅筆註記於貨箱之明顯易見處，並加蓋點貨章於進倉提單號碼之標籤。

◆分類存儲

地勤公司拆理人員依各筆貨物之存區將貨物移至指定位置，由各區

人員依電腦分區列印之電子艙單複點核對，記錄其提單號碼及件數後，分別以電腦或人力操作機具之方式將貨物進存於倉內貨架上，並立即建立儲位編號。

◆免驗（C1）

1.免驗（C1）：海關放行訊息C1，屬免審免驗之貨物，可於繳費後放行。
2.免驗、需檢附相關文件（C2）：海關放行訊息C2，屬應審免驗之貨物，須由貨主檢附相關文件予海關審驗後，海關放行後始得繳費放行。
3.送驗貨物查驗（C3）：海關放行訊息C3，屬查驗貨物，須將貨物移至各區之指定驗貨區，由海關人員會同貨主或其他代理人開箱查驗、驗畢封箱退存儲區後始可繳費放行。

◆繳費掛號

貨物經海關核可同意放行後，貨主持相關文件提單至財務部收費中心，繳交倉租掛號後，始可提領貨物。

◆貨物放行

貨主憑提單至各貨區放行門，由放行人員與貨主或其他代理人共同檢視貨物清點件數及核對資料無誤後，將貨物交由貨主提領。如發現異常情形，則須依實際情形開立放行異常單後提領出倉。

◆核放後提單歸檔

貨物放行出倉後，由放行櫃檯人員依提單作GCO（Good Check-Out）銷倉後，將提單集中後交財務部歸檔。

(二)出口貨物作業

尖峰日出口貨物平均存倉時間較長，需較大的儲存、作業及海關驗貨空間。貨物處理量大，業者有貼標籤及理貨、併貨的空間需求。輔以貨運業者或是承攬報關業者為單元分區進倉，自動化倉儲系統將可節省人力，降低進倉作業的困擾。出口貨物作業流程如下：

◆卸載貨物

貨主或代理商向航空公司發出「提單」申請，在貨物運送至航空貨運站以前，貨主或代理商從航空公司取得「提單」，同時並準備「託運申請單」，作為航空貨運站接收之用。貨物到達貨運站後，貨主或是代理商依不同的貨物特性與不同的承運之航空公司將貨物在指定的倉門卸貨，根據貨物重量的大小分為大盤貨、中盤貨、小貨及木墊貨（SKID），依貨物之特殊性質分為危險品、貴重品及一般貨等，並將其放置在承載器上等待進倉。

◆點收過磅

貨物進倉，由作業管制小組——點貨班，做一系列必要動作如進倉準備作業、受理進倉及申請書審查、貨物過磅及量積、貨物檢查及異常處理、儲位分配、貨物資料登錄與標記、核單及傳送貨物託運申請書等。點收人員以「託運申請單」資料核對件數及貨箱包裝是否完整，核對無誤後，將貨物置於磅秤上測量重量，並同時丈量體積，最後將貨物重量及進倉時間填寫於「託運申請單」上。

點貨人員依「出口組盤位表」與「出口盤裝貨物進倉登記表」分派儲位，並在「託運申請單上註明」。

GCI輸入，在貨物丈量體積和重量之後，由貨主或是代理商將「託運申請單」帶至貨運站資料中心，由資料中心人員輸入貨物相關資料，並透過海關的關貿網路將「託運申請單」之資訊傳給海關，進行資料交換的工作，同時透過關貿網路取得海關的檢查資訊。貨物資訊登錄於貨運站電腦系統中，貨主或相關單位便可透過電腦系統查詢貨物狀況。在資料輸入後，貨主或代理人將「託運申請單」帶至收費中心繳費。

◆貨物存儲

1.進倉：貨物由貨管班人員依「託運申請單上」儲位註記，將貨物送入儲位。存取方式有二：一為人工駕駛堆高機存取，另一則為使用電腦控制之機械操作存取（ETV）。

2.存儲：貨物於儲位或平面儲放。

3.盤點：貨物放置儲區時，貨管班人員會進行不定時盤點。

4.抽驗：貨管班人員每日必須由電腦資料亂數取得資料抽查十筆，並將原有資料如提單號和原有重量填入出口貨物重量檢查記錄表，並依此表找尋貨物進行重磅，並將重磅資料填入出口貨物重量檢查記錄表中，若發現有問題，則需通知貨主或代理商進行重磅。

◆海關查驗

1.報關申請：資料中心將貨物資料輸入時，海關會依此訊息進行檢查。若為C1免驗貨物則輸入放行訊息，但仍有送出「取樣條」至貨管班進行抽驗；若為C3貨物則會通知貨主或代理以「報單」及「託運申請單」申請海關進行貨物查驗。

2.查驗：驗貨申請人會同海關人員進入儲區進行查驗工作，查驗結束後貨主將貨物包裝完整後退回儲存，查驗完成後將「報單」和「託運申請單」交給航空公司。

◆裝打盤櫃作業

1.集貨：航空公司接收放行通知後，根據放行訊息製作「出口艙單」及「裝盤櫃申請書」，交由貨運站作為出貨及裝打盤櫃之依據。貨運站人員依據「出口艙單」資料預先將貨物調出，放置打盤暫存區。

2.領取空盤櫃：貨運站人員依據「裝盤櫃申請書」資料，向盤櫃中心領取所需之盤櫃。

3.裝打盤櫃：貨運站人員依「裝盤櫃申請書」之要求進行打盤及過磅，並將打盤資料記錄在「打盤記錄表」上。

4.GCO：GCO在打盤後，將「打盤記錄表」第一聯送至貨運站資料中心，資料中心人員會依此表和電腦進行核對，核對無誤後，進行銷案作業，而財務部在貨物出倉後，也會進行財務銷案作業。

5.回覆航空公司：進行核銷作業後，航空公司會依資料庫印出「裝盤櫃記錄表」、「出口班機重量檢查記錄表」、「散貨出倉明細」等回傳至航空公司。

◆上機暫存

1.暫存：於飛機到達前，打盤完成之貨物先放置於貨架上暫存。

2.交接：貨物要搬運至機坪時，由地勤人員與貨運站人員辦理貨物移交手續，完成後則由地勤人員託運至機坪裝載。

一般貨物出口作業流程如**圖5-9**；航空貨物上機如**圖5-10**、**圖5-11**所示。

(三)轉口貨物作業流程

◆接收貨物

1.審單：班機抵達前，貨運站會收到航空公司傳送的電報；依據電報上所記錄的進口貨物資料，貨運站人員將貨物分類成「進口、轉口、機放／EHU」註記於電報上並分送至各負責單位。

2.貨物卸載：地勤人員依據航空公司給予之「卸載表」，進行貨物卸載。

3.貨物交接：卸載完成後，則將貨物拖運至接收區進行與拆理人員貨物交接，交接時需填寫「進口盤櫃貨物交接表」，然後點交及點收人皆須簽名。

4.艙單處理：「艙單」隨班機抵達，貨運站艙單處理人員審核每筆「艙單」所記載貨物的資料，並標示特殊物品，分派貨物存放的儲區。

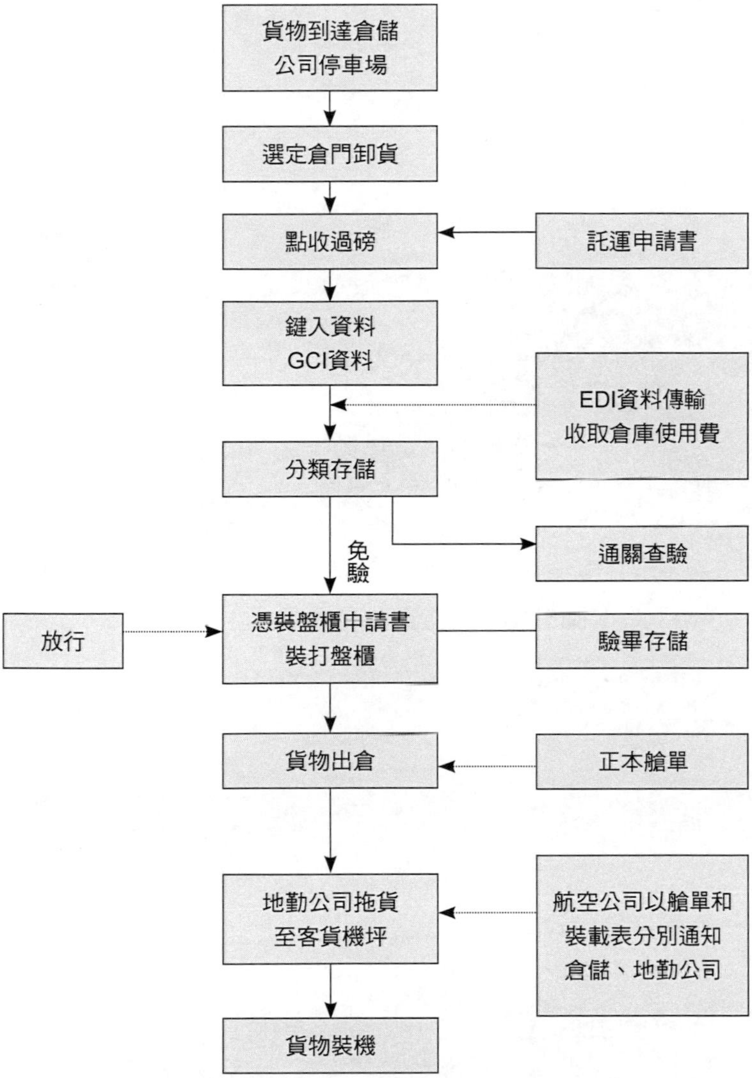

貨物到達倉儲公司停車場

↓

選定倉門卸貨

↓

點收過磅 ← 託運申請書

↓

鍵入資料
GCI資料

↓ ← EDI資料傳輸 收取倉庫使用費

分類存儲 → 通關查驗

↓ 免驗

放行 → 憑裝盤櫃中請書
裝打盤櫃 — 驗畢存儲

↓

貨物出倉 ← 正本艙單

↓

地勤公司拖貨至客貨機坪 ← 航空公司以艙單和裝載表分別通知倉儲、地勤公司

↓

貨物裝機

圖5-9　一般貨物出口作業流程圖

資料來源：華儲公司。

圖5-10　航空貨物裝機圖1

圖5-11　航空貨物裝機圖2

5.GCI（1）：艙單處理人員將完成審理的「艙單」，送一份至資料處理中心建檔。

◆理貨

1.貨物分類：由負責進口貨物人員，將「電報」進行審核，將貨物分成整盤整櫃、散貨和需拆盤貨物分開。

2.拆盤櫃：盤櫃拆理人員根據聯管中心所遞送的電報資料，將進口貨物搬運至進口拆理區，並依據「艙單」進行拆盤的工作。

3.點貨：拆點人員依據艙單進行貨物點收查驗的動作，將貨物以進存的儲區分類，異常貨物及短溢卸貨物記錄於艙單之上。

4.貨物歸位：貨物依照儲區分搬運至各儲區的倉門前。

5.GCI（2）：依據艙單資料以及拆盤點貨完成後所回傳至聯管中心的資料製作「進口班機作業檢查表」。

◆貨物存儲

1.複點：貨管人員將收到的貨物進行複點，當發現拆點人員未發現的貨物異常時，開立「進口貨物異常通知表」後送一份回艙單處理小組。

2.進倉：複點完成後的貨物，將貨物送入儲位，並製作「儲位記錄表」。

3.存儲：貨物於儲位或平面儲放。

4.GCI（3）：將貨物進存的記錄資料送至資料中心建檔。艙單處理小組依據送回之艙單，將完成入倉儲存程序的貨物進行解碼。

◆轉移區暫存

1.移轉交接：貨物集結後，和移轉區人員進行交接，若為散貨依「出貨艙單進行交接」，若為整盤整櫃依「空貨盤櫃交接表」進行交接。

2.出口交接：貨物由移轉區人員拖運至調度室的交接班，若為散貨依「出貨艙單」進行交接，若為整盤整櫃依「空貨盤櫃交接表」進行交接，而貨物置於調度室周圍，等待打盤，而打盤程序與出口之裝打盤櫃作業相同。

◆裝打盤櫃

1.集貨：航空公司接收放行通知後，根據放行訊息製作「出口艙單」及「裝盤櫃申請書」，交由貨運站作為出貨及裝打盤櫃之依據，貨運站人員依據「出口艙單」資料預先將貨物調出，放置於打盤暫存區。

2.領取空盤櫃：貨運站人員依「裝盤櫃申請書」資料，向盤櫃中心領取所需之盤櫃。

3.裝打盤櫃：貨運站人員依據「裝盤櫃申請書」之要求進行打盤，打盤完成後進行過磅，並將打盤資料記錄在「打盤記錄表」上。

4.GCO：在打盤完成後，將「打盤記錄表」第一聯送至貨運站資料中心，資料中心人員會依此表和電腦進行核對，核對無誤後，進行銷案作業，而財務部在貨物出倉後，也會進行財務銷案作業。

5.回覆航空公司：進行核銷作業後，航空公司會依資料庫印出「裝盤櫃記錄表」、「出口班機重量檢查記錄表」、「散貨出倉明細」等回傳至航空公司。

◆上機暫存

1.暫存：於飛機到達前，打盤完成之貨物先置於貨架上暫存。

2.交接：貨物要搬運至機坪時，由地勤人員與貨運站人員辦理貨物移交手續，完成後由地勤人員拖運至機坪裝載。

圖5-12所示為航空轉口貨物暫存區。

圖5-12　轉口貨物暫存區圖

三、機放貨物作業

機放貨物包含有：時效性、集體性作業、通關貨棧、平面儲存、顯著作業尖離峰及全年無休受理通關等特性。機放倉作業亦因貨物講求時效，因此與一般貨物之進出口作業流程較為簡化，其差異點如下：

第一，機放貨物因講求時效，故其在出口並無ULD（Unit Load Devices）暫存，在打盤後直接與地勤交接，準備裝機上載。

第二，因其貨物特性，除了海關單位查驗之外，尚需要動植物防疫檢疫局、行政院衛生署疾病管制局、經濟部商品檢驗局等機構一併進行檢驗。

第三，機放貨物因在倉內時間較短，並無設置一般倉庫，但仍設有特殊庫區以因應不同貨物的需求，例如：生鮮食品需放置於冷藏或冷凍庫。

(一)機放進口貨物作業

作業尖峰集中於夜間八時至凌晨二時，因海關需逐筆抽驗貨物，故需較大待驗、驗貨空間，而貨物於四至八小時內提領出倉，無需儲存設施。

貨物項目主要為生鮮食品、動植物，而每筆貨量大，規格單純，較不適於採自動化輸送設備。但考量業者作業型態及時效性，需提供業者理貨空間及充足的停車空間。

機放進口貨物作業流程如**圖5-13**。

(二)機放出口貨物作業

出口貨量較少，作業集中於凌晨五時至八時，貨物進倉後四小時內即打盤裝機，無需儲存設施。

機放出口貨物作業流程如**圖5-14**。

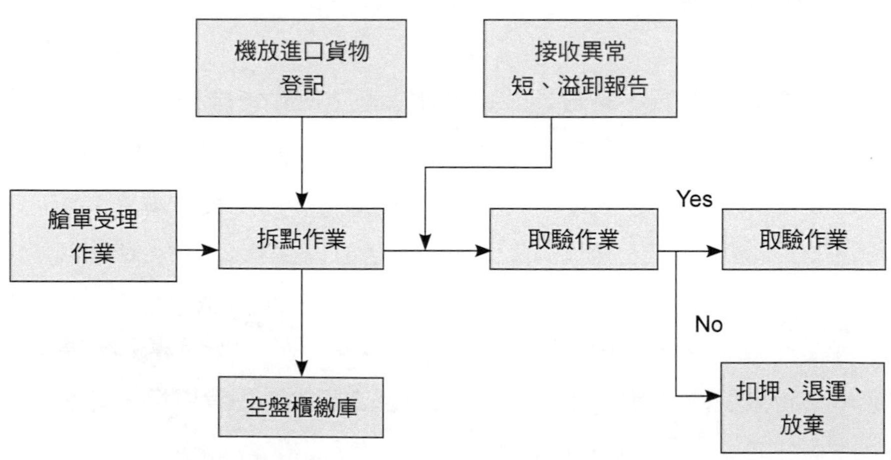

圖5-13　機放進口貨物作業流程

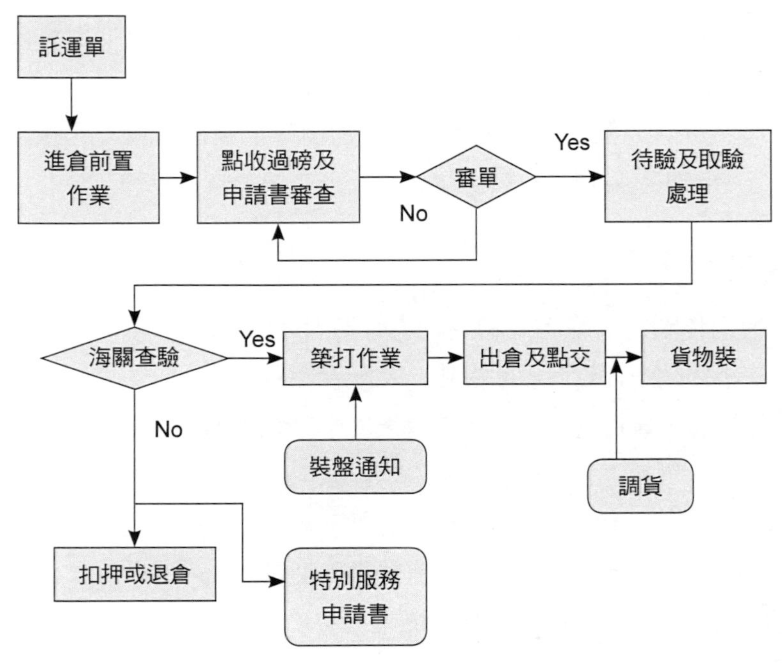

圖5-14　機放出口貨物作業流程圖

資料來源：華儲公司。

四、快遞貨物作業

快遞貨物之定義為：非屬管制品、違禁品、侵害智慧財產權物品、保育類野生動植物及其製品，且每袋毛重70公斤以下之貨物。因快遞貨物具時效性要求，故應儘量減少進倉及在倉內輸送的時間，因此採用電腦化逐件查驗貨物放行訊息與輸送帶作業，除需檢驗的貨物外，貨物流動率高，一般快遞進口貨物進倉後約二十分鐘即可出倉，而快遞出口則貨物進倉後一小時內即可出倉裝櫃。

另外，尚有一種專人專差快遞（OBC），指貨物之出口須由受僱之快遞業者專人專差押機載運，每件（袋）毛重32公斤以下之貨物，且每次攜帶之數量不得逾六十件（袋），合計金額不得逾美金二萬元。OBC貨物全需拖運至客機機坪進行裝載作業，時效性要求極高，貨物進倉後約三十分鐘內即出倉。

快遞作業分為三個部分：快遞倉、空盤櫃庫以及機放倉，而在快遞倉中又可分進口快遞貨物、出口快遞貨物及專差快遞貨物三種。

(一)快遞進口作業

快遞進口作業的尖峰時間約為晚上八時至隔日凌晨二時，通常為一般貨物，量小件數多且幾何形狀複雜。為配合簡易通關，採電腦化逐件查驗貨物放行訊息，貨物流動性高，進倉後二十分鐘內即可出倉，配合輸送帶作業。

因進口抽驗比例較出口高，需較大的海關驗貨空間，且業者需將貨物分配送至不同地區，需較大的碼頭空間供其理併貨。

快遞貨物進口作業流程圖如**圖5-15**。

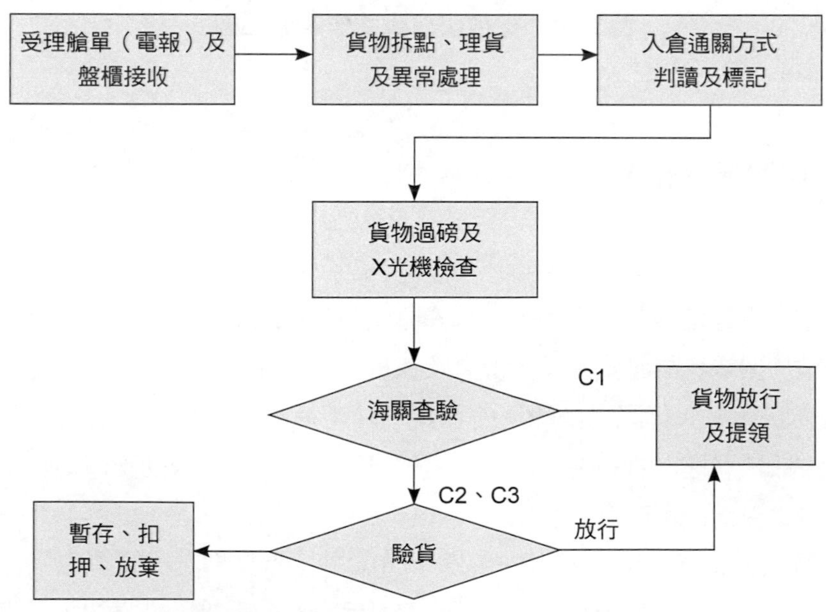

圖5-15 快遞貨物進口作業流程圖

資料來源：華儲公司。

(二)快遞出口作業

因業者之貨物時效性要求高，應儘量減少進倉及在倉內輸送的時間，貨物進倉後一小時內即出倉裝櫃，尖峰時間約為晚上六時至八時。

快遞貨物出口作業流程如**圖5-16**。

(三)專差快遞作業

專差快遞作業（OBC），配合大批次量之專人押運行李貨物出口裝櫃作業。其條件為非屬管制品、違禁品、侵害智慧財產權物品、保育類野生動植物及其產製品；每件（袋）毛重32公斤以下之貨物；每次攜帶之數量不得逾六十件（袋），合計金額不得逾美金二萬元。

OBC貨物作業流程如**圖5-17**。

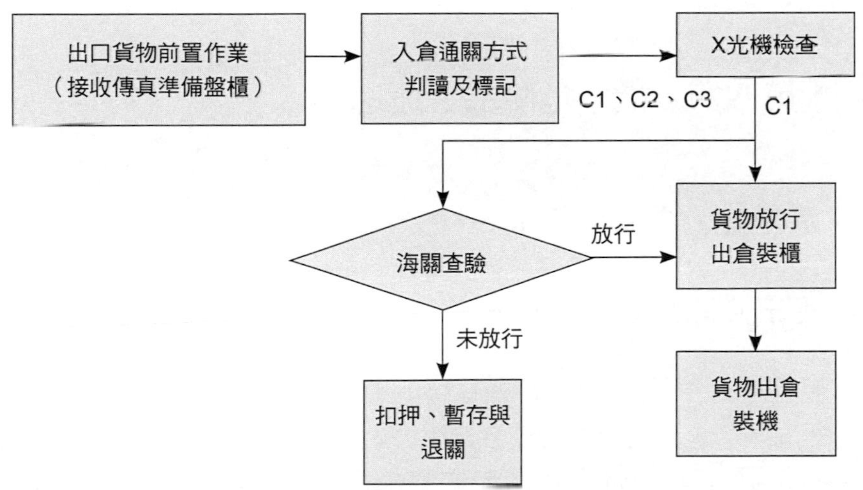

圖5-16　快遞貨物出口作業流程圖

資料來源：華儲公司。

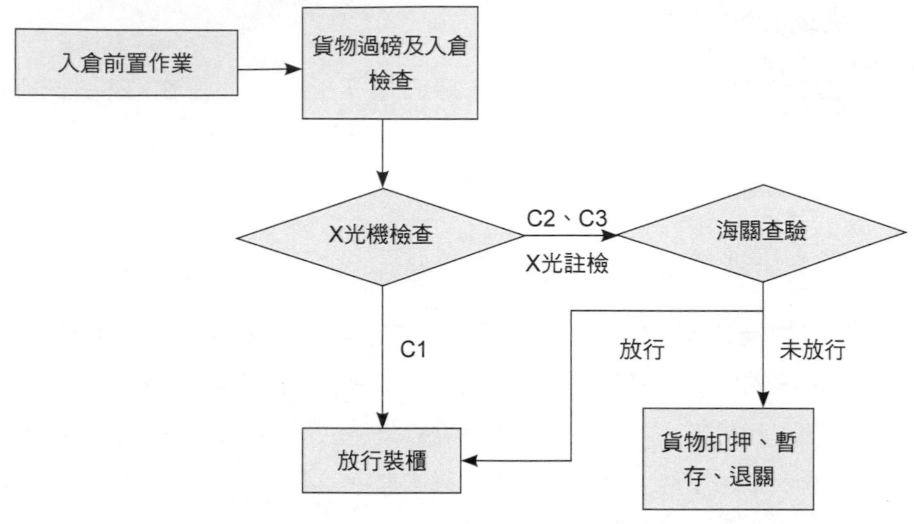

圖5-17　OBC貨物作業流程圖

資料來源：華儲公司。

第四節　航空危險品之運送

一、危險品之特徵

(一)具有直接危害性物質特性

物質本身具有潛在的危害性，如有毒、易燃、放射、毒害、腐蝕等，對周圍的人或物能夠造成直接傷害。這一類特性屬於物質的有害特性，是構成危險品的先決條件。

(二)外界環境影響誘發危害

物質本身具有潛在的危害性，在外界條件或環境影響下，能夠產生危害，在運輸過程中需要特殊的外界防護措施。如某些物品，在受到

光、熱、摩擦、振動或撞擊等外界影響後，對物質本身和周圍環境會產生危害作用。這一類物質特性反映了危險品產生危害作用的外界環境。

(三)對物質採取特別防護措施

在裝卸、運輸和保管過程中，對危險物質採取特別措施進行防護。這些措施包括：

1.改變危害物質的化學成分，如添加某些其他物質，使之在外界條件下不易產生危害。
2.嚴格控制外界溫度。
3.特殊包裝，如放射性物質。

二、航空危險品交運過程

一般而言，危險品採用貨機裝運，不允許客貨混裝運輸。在旅客和機組人員的行李和託運的航空貨物中，同樣不允許夾帶危險品。航空危險品交運的流程均有詳細的規定，說明如下：

(一)危險貨物確認

危險貨物的確認工作，包括以下內容：

1.對於允許通過航空運輸的危險貨物，託運人必須具有關當局的核准運送文件。
2.危險品貨物的類別和危險程度。
3.確認是否具備交運條件。

(二)包裝

需要對貨物進行特殊處理，使之符合航空運輸要求，如在溫度、溼度、氣壓和振動等外界條件發生變化的情況下，保證在外界條件變化情況下不產生任何危險或危害。危險品包裝必須符合（聯合國）包裝規範。包裝方式有單獨包裝和混合包裝。包裝類型有限定數量包裝、聯合國規範包裝和其他規範包裝。

(三)危險標誌

航空危險品的名稱、編號等，都必須按照聯合國和有關當局的標準填寫。在危險貨物包裝外部的顯著位置上，按標準和規定黏貼特殊標誌。

(四)特殊文件

特殊文件是指用於危險貨物運輸的有關文件，包括核准文件、航空運送人與危險貨物託運人的有關契約等，必須齊全、完整、書寫清楚。

(五)貨物倉儲

接收的交運危險貨物，必須按照操作規程，進行搬運跟保管。

危險品運輸管理是一項國際性活動。目前，從事航空運輸危險品管理的專門機構和組織有：

1.聯合國危險物品運輸專家委員會（UNCETDG）。

2.國際原子能總署（The International Atomic Energy Agency, IAEA）。

3.國際民航組織（ICAO）。

4.國際航空運輸協會（IATA）。

各國政府依據上述國際組織所訂危險品相關法規加以規範，或據以制定各國內法因應之。

第五節　空運貨物保安

一、航空保安控管代理人制度

目前各國對空運貨物保安控管模式，主要有「全面檢查」與「航空保安控管代理商」兩種。美國在發生911事件後，全國機場一時風聲鶴唳，政府要求所有裝載客機貨物，都要經過X光及其他適當安全檢查。這種作法當然最能保護航機安全，然而，在X光機等安檢設備一時無法充分配合情況下，卻也造成機場倉庫出口貨物的擁塞，與大批航機為等候貨物完成保安檢查而延誤起飛，甚至空機放飛，對國家經濟造成極大威脅。

由於空運貨物在機場全面安檢，也就是把所有安檢工作完全集中在機場辦理，除非有足夠而快速的X光檢查儀器或其他合適安檢設備，機場的安檢勢必成為整個空運運輸鏈上的瓶頸。其結果是貨物的提前運至機場、機場的壅塞、航機經常因為已訂位貨物受制於「保安檢查尚未通過」而浪費貨運機位，以及國內產業因貨品無法快速運至國外市場而逐漸喪失競爭力。進而演之，則國內就業與消費市場必將因而萎縮。這一連串的連鎖反應終將對美國國力與人民生活造成極大負面影響。

政策永遠是折衷的產物。美國政府有鑑於空運貨物在機場全面安檢的副作用大於正面效益。而若要全面購足X光機等安檢設施，無論是安裝費用、維修費用與操作及管理人力，都將是一筆天文數字的成本。故而，改採「間接運送人」（indirect air carrier, IAC）管制制度，所謂IAC根據美國TSA在其air cargo programs中所下定義為「任何個人或事業體，不具有FAA的航空運輸業執照，而間接從事使用航空客運運輸業者所提供的全部或一部分服務以運送貨物者。所有IAC都應採用合乎TSA規定之安全計畫」。根據此項定義，所謂IAC所規範的對象其實就是我們所熟知的「航空貨運承攬業」。而此一制度也就是所謂的「航空貨物保安控管人」（regulated agent, RA）制度。

根據TSA的規定，航空貨運承攬業者若要成為IAC就要向TSA提出申請，依據TSA的要求填具申請表，並提出其航空保安計畫供TSA審查。TSA為協助承攬業者順利成為IAC，也在全國各地成立「地區協調處」（regional compliance coordinator）。除了方便業者申請外，也辦理每年IAC資格的重新審查，以及提供業者相關協助。

成為IAC之後的承攬業者具備一項最大的權利和義務就是「以最寬廣的安全要求確認其所承運貨物的貨主是否為合乎規定的『已知託運人』（known shipper）」，若為已知託運人則其所提供的貨物將只有一小部分需要接受抽驗，即可不須經過機場安全檢查直接裝載飛機。不具IAC資格的承攬業所承攬之貨物，以及未經IAC承攬業確認為已知託運人之貨主所提供貨物，當然就必須在上機前接受全面甚至相當冗長的安全檢查。

RA（或IAC）這項制度，說穿了就是把安檢的責任與工作「化整為零」，由全部集中於機場，改由各地航空貨運承攬業者分擔。這種制度其實很像「保甲連坐」，承攬業者一旦沒能查出貨物危及保安，必將受到法律制裁，至少要被調查一陣子。然而這種制度確實大幅減少航空貨物因保安檢查而必須在機場等候的時間，更重要的是政府不必在機場大幅購置及管理X光機或其他安檢設施，減輕國庫（或機場財務）壓力，也減輕機場另行提供其有限用地以供裝置這些保安設施的壓力。

正因為RA（或IAC）具有這些優點，所以許多國家都採取這項措施，例如香港就已採取這項制度數年，而我國民航局也已宣布實施此一制度。

然而，在機場的全面檢查，也並非一無是處。如上所述，只要在機場有足夠的檢查設備，以及裝設與運作這些設備所需要的場地和人力，一樣可以圓滿達成任務，合乎ICAO要求。而且因為每一件貨物都確確實實經過機場保安人員的檢查，就安全觀點而言；比RA制度更可靠。而且還不必另成立單位去審查及控管這些RA，也不必讓承攬業者去承擔任何額

外的責任，簡單清楚，故而目前如中國大陸及泰國等也有許多國家實施此一制度。

二、其他航空貨物保安方式

依據「國際民航公約」第17號附約規定：「每一締約國必須制訂措施，以確保航空器所有人、使用人不得接受貨物、專差快遞、一般快遞及郵件搭載於客機之託運，除非該項託運之航空保安已經由保安控管人所審核確定或經過符合前述4.5.2條規定之其他航空保安控制。」（4.5.3條）。至於，4.5.2條之規定則為：「每一締約國必須制訂措施，以確保欲由客運航班載運之貨物、專差快遞、一般快遞及郵件均經過適當的航空保安控制。」

也就是說，依據ICAO的要求，除了RA外，任何其他方式，只要能確保所有要裝運客機的貨物、專差快遞、快遞與郵件都經由「適當的航空保安控制」，都是ICAO所接受的。因此，除了RA之外，所有貨物都經過機場的X光或熱中子等其他有效儀器檢查，甚至，全部開箱檢查或回復到我國戒嚴時期採用的「二十四小時存倉」觀察，都是國際民航組織所接受的。而且，事實上，「存倉二十四小時」或類似方法目前也還依然被使用，例如上海機場的貨運站對於無法使用X光機檢查或體型特殊貨物，就是採取先存倉觀察二十四小時再打盤裝機的作法。各航空公司，如日亞（Japan Asia Airways）在其要求承攬業者簽字保證的「保安確認書」（security confirmation sheet）中即註明：「若貨物自接收起已超過二十四小時，可裝機」（Cargo may be loaded, if 24 hours have elapsed since acceptance.），也都將觀察二十四小時作為其同意裝機的條件之一。我國航空警察局所制訂的「保安控管人計畫範本」中也規定可以用「人工檢查」或「停放時間最少十二小時或飛行時數加二小時，以時間較長者為準（註：除非貨物性質不能使用X光機、人工檢查、減壓艙或其他方法，才可使用停放期）」。

Chapter 6

機場營收管理

- 第一節　機場營運收入
- 第二節　機場營運成本
- 第三節　台灣地區民用機場的收費辦法
- 第四節　機場設施與服務的訂價
- 第五節　機場商業活動推廣策略
- 第六節　免稅商店的管理

第一節　機場營運收入

Kapur（1995）指出，機場可以被定義為「一條或多條飛機起降的跑道以及相關處理乘客和貨物運輸的場站與建築物」。不論國內和國際機場都被認定為大型複雜的工業企業。機場是一個提供不同的功能與結合相關活動的中樞點，促進航空運輸流量以及空中和地面運輸的轉換。機場管理局廣泛參與這些活動，大大影響機場收入和成本結構，並建立機場彼此之間的差異性。當機場業主是企業集團有大量非航空活動時，這種差異更加複雜。

每一個國家的機場營運活動均不一致，甚至在同一個國家中的各個不同機場之營運活動亦不相同。在許多工業化的國家，已實施將機場的所有權與營運權分離；另由於財政的限制，政府機構漸漸放棄機場業務活動，某些國家並將空中交通管制系統、警察和機場安全進行公司化或民營化。此外，交通處理活動（不包括關稅和移民）即可由機場管理者或與私人航空公司簽訂合同的方式來提供，而商業活動一般特許由私人來提供。消防、救護、救援服務和維護仍保持由機場管理局辦理。整體而言，機場服務及設施可分為三類：

第一類，基本業務的服務和設施。這些服務主要是在確保飛機和機場的用戶之安全。這包括空中交通管制（ATC）服務提供航機進場與著陸、氣象服務、電信、警察和保安、消防和救護服務（包括搜索和救援），以及跑道的建設維護。這些設施和服務一般都由機場本身或由地方或中央政府部門提供。這些服務的費用隨機場的不同而有差異。

第二類，交通處理服務。許多交通處理活動發生在機場。這些與飛機有關的活動通常被稱為「地勤業務」。包括清潔、提供動力、燃料和處理行李和貨物。其他地勤活動與交通關連性更大，涵蓋各階段旅客的處理、行李和貨物通過航廈和上飛機。部分的交通處理過程中可能會由不同

的主管部門來負責。約有一半歐洲較大的機場，這些活動由航空公司或者由專門的地勤代理來處理。但也有幾個較大的機場，例如在西班牙和奧地利，這些服務是由航空公司和機場當局來提供的。

第三類，商業活動。在工業化國家的許多機場，商業設施是採特許制，由專門領域的業者來提供服務。機場當局從這些公司收取特許費或租金。但是，也有其他國家的機場當局本身直接參與營運或行銷。除了一般的商店，一些規模較大的機場在機場內與航站大廈也為旅客提供了廣泛的其他服務。根據不同的大小機場，商業活動範圍包括免稅商店、餐飲、餐廳、停車場和汽車租賃公司，以及無數的其他服務等。機場服務及設施如**表6-1**所示。

機場管理和規劃不是一件容易的事。機場興建時，管理當局必須投入龐大的經費與資產，耗費多年才能完工啟用。這些投入的資金係屬沉沒成本，短期內無法轉變作為其他用途。當機場開始營運時，亦必須投入相當大的維持費用，包括人力費用、設備維護費用、宣傳行銷等費用。故機場必須要有一定的收入，才能運作。機場只提供一定的設施號召航空公司及潛在的客戶前來使用，故必須不斷的投資，擴充設備，才能滿足使用者的需求。因此，提供機場足夠的容量以滿足航空公司的需求，同時實現和維護機場的盈利能力與維持客戶滿意度是一項艱鉅的任務。尤其容量的擴充是一件特別困難的事，它必須提前五至十年開始規劃，而其又涉及精確

表6-1　機場服務及設施

功能	作業服務與設施	交通處理	商業活動
主要的功能	1.空中交通管制 2.治安與安全 3.救護、消防與救援 4.維護 5.特別的設施（航廈、空橋）	1.航機（加油、機坪、棚廠） 2.行李與貨物 3.旅客 4.海關與移民局	1.免稅商店與一般商店 2.餐廳與餐飲服務 3.停車服務 4.租車服務 5.其他（書報、銀行、旅館）

資料來源：Kapur, 1995.

和複雜的預測技術。因此，機場管理人員必須清楚的認識自己的成本和收益結構，以確保機場營運利潤或至少減少他們的損失，累積足夠的財務基金因應未來任何新的投資。

機場收費分為三類：(1)飛機起降費和停泊費；(2)旅客服務費；(3)機場雜項費。在很大程度上，飛機起降費和停泊費的價格是基於國際、雙邊和國家政府的協議之推動。不過，因民營化的措施，一些國家已經建立或正在嘗試某種形式市場主導定價機制的飛機起降費。由於機場空側收取旅客服務費和其他機場收費在很大程度上是屬於自由裁量權，沒有標準的定價方法。儘管在結構上是統一的機場收費，但收費水準差異很大。在目前民營化和航空公司放寬管制的環境下，航空公司與機場之間的爭訟時常發生。為了要增加機場的商業化，政府對機場服務的合理價格正面臨著越來越大的壓力。

在政府部門所屬的機場，陸側收入位居每位乘客的平均收入的最後一名。現在的機場已經開始轉向更商業化以迎接不斷變化的市場條件，在政府越來越無法滿足機場的財政義務下，機場多樣化的收入來源正面臨嚴重的挑戰。

一、機場營運收入的來源

機場營運收入攸關機場運作的成敗，如機場營運得宜，收入豐裕，當可支應經常性龐大的維護與人事成本支出，並可應用盈餘做必要性的擴建投資，增加機場競爭力，使機場永續經營；否則，機場入不敷出，無法做擴張性投資，競爭失利將導致淘汰出局。每一個國家的會計制度不同，機場營運量不同，其收入亦不相同。據調查結果顯示，政府部門經營的機場可以維持最低平均水準的飛機起降和旅客量。雖然交通量低，但政府在提供最安全的機場服務而不以收入分配為目的，政府經營的機場，其空側收入約占總收入的70%，比40%的民營機場略高，其他機場平均約55%。

一般而言，機場的收入可以依其設施功能與經營活動兩個層面來分類。機場設施功能主要提供兩種活動：一種是空側活動，另一種是陸側活動。空側活動的收入來自機場的運輸活動有關的運作與起降的飛機、乘客或貨物。陸側活動的收入主要來自機場非飛機相關的商業活動（例如購物、餐館、停車場、汽車出租）以及航空公司的租金與特許經營。陸側的收入也可以包括非傳統的活動，如旅館經營、房地產開發、諮詢等服務。空側與陸側收入來源的各種活動如**表6-2**所示。

如就經營活動來分類，機場收入一方面來自航空性或交通有關的活動，另一方面來自非航空性或商業收入。航空性收入直接來自飛機起降、旅客或貨物等作業，包括飛機降落費、旅客服務費、航空交通管制費用、飛機停留費、棚廠使用費、飛機清洗與操作直接有關之收費，其中航空交通管制費係使用機場主管當局提供之ATC服務所收取之費用。非航空性收入主要來自航站以及機場土地之非飛機有關的商業活動，包括辦公室與報到櫃檯出租、各種商業特許、停車費、水電瓦斯等租用費、機場或特許業者餐廳收入等。機場經營活動收入來源，如**表6-3**所示。航空與非航

表6-2　機場空側與陸側收入的來源

空側收入	陸側收入
• 飛機起降費 • 機場停泊費 • 旅客服務費 • 飛機交通處理（地面和機坪） • 貨物裝卸費 • 燃料和石油特許費	• 免稅購物 • 餐飲和餐廳 • 停車場 • 汽車租賃 • 新聞、商店、銀行等 • 航空公司場站租金 • 商業租金 • 公用事業銷售 • 管理諮詢 • 房地產 • 投資機會 • 其他（酒店、旅遊服務）

資料來源：Kapur, 1995.

表6-3　機場經營活動收入來源的分類

總收入	
航空性或交通有關收入	非航空性或商業收入
•降落費 •機場航空管制費 •飛機停留費、棚廠使用費與航空保安費 •旅客收費 •貨物處理費 •機坪服務與飛機處理費（機場管理當局提供）	•出租或租賃收入（來自航空公司或其他承租人） •承租戶管理費（水、電、清潔費等） •特許費收入（商店、餐飲、免稅店、銀行、停車場、旅館等） •直接銷售（機場管理當局經營的商店等） •停車場收入（如果由機場管理當局經營） •其他收入（例如利息收入） •非機場活動有關的收入（例如土地發展）
燃油附加費 旅客、貨物及行李處理費	

資料來源：Doganis, 1992.

空收入之區分並不容易，例如油料費的徵收該歸類為交通有關之航空收入或特許營業之商業收入，很難有定論。一般而言，機場主管當局對民航用油公司租用土地與使用任何設施將會收取費用，這筆費用可當作租金或商業收入，亦可當作特許營運收入。

飛機、旅客、行李或貨物的處理所產生的收入，常發生一些混淆或不確定性。這些服務在大部分的機場是由航空公司或營運代理商所提供，營運代理商的特許費可能由機場管理當局所收取，此種費用即為非航空收入。假如機場管理當局自行提供這些服務，例如貨物的處理，就可能被歸類為航空有關的收入。因此，只要這些由機場管理當局自行提供的服務收入，即為航空性收入；由其他代理商提供的服務收入，即可認定為商業收入。

一般而言，國外機場的財務報表，將機場收入分為營運收入與非營運收入兩種（Alexander & Wells, 1986）：

(一)營運收入

一般國外機場的營運收入，主要分為飛行區、航站區特許營業、航空公司租用區、其他租賃區及其他作業收入等五大類：

◆飛行區

飛行區或空側所產生的費用，直接來自飛機的操作，主要包括：

1.降落費：航空公司的定期及非定期班機、私人旅遊飛機、軍事或政府飛機。
2.飛機停留費：鋪面或非鋪面地區。
3.燃油使用費：固定基地營運者或其他油料供應者。

◆航站區特許營業

航站區特許營業包括所有航站區非航空使用者，主要有：

1.食物與飲料特許營業：包括一般餐廳、速簡餐廳與休閒會客廳。
2.旅遊服務與設施：包括行李寄存處、衣物櫃、航空保險、休息室、汽車租賃與電話等。
3.特殊商店與零售店：包括流行女裝店、書報攤、銀行、禮品店、服裝店、免稅店等等。
4.私人服務：包括美容與理髮店、洗衣店以及鞋店等。
5.娛樂活動：包括錄影帶長廊、電影與電視休息室、觀景台等。
6.展示廣告。
7.航站外特許營業：包括汽車停放、地面運輸、飯店與汽車旅館等。

◆航空公司租用區

航空公司租用區收取之費用包括地面設備租金、貨運站、辦公室租金、票務櫃檯、棚廠、作業及維修設施等。

◆其他租賃區

在機場內的其他租賃區所產生的費用，例如航空貨運承攬業、固定基地營運者、政府單位、在機場工業區的企業公司均屬於這個分類。所有的收入來自於非航空公司貨運站以及地面設備出租於非航空使用者亦包括在內。

◆其他作業收入

其他作業收入包括公共事業，例如電力與蒸氣使用分配的收入、承租戶臨時或固定契約工作的履行。其他雜項服務費用亦屬此項分類。

(二)非營運收入

非營運收入包括投資於政府證券的利息所得、地方稅收、補貼或贈款援助、出售或租賃機場所擁有的資產，但不涉及到機場運營。非經營性收入的幅度，在機場之間可以有很大的不同。

二、機場營運收入的結構分析

Doganis（1992）指出，機場營運收入結構主要分為航空性有關收入與非航空性（商業）有關收入兩種，因為世界各國環境不同，機場狀況迴異，營運收入結構亦有很大的差別。若就機場營運收入之進一步分析，西歐國家機場航空有關收入約占總收入之56%，商業或非航空收入約占44%。1989年歐洲機場收入結構如**表6-4**所示。

從**表6-4**中顯示，降落費占航空性有關收入較大的比重，約為21%；其次為旅客收費約為20%。非航空性（商業）收入以特許營業收入之16%占大部分。美國機場收入結構與歐洲大不相同，各種商業收入占較大之比例。在美國中或大型機場商業有關之收入約占75～80%，航空性收入少於30%。分析1989-90年美國中大型機場收入結構，特許營業費占最大宗約為33%，其次為航空性收入及租金收入各為23%，停車收費約占4%，其他

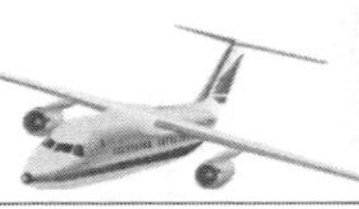

表6-4　歐洲機場平均收入結構（1989年）

航空性有關收入		非航空性（商業）有關收入	
降落費	21%	特許費	16%
旅客收費	20%	租金	8%
處理費	13%	管理費	4%
飛機停留費	1%	直接銷售	4%
其他	1%	停車	2%
		其他非航空	10%

資料來源：Doganis, 1992.

非航空性收入約占17%。如以1990年洛杉磯機場為例，航空性有關收入約占8.1%，非航空性收入約占91.9%。1990年美國洛杉磯機場收入結構如**表6-5**所示。

在台灣地區，依2007年民航局公布的資料分析，民航事業作業基金總收入共16, 985百萬元，其中業務外收入470百萬元，占總收入3%；業務收入16,515百萬元，占總收入97%。另外，總收入共16, 985百萬元中屬航空性收入9,502百萬元，占總收入55.94%；屬非航空性收入7,483百萬元，占總收入44.06%。航空性收入中又以場站降落費占44.22%比例最高，機場服務費占15.18%列為其次。非航空性收入中又以權利金占61.43%比例最高，房屋使用費占15.38%列為其次。2007年台灣地區民航事業作業基金收入結構如**表6-6**所示。

表6-5　美國洛杉磯機場收入結構（1990年）

航空性有關收入		非航空性收入	
降落及其他飛航收費	7.5%	特許費收入	51.4%
油料佣金及雜項費用	0.6%	出租或租賃收入	26.6%
		服務管理費	0.9%
		利息收入	12.8%
		其他	0.3%
合計航空性收入	8.1%	合計非航空性收入	91.9%

資料來源：Doganis, 1992.

表6-6　台灣地區民航事業作業基金收入結構（2007年）

航空性收入		非航空性收入	
場站降落費	44.22%	權利金	61.43%
機場服務費	15.18%	房屋使用費	15.38%
噪音防制費	6.74%	土地租金	11.88%
輸油設備使用費	7.00%	飛機修護棚廠	0.82%
過境航路服務費	10.70%	維護機庫使用費	0.44%
安全服務費	3.13%	其他	10.75%
空橋使用費	3.36%		
航空站地勤業機坪使用費	2.37%		
停留費	1.75%		
其他	5.55%		
合計航空收入	55.94%	合計非航空收入	44.06%

第二節　機場營運成本

機場運營成本不僅包括航空性經營活動而發生的成本，而且也包括因特許經營、出租及其他非航空性經營活動而發生的成本。所以機場航空性經營活動成本及非航空性活動的成本共同構成了機場營運的總成本。換句話說，機場運營成本就是機場在生產經營中所耗費的資金的總和。

一、機場營運成本與非營運成本

一般而言，國外機場的財務報表，將機場的支出分為營運成本與非營運成本兩種，分述如下（Alexander & Wells, 1986）：

(一)營運成本

機場營運成本的支出與收入不同，在不同的機場之間有很大的變化。機場支出的性質由機場的地理位置、組織結構和財務架構等許多因素

所決定。例如在熱帶地區的機場不必如寒冷氣候地區必須支付相當大的除雪和其他有關冷天氣的花費。某些地區，地方政府甚至還吸收會計、法律、規劃以及公共關係等人工費用。在一些飛機場，某些作業任務（例如急救服務、維持治安）以及交通管制可能也由地方消防局和地方執法機構提供。

機場營運成本支出，主要可分為四類：(1)飛行區；(2)航站區；(3)棚廠、貨物、其他建築與地面；(4)一般與行政費用。

◆飛行區

全部維護和作業支出與飛行區有關的，均包括在此類別。這個地區包括：

1.跑道、滑行道、機坪地區、飛機停靠區以及機場燈光系統維護。
2.機場設備上的服務，例如汽車與卡車。
3.在這個地區的其他費用，可能包括維修防火設備和機場便道。
4.機場公用設施，例如水、電。

◆航站區

全部維護和作業支出與航站區有關，這個地區包括：

1.建築物與地面——維修與保管的服務。
2.土地和景觀美化的改善。
3.機坪與登機門——維修與保管的服務。
4.特許經營的改善。
5.景觀設施——維護與保管的服務。
6.旅客、員工與承租戶的停車場設施。
7.公用設施（電、空調和加熱、水）。
8.廢棄物處置（配管工程）——維修。
9.設備（空調、加熱、行李搬運）——維修。

◆棚廠、貨物、其他建築與地面

全部維護和作業支出與棚廠、貨物、其他建築以及地面有關，這個地區包括：

1.建築與地面——維修與保管的服務。

2.土地和景觀美化的改善。

3.員工停車場——維修。

4.進出道路——維護。

5.公用設施（電、空調和加熱、水）。

6.廢物處置（配管工程）——維修。

◆一般與行政費用

因為維修、營運以及行政人員等所支付的費用均包括在此分類，其他材料與補給等營運費用亦包括於一般與行政費用內。

(二)非營運成本

非營運成本，主要包括未償還債務的利息支付（債券、票據、貸款等等）、政府機構的捐款，以及其他雜項開支。

機場建造成本的折舊，某些機場尚計算政府和其他資助的全部設施價值的折舊。

二、機場營運成本的結構分析

Doganis（1992）指出，在分析與比較機場成本時，通常比評估機場收入更為困難，因為全世界沒有一套統一的成本處理準則。機場費用在不同國家有不同的定義與分類，因此很難建立典型機場的成本結構。在歐洲機場成本可能被分類為：人工成本、資本成本、服務費用、維修費用、行政費用以及其他作業費。在歐洲機場，員工及勞工成本是最大宗的單一成

本項目，占機場總成本42%；一般人工成本很少低於30%，有些機場甚至高達65%，這完全要看機場管理當局是否親自參與地勤作業，包括旅客或行李的處理、貨物的處理、餐飲、免稅店或其他商業活動。如果機場地勤作業及商業活動委由特許業者或航空公司經營，機場人工成本所占比例即可降低。

在歐洲機場，第二個主要成本項目是資本成本，占機場總成本22%，因為資本成本尚包括利息與折舊；一般資本成本約占歐洲機場總成本支出的20～35%之間，在某些國家資本成本約占10%或更低。一般而言，歐洲機場的人工與資本成本約占總成本支出三分之二，其他作業成本項目約占36%或更少；服務成本包括水電等支出、設備與生活用品之購買等，約占總成本12%；維修成本（不包括人工）約占9%，行政約占4%，其他無法歸類之約占11%，歐洲機場平均成本結構如**圖6-1**所示。

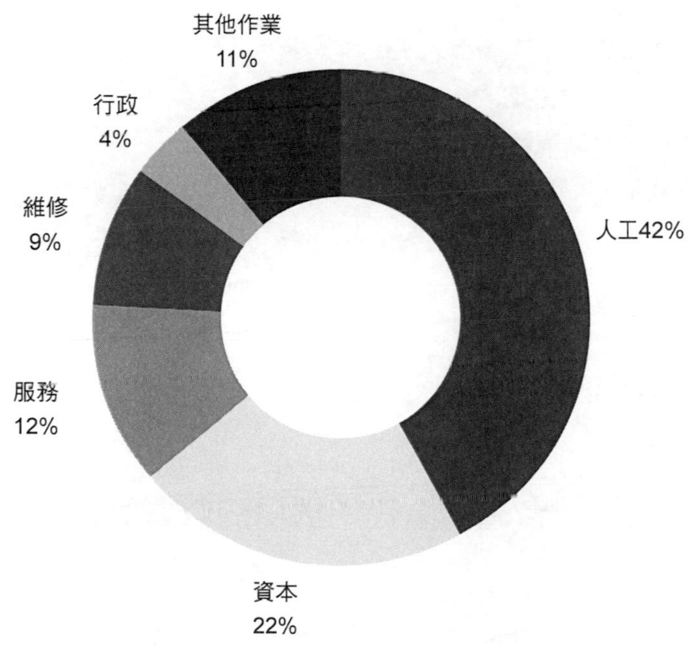

圖6-1　歐洲機場平均成本結構

資料來源：Doganis, 1992.

因為作業型態與融資上的差異，美國機場成本結構與歐洲國家有顯著的不同。首先，許多美國機場的航站與設施大多由機場管理當局自己營運、出租或租予航空公司或其他業者運作，甚至航空公司自己擁有航站。因為可能大部分作業及員工由非機場管理當局僱用，就縮減了機場管理當局的人工成本。同時，很少美國機場直接從事乘客或者行李搬運之服務，但將這些和其他相似的功能保留給航空公司處理。第二，許多美國機場，特別是大機場透過歲入債券籌措發展基金，必須每年支付利息不去考慮獲利水準。一些較小機場無法透過歲入債券獲利，必須依賴聯邦政府的機場改善計畫基金的資助。相對於美國其他機場必須依賴政府的補助來融通資金，通常利息非常低或免利息。由於不同的財政來源，許多美國機場將利息支付當作每年費用的主要項目部分，而且是機場最重要的成本項目。如果將折舊加上利息支付，則可以發現資本費用將占美國機場總成本的大部分，達到44%。在美國大機場，資本成本約占總成本25～55%之間，一般而言資本成本高出人工成本甚多。相對於資本費用屬次要成本項目是人工成本，約占總成本22%，其他作業成本約占總成本34%。美國大型機場平均成本結構如**圖6-2**所示。

在台灣地區，依2007年民航局公布的資料分析，民航事業作業基金作業支出共14,396百萬元，其中資本支出2,749百萬元，約占19%。作業支出項目分類為用人費用、折舊、服務費用、會員捐助補助分攤、材料及用品費、稅捐與規費、租金與其他，其中用人費用占35.45%屬最大宗之項目，其次為折舊占29.55%。台灣地區民航事業作業支出結構如**圖6-3**所示。

第三節　台灣地區民用機場的收費辦法

使用機場設施裝備必須支付費用，因此機場提供這類活動對使用者徵收一定的費用是無可厚非的，一來可用以彌補因提供各種機場設施及服

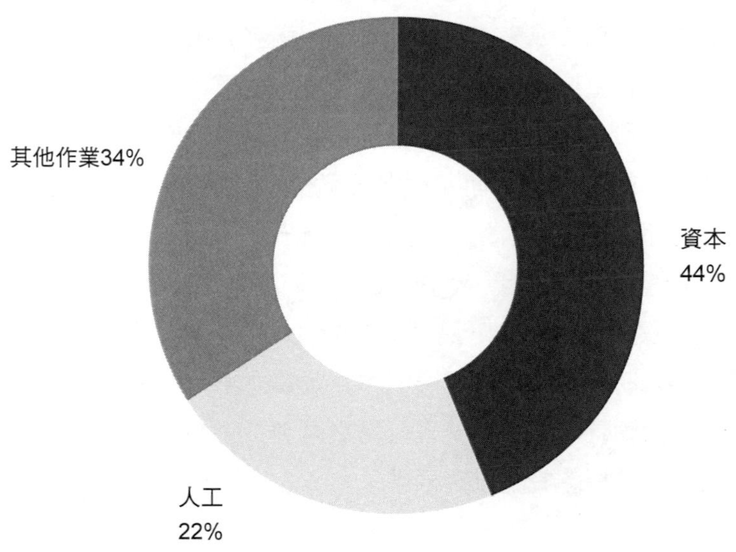

圖6-2　美國大型機場平均成本結構

資料來源：Doganis, 1992.

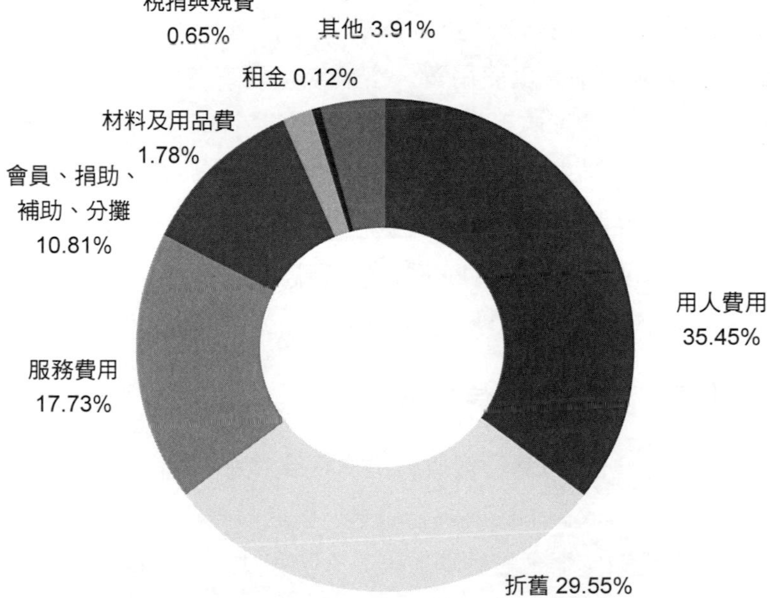

圖6-3　台灣地區民航事業作業支出結構圖

務而發生的成本支出，二來尚可儲備未來機場發展擴建基金。航空性經營活動是機場投資最重要且資金最龐大的部分，世界各國政府對其國家內各型機場之使用均訂定有不同辦法，部分國家或地方政府甚至對收入不足以彌補其成本支出的機場給予補貼，以維護國家和地區的經濟利益。

台灣地區民用機場的收費，主要規範於「民用航空法」第三十七條，「使用航空站、飛行場、助航設備及相關設施，應依規定繳納使用費、服務費或噪音防制費」。民國72年5月20日頒定「民用航空器使用航空站、飛行場及助航設備收費標準」作為收費之準據。民國96年12月28日配合國營與非屬國營之航空站、飛行場之區別，將名稱修正為「使用國營航空站助航設備及相關設施收費標準」。

一、收費項目

(一)場站使用費

場站使用費，係指降落費、夜航費、停留費、滯留費、候機室設備服務費、地勤場地設備使用費、空橋或接駁車使用費、擴音設備服務費、航空站地勤業機坪使用費、空廚業機坪使用費、民用航空運輸業因業務需要自辦航空站地勤業務機坪使用費（簡稱「自辦航空站地勤業務機坪使用費」）、輸油設備使用費、安全服務費、飛機供電設備使用費、機艙空調使用費及自動行李分揀輸送系統使用費；助航設備服務費，係指過境航路服務費及航空通信費。

(二)降落費、夜航費、停留費

降落費、夜航費、停留費收取方式，民用航空器飛航國際航線，按國際航線收費費率收費；民用航空器飛航國內航線，按國內航線收費費率收費。外籍民用航空器飛航國際航線，入境後或出境前在國內一個以上之飛行場、航空站起降時，其在國內之飛航視為國際之延長，仍按國際收費

費率收費。各費之收取係按架次及機型計算，各民用航空器自降落至起飛為一架次。

(三)夜航費

民用航空器於日落後日出前起飛或降落者得視需要收取夜航費，並均按一架次計算之。

(四)停留費

民用航空器在場、站內露天或機棚停留者，應計收露天停留費或機棚停留費；其在露天停留未超過二小時者免收。

(五)滯留費

民用航空器因損壞、報廢或修理改裝而在場、站內停留者收取滯留費：

1.損壞報廢之航空器，經民用航空局所轄航空站核准在指定之偏僻地點停留者，依機型按日收取滯留費，未滿一日者以一日計。但以六個月為限。逾期者，自逾期之日起按國內收費費率收取停留費。

2.修理及改裝之民用航空器，經民用航空局所轄航空站核准在指定地點停留者，依機型按日收取滯留費，未滿一日者以一日計。但以三個月為限。逾期者，除另經核准延期外，自逾期之日起按國內收費費率收取停留費。

(六)候機室設備服務費、地勤場地設備使用費、安全服務費、擴音設備服務費、空橋或接駁車使用費、輸油設備使用費、飛機供電設備使用費、機艙空調機使用費、自動行李分揀輸送系統使用費、過境航路服務費、航空通信費、噪音防制費

各項費用依下列方式計收：

1.候機室設備服務費、地勤場地設備使用費，按航空器每架次最大起飛重量計收。
2.安全服務費，按航空器每架次最大起飛重量計收。
3.擴音設備服務費，按國內航線架次計收。
4.空橋或接駁車使用費，按航空器座位數及使用次數計收。
5.輸油設備使用費，按輸油數量計收。
6.飛機供電設備使用費、機艙空調機使用費，按使用性質及小時數計收。
7.自動行李分揀輸送系統使用費，按出境航空器架次計收。
8.過境航路服務費，按過境航空器使用次數計收。
9.航空通信費，按使用性質分別計收。
10.噪音防制費，於直轄市、縣（市）政府公告航空噪音防制區之航空站，按航空器每架次最大起飛重量、起飛音量計收。

(七)空廚業機坪使用費

空廚業機坪使用費之收費費率，由民用航空局按航空器每架次最大起飛重量所訂標準計收之。

航空站地勤業機坪使用費及自辦航空站地勤業務機坪使用費之收費費率，由民用航空局按下列標準計收之。

1.僅從事餐點裝卸及其有關勞務者，按空廚業機坪使用費費率計收。
2.從事前款以外之航空站地勤業業務者，按航空器每架次最大起飛重量所訂標準計收。但從事之業務項目僅有一項者，按航空站地勤業機坪使用費及自辦航空站地勤業務機坪使用費國際航線費率二分之一計收。
3.從事之業務項目中，包括餐點裝卸及其有關勞務者，按第一項及前

款本文之規定同時計收。

(八)機場服務費

民國58年10月8日頒定「出境航空旅客機場服務費收費及作業辦法」，凡搭乘民用航空器出境之旅客，均應依規定繳納機場服務費。機場服務費每人新台幣三百元，由航空公司隨機票代收。持用未含機場服務費機票之旅客，應於辦理出境報到手續時，向航空公司櫃檯補繳該項費用。例外規定，下列人員得免繳納機場服務費：

1.持外交簽證入境者、外國駐華使領館外交領事官員與其眷屬、經外交部認定之外國駐華外交機構人員與其眷屬或經外交部通知給予禮遇之外賓與其隨行眷屬。但以經條約、協定、外交部專案核定或符合互惠條件者為限。
2.由國民大會、總統府、國家安全會議、五院及其所屬之一級機關邀請並函請給予免收機場服務費之外賓。
3.未滿二足歲之兒童。
4.入境參加由觀光主管機關規劃提供半日遊程之過境旅客。

二、減免規定

1.民用航空器合於下列規定之一者，減半收取降落費：
(1)民用航空器經民用航空局核准從事訓練飛行者。
(2)民用航空器檢修後經核准從事試飛者。
2.民用航空器合於下列規定之一者，免收降落費及夜航費：
(1)民用航空器擔任搜尋救護任務飛航者。
(2)民用航空器在飛航中遵照民用航空局所轄航空站之命令降落者。
(3)民用航空器飛往離島偏遠地區者。
3.民用航空器在飛航中遵照民用航空局所轄航空站之命令降落者於規

定期限內並得免收停留費。

4.外交使節或具有特殊任務之民用航空器，飛航國境經民用航空局核准者，免收場站使用費、助航設備服務費及噪音防制費。

第四節　機場設施與服務的訂價

機場商業化並追求最大利潤是當前全球的趨勢，降落費和旅客服務費是空側收入兩個主要來源，在空側地區活動的收入預計平均約占機場總收入的40～50%，對於較小和國內機場，這一比例甚至更高。另外，飛機降落費產生的收入比特許營業費收入穩定是可預期的，部分地區受到解除管制後激烈競爭之影響，特許營業費收入受到的限制越來越多，短期解決方案，可能採取較高的空側收費，以彌補損失。

機場收費的訂價可以分為三類：飛機降落費和停留費、旅客服務費與其他機場收費。不同的機制和體制的安排，將影響每一個類別的行為。在很大程度上，飛機降落費和停留費的價格是以國際、雙邊和國家政府協議為基礎。少數國家已經建立或正在試驗飛機降落費以市場為導向的訂價機制，充分反映民營化的精神。在某些情況下，例如在美國和加拿大，旅客服務費必須得到政府的批准，而在其他國家，它是屬於機場管理當局的責任。旅客服務費收費水準的決定具有很大的彈性，並沒有經濟上的理由。

由於旅客服務費及其他機場收費在很大程度上是自由決定的或取決於合約的規定，這些機場服務沒有標準化的訂價方法。國際民航組織（ICAO）於1944年「芝加哥公約」第十五條中規定，機場收費應建立在成本收回和非歧視的基本原則之基礎上。經過多年的航空業者間的辯論，在1981年11月，國際民航組織一致認為，應根據飛機的重量收取飛機降落費，因為這種做法很簡單，適合一般使用。以重量為基礎的收費，通

常是最大起飛重量（MTOW）或最大允許重量（MAW）的授權。世界各地的大部分機場使用這些訂價方法，在計算飛機收費。此外，以重量為基礎的收費，在基本降落費中尚有一個複雜和多元系統的附加費。這些收費涉及到距離、機型、飛機噪音水準、夜間降落費以及飛機停留費等。

機場收費結構相當一致，但收費水準卻相差很大。例如，同樣波音747的飛機，在不同的機場就有不同的收費費率，部分機場尚有尖峰與非尖峰不同收費的規定。

飛機降落費收費水準的差異，可以歸因於許多因素。首先，許多人認為機場是一種公共財，提供戰略性和國家重要性的服務，因此，社會的規定往往比內部的損失重要。第二，國家的航空公司通常是政府全資擁有，發展複雜的成本回收系統被認為是不重要的。最後，國際上的管制和監督，一般不會有效執行。

不同類型的機場其飛機降落費收取方式如下（Kapur, 1995）：

一、政府全資擁有的機場

政府全資擁有的機場，根據國際民航組織的一般原則所建立類似「傳統」機場的訂價方法。

飛機降落費的結構涵蓋所有使用者的平均機場成本，而不管個人使用者所負擔的費用。在傳統是以重量為基礎的訂價方法，實際上在許多機場對機場使用者與運營商有相當大的限制。例如，對航空公司的誘因有限，如飛機需要在更短的跑道或承重強度較低的跑道降落，但機場的收費卻相同（因飛機的重量不變），或在尖峰時間變更航班時刻表，卻不用懲罰或者負擔額外費用。此外，這種訂價體系並允許通勤航空業者在尖峰期間起降，航空公司的小飛機，大大地降低機場效率（例如占用時間帶），增加機場的延誤。許多機場已在重新檢討這種訂價方式。

二、澳大利亞機場

澳大利亞國有公司的機場使用「網狀系統訂價」的方法，計算飛機的降落費用。

這種方法創立於1988年，聯邦機場公司將機場視為網狀系統營運的「單一帳戶」，每一個機場所賺取的收入都匯集到一個「總帳戶」內，並支應整個路網所產生的支出。在低容量的機場，這種網狀系統訂價是否比特殊位置的訂價，在增加空側成本回收的總水準中能夠更具有效率，常受到爭議。網狀系統訂價的機場，其間接成本的分配造成設施的經濟規模，更利於現金流通，匯集投資風險，降低利息費用的分配。然而，網狀系統訂價體系支持機場之間的交叉補貼。價格不能反映出供應成本的增加，收入過低的消費服務重新分配給消耗過高的服務，造成資源配置效率降低。

三、美國機場

美國地區機場，開發出一種對航空公司有極大影響力的飛機降落費的特別訂價機制。

一般而言，較大與較有自主性的機場，常使用「補償」或「混合」的訂價。依賴航空公司樞紐運作的較小型機場，使用「殘餘成本」的訂價方式。在「殘餘成本」的訂價方式下，財務風險完全由航空公司承擔，保證收支平衡的收入。在雙方利益交流中，航空公司可獲得優惠的價目表，在機場長期決策上有否決權，並共享超額收益。在「補償」的訂價方式下，財務風險由機場運營承擔，航空公司同意根據使用的設施的百分比來支付費用和價格。超額收益是不能共享，但可以用來抵消下一年度空側的收費。最後，「混合」訂價方式是使用這兩種方法的原理，財務風險由機場運營商和航空公司共同分擔。這種被接受的價格歧視制度只有部分成功，因為產出最大化。雖然，可以刺激效率的提高，但資本項目的支出並不能夠具體表現在價格結構上。事實上，資本支出的取得是透過過度的舉債融資或者補貼而來的。

受到航空公司強烈的影響力，美國運輸部試圖透過以機場收費抱怨為基礎的評估，建立並宣布某種新的收費架構，以解決航空公司和機場之間的長期的爭論。新的訂價政策共有五個原則：機場管理當局與用戶之間的直接談判；價格、費用、收費必須是公平和合理；禁止不公正的歧視性價格和收費；機場業主必須採取收費結構，使機場盡可能自給自足，以及機場業主的支出僅限於機場法律範圍內所產生的收入。因此，機場管理當局必須評估機場目前設施的價值或收入不超過成本的任何其他替代方案。

四、英國機場

私有化的英國機場管理局（BAA）在二十世紀七〇年代初率先以成本為基礎訂價的應用。

這種訂價機制已從一個公平簡單的尖峰收費的結構演變成更複雜、更精密的長期邊際成本訂價機制，這是個當時最有爭議的機制。與聯邦機場公司的訂價模式類似，BAA也採用「單一帳戶」的訂價原則，但它在應用上並不相同。在BAA的情況下，「單一帳戶」的概念是在促使空側與陸側活動以及機場之間的交叉補貼。 BAA是幾個機場中引進飛機降落、停留、旅客收費等尖離峰訂價，以反映尖峰需求的一個機場。在1968年有一些爭議指出，「在沒有收費的情況下，系統使用區分為尖峰與非尖峰是社會兩方面的浪費，透過擁擠和不適當的設施，它阻止航空產業對消費者最大的滿足，如果對於產出沒有配合適當的投資，它所浪費的資源可能被使用在滿足其他經濟上的需求。」為了反映這些創新性的訂價機制，美國航空公司在1988年說服美國政府提起仲裁程序，指控希斯羅機場根據不同時差收費是不公正和歧視性的，違反百慕達II雙邊協議的基礎。此外，美國政府拒絕BAA的長期邊際成本訂價方法，因為新產能的所有資本性開支是在滿足尖峰的需求。然而，國際仲裁員沒有發現BAA不公正或不合理的收費，也沒有找到英國政府違反協議的重要的技術依據。

在公用事業和社會服務層面的考慮下，鞏固了早期機場的發展以及被政府與機場運營者均認為成本收回與非歧視等不合宜的訂價策略。訂價策略在選定機場實施後，顯示出有更大的利潤誘因，而且發展出更多的創新和創造性的訂價機制。即使在澳大利亞的機場，新的訂價技術的使用已經顯示出在響應政府的利潤目標。在航空公司的民營化和解除管制，航空公司和機場之間的訴訟大量成長，與機場的商業化日益增長的需求增加，政府正面臨制訂與規範機場服務價格的難題。未來機場收費訂價機制的目標，必須基於以下原則：

1.產生足夠的收入支付費用，並確保合理的投資報酬率。

2.確保機場資源配置效率和使用。

3.為經濟有效率的資本投資決策提供一個信號。

從幾個主要國際機場的財務樣本研究中顯示，在財務的角度上，政府擁有的機場正與一些民營化的機場看齊。因為許多因素未被考慮，因此這些研究結果並不具有決定性，例如壟斷的結構、盈利能力與訂價目標、產業規模。此外，調查結果相反的驗證了「公營以及混合企業，其獲利率與效率均低於民營公司，一般普遍認為私有化將可以提高效率」。機場擁有權不同，他們之間的性能和效率方面是否有差異，並沒有解釋。鑑於這是初步調查結果，需要進行更多的研究。

在反映私部門對機場的參與，以及航空公司和機場運營商之間高代價的訴訟，某些國家的政府正在考慮引進合適的制度或加強現有的機場經濟管制。不像其他公用事業，政府一直較慢響應這一新興的需求。

第五節　機場商業活動推廣策略

一、商業活動推廣策略

Doganis（1992）指出，近年來機場商業化經營已形成一種趨勢，機場業者試圖增加機場收入的比例以及商業和非航空活動的收益。在許多情況下，他們被迫這樣做，不管是因為航空公司不斷的反對（透過國際航空運輸協會的精心安排），或者因為自己的政府抑制或限制這種收費的增加，一再提升航空的收費。同時，在許多國家中，機場與政府間緊密的行政結合，以及來自政府對機場財務自主與降低政府資助依賴度的壓力，它意味著機場經理人有更多的自由與誘因去經營以商業為導向的活動。目前，世界上許多機場在商業收入比他們的交通運量成長更加迅速，尤其是在大型的國際機場。例如，在1976～1987年期間，法蘭克福機場的客運量上升63%，但特許權利金以及租金收入上升了284%。對於所有的機場，甚至較小的機場更需要依賴航空收費，產生更多的商業收入是有吸引力的，因為它比試圖增加航空收入更容易。要做到後者，必須刺激交通量的增長，這對機場自己來講比較困難，或者增加飛機或旅客收費，但他們必須嘗試這樣做，這可能是困難重重或不可能，因為會遭受航空公司或政府反對。在這種情況下，最大化的商業收入似乎是一個明智的抉擇，讓機場設置更多的商業化與財務的自給自足。

在追求機場商業化策略中，機場的所有者和經營者必須在兩個策略方案中做出選擇。他們可以按照傳統的機場模式，首要任務是符合旅客、航空公司、貨運代理和其他直接機場的客戶或使用者的基本需要。這是傳統上由政府全資擁有的機場，特別是由政府部門經營和管理的運輸或民航處所遵循的策略。美國許多州或城市所擁有的機場仍遵循這種做法。這種策略對機場規劃和設計具有極為重要的影響。特別是，它意味著

該機場是以促進與加快旅客處理以及吞吐量為主要導向，分配給他們相當小的空間，並將所有多餘的或不必要的活動降到最低限度。雖然機場內的設計與空間受限，但這種傳統的策略仍然可以嘗試將商業收入提高到最大的限度。但很顯然地，他們所能做的很可能會受到嚴重限制，尤其是在航廈的空間不足，無法優先滿足旅客的基本需求。

替代的選擇策略是商業機場模式，這種經營模式的目的是在機場從事任何適當的活動，以爭取最大的收入。這意味著，將機場視為一個商業機會，不僅服務其直接和傳統的客戶——航空公司、旅客、貨物託運人等等，也服務廣泛的潛在客戶，包括機場與航空公司員工、遊客、旅客接送人員、在周圍社區的居民以及當地的企業和行業。這種策略的設計，是儘量在使旅客與貨物通過機場更為便利，並且盡一切努力爭取最大的機會，甚至從這些非直接與空中交通有關的活動中，例如輕工業或休閒綜合業等產生額外的商業收入。這是一個最有效的策略，但各機場航站和建築物內外必須有足夠與靈活的空間。如果機場目前沒有足夠的空間可供使用，那就可能別無選擇，只能採取傳統的機場模式。

每一個機場情況均有所不同，但在原則上，機場規劃者和商業經理可以針對八種潛在客戶在航站內或附近地區的需要提供各種設施和服務。這些都代表了各個不同部門市場與他們本身的需要和要求，如果機場是在追求最大的潛在收入，必須清楚地瞭解他們的需要和要求。此外，在一些較大群組內另外有更小的分離的附屬市場。八種潛在客戶如下：

1.目前最重要的市場購買力群體是旅客，他們傾向於購買某些旅行必需品，例如報紙、書籍或盥洗用品，假如受到合適商品的效用與陳列之刺激，他們也很容易衝動或任意購買這些商品。出境、入境以及轉機旅客都可能有不同的需求和消費模式。機場必須順應這些商業設施的規劃。在客運航站，旅客是極為重要的收入來源，但在貨運地區與貨運站，貨物託運人與貨運承攬業可能是收入的重要來源。

2.航空公司本身不僅在旅客航站的辦公用空間、報到櫃檯、頭等艙或商務艙的休息室等方面，而且在貨物裝卸和儲存空間上、維修設施、空中廚房、員工設施等方面，顯然都有非常具體的需求。航空公司是機場的大本營，特別在空間和設施方面的要求。旅客、貨運代理公司和航空公司，三者是機場的主要客戶。旅客是產生大量的特許經營收入，航空公司通常會產生大部分的出租或租賃收入，但其他市場群體並不能忽視。

3.在特許經營收入方面，第二個最重要的潛在群體是機場員工，是那些在機場工作的航空公司、機場管理局以及特許營業者等。他們可以代表一個非常龐大的固定市場，但他們的動機與乘客是有相當大的差異。它主要是方便，可以在工作休息期間進行一般日常的購物，而不必前往遙遠的市中心。他們需要上述所有的食品店，但也需要大部分在大街出現的其他類型的商店與服務。法蘭克福機場為滿足這一目標群體，它已發現，在機場工作的員工花費在機場的商店和服務設施，約為家庭淨收入的15%。

4.在較大的機場，一個很獨特的員工群體，也許是航空公司的機組人員。他們有其來自工作直接引起的特殊需要。他們特別感興趣的是乾洗、鞋子修理、理髮沙龍和裁縫，以及其他機場員工所需要的設施。

5.接送機人員，這是陪同旅客往返機場的人員，去機場不是以採購為目的。但是，他們在機場等待耗費時間，如果餐飲和商店受歡迎與具有吸引力時，他們可能被誘導去購物消費。

6.另一個獨特的群體是觀光客，主要是前來機場觀光，他們的興趣在紀念品，尤其是那些與機場或航空公司有關的商品，以及餐飲服務店。

7.經常被機場所忽視的一個群體是當地居民。如果機場的商店和服務的範圍很廣闊，而且方便的話，他們可能被吸引來使用這個機場。

住在附近的居民，通常有道路或者甚至鐵路通往較大的機場，並通常在航站內或附近停車，往往比在城市中心的購物區尋找車位方便。此外，機場商店通常有更長的開放時間。當地居民的需求與機場員工相當類似，但商店需求的範圍更廣，為使機場購物更具有吸引力，並可能還包括家具、電器、五金等。

8.最後是當地商業團體。不像是商店，他們需要的可能是辦公空間、會議廳和會議設施，可以使他們有機場的航空聯結的優勢。另外，他們可能需要貨物製造或儲存的空間，方便利用航空作進出運送。大多數商業團體對空間的需求，並不一定在航站內，但盡量接近航站區。他們所需要的土地、倉庫、棚廠或辦公大樓，將給機場帶來可觀的租金收入。

法蘭克福機場已經有空間和商業敏銳的洞察力，以盡量滿足所有這些目標群體在主要航站和周圍的需求。機場管理局分析所賺取的特許經營收入，表示76%來自旅客，13%來自機場員工，其餘11%來自各類的參觀者，包括接送機人員和當地居民。這還不包括辦公用房舍、土地等租金。這是法蘭克福推廣大規模的與非常廣泛的購物、休閒、商業和服務設施等策略的結果。

是否遵循傳統模式或商業模式，某種程度上是取決於所採用的管理策略的選擇，特別是上述的客戶群體他們已經決定的目標。

是否遵循傳統模式或商業模式，某種程度上取決於管理階層所採取的戰略選擇，尤其是在上述用戶組群中他們已經決定瞄準的目標。但模式的採用也將取決於每一個機場的組成以及所處理的交通量，透過可利用的航站空間與土地以及自由採取商業傾向政策的管理程度而定。

目前世界各國越來越多的機場正朝向商業模式的經營策略，這是無庸置疑的。如果機場要朝商業化經營，並在財務上自給自足，那麼這是正確的策略，也符合各國政府對他們的期望。目前如欲由航空收費中來提高更多的收入有其限制，因此機場的管理應試圖從商業資源中爭取最大的

收入。至少，他們應該產生足夠的收入來滿足其財務目標。要做到這一點，他們必須決定哪些客戶群體或細分的市場是他們應該針對的目標，他們需要瞭解可提供的設施的範圍，以滿足不同目標群體的需求。但有很多的因素會影響機場的能力，以最大限度地發揮其商業收入。首先是某些外部因素，嚴重影響到機場收入的產生或策略的選擇，但這是個別機場管理上很大程度的外部控制。這些因素包括機場的運量之多寡和國際運量所占的比率、匯率以及稅款或者菸酒稅率。這些航站空間分配作為商業活動的面積和位置，涉及與特許經營人談判的合約性質以及特許經營人本身的數量。

二、商業收入的潛在資源

Doganis（1992）指出，為了要從租金以及特許營業費等商業資源中增加機場的總收入，首先應評估機場可以提供的設施與服務的範圍以及性質，這是非常有用的。租金以及特許營業費，兩者之間的區別總是不明確。租金收入主要來自空間的出租或租賃，不論是直接的機場用戶，例如航空公司、貨運承攬業者和地勤代理業者，或間接的用戶，例如酒店、餐飲業、製造業等。這些租金的收入，本質上是基於承租人租用空間的總數或者特別設施的數量的多寡而決定的，例如他們使用的報到櫃檯。特許營業費基本上是支付給機場管理局的款項，使各種服務的提供者有權利在機場土地上提供他們的服務。但一般的方式，他們是根據特許公司的業務量，而不是特許協議中所占用的空間大小，這些特許權協議可能包括一個簡單的地面租金項目。

(一)租金

出租或租賃收入，可能由下列活動所產生：

1.對直接機場使用者提供的空間和設施，這些必須是需要在機場內運作的公司，包括航空公司、地勤代理、貨運承攬業、旅遊、旅行社、倉儲業、公共運輸業等。他們的空間需求可能會有所不同，從辦公空間和棚廠、車輛停放空間，不包括旅客休息室或維修設施建設用地。也可能是支付辦理報到設施的租金，或使用行李輸送設備或其他機場的設備（例如巴士），所支付的租金。政府機構，例如移民局或衛生健康單位，如果他們對所占用空間的支付，也可能屬於這一類。

2.對某些公司提供封閉的空間、整個建築或土地，這些公司的位置如果在機場，對他們來說是有利的，但並不是必要的。這些可能包括提供航空配餐、輕工製造或組裝業和其他企業，航空服務的便利性可能帶給他們很大的好處。

(二)特許營業費

此外，為了增加機場的租金收入，可以提供部分或大範圍的購物和服務設施，以滿足不同目標市場的需求。這些通常會產生特許營業費，但也可能是特許營運合約的租金項目。但是在一些較小的機場，特別是如果由政府部門營運的機場，商店提供的數量有限，可能租金是在同一基礎上，沒有額外附加的特許營業費。可能會產生特許營業收入的一般商業活動或服務，有以下的分類：

◆免稅商店

機場的國際航空服務，應稅和免稅商店是潛在的特許營業收入的最主要來源。這種情況的原因有兩方面，首先，因為在這些商店的方便性比起城市中心街道的價格，是非常實際的；乘客的花費比起在其他商店的開支，是非常高的。第二，因為機場內的特許公司所賺取的利潤也很高，如果他們有特許經營合約的那麼幾分權利，可以取得很大部分的利潤所得。在機場免稅商店的兩個關鍵產品的排行榜，很可能就是烈酒和煙草製品。傳統上，這些一直是最重要的免稅銷售的來源與機場特許經營收

入。但提供的產品範圍，如果可能的話，應該還包括香水、電器及攝影器材、手錶、時尚商品和在該國可能是課稅較高的其他產品。在較大的機場，當其他產品的銷售量增加時，菸酒產品占免稅店銷售的比率仍然在高度衰退中。

◆一般商店購物

由於免稅購物是只提供給那些已經進入出境或過境休息室的旅客，但在航站公共陸側區域仍需要提供一個廣泛的非免稅購物的空間。這些商店分為三種：首先，銷售給旅客出國旅行時不可或缺的產品，如報紙、書籍、香菸、糖果、旅行用品及某些基本藥品和化妝品。其次，商店出售旅客憑衝動可能購買的商品，以及具有吸引力但不屬於必備的商品。在這一類別，可能是特色食品和鮮花店、時尚商品和服裝、工藝品、玻璃器皿、錄音帶和錄影帶等商品。最後，還有一些為了滿足機場員工、當地居民和遊客的購物商店，這都是他們可能在機場有購物的需求。以旅客為導向的前兩個群體一定會在機場購物，但除此之外，他們也需要通常在市中心常常發現的超市、五金店、家具店、電器店、博奕和其他商店。

◆餐飲設施

無論是吃、喝，都是機場特許營運收入的另一個潛在的重要來源。這些應該都在陸側和過境區。餐廳、咖啡館、小吃店和酒吧所需要的數量和類型將取決於機場本身商業政策目標的不同細分市場。很顯然地，如果一個機場計畫只為了提供旅客，則餐飲店將受到很大的限制，倒不如也試圖滿足機場員工、遊客和當地居民或商人的需求。

◆服務

旅客以及許多其他使用機場者，還需要一系列的服務。最重要的是銀行、郵局、旅行社、汽車租賃和酒店預訂等。銀行是最廣泛的需要和使用者，但汽車租賃業，是特許營業收入最多的貢獻者。據研究指出，歐洲機場所有出境之旅客約有12～13%會使用銀行，只有4%的旅客需要租車。然而，機場的總特許營運費收入約7%來自於汽車租賃公司，銀行只占1～2%。在許多美國機場，汽車租賃特許是機場特許營運收入最重要的單一來源，尤其是如果還有一些國際旅客進出機場時。另有些旅客可能有住宿和相關服務的需求，因此在機場航站內可能還提供淋浴和短暫住宿等設施，或者與酒店相毗鄰。上述服務也可能被非旅客所使用，但後者可能需要額外的服務，這些服務很可能對旅客的興趣不大。這些措施包括洗衣及乾洗服務、美容、美髮、醫療服務、剪裁和可能的會議或集會設施。運輸服務，可提供任何人進出機場時使用。在許多機場，特別是在美國的巴士、長途客運和計程車，可能需要支付一定的費用給機場，始能載客進出機場。

◆休閒設施

非旅客在機場的休閒設施也可能非常重要，例如電影院、舞廳、夜總會、撞球房、健身房或健康中心，甚至游泳池，有些國際機場在兩跑道之間還設有高爾夫球場。

有些旅客也可能會使用這些設施，特別是如果在機場旅館內所提供的設施，但旅客並不是他們的主要目標。某些機場，在公共和旅客區域設置電動遊戲，讓大人和小孩在等待時娛樂。早期，電動遊戲在某些機場曾經產生高額的收入。

◆停車場

停車場是機場的另一個主要收入來源，特別是那些進出機場公共運輸不良或缺乏的地區。停車場可能由機場直接經營或透過特許經營，主要是在符合乘客、接送人員以及各種旅客的需求。機場員工可能有自己保留的停車場，機場管理當局可能不會收取費用。加油和汽車服務站，也可提供作為特許經營。

◆廣告

廣告市場的提供，對機場而言是另一種個別的活動，可以用來增加特許經營的收入。機場廣告是一項專業化程度較高的經營活動，它具有占用空間小、需要人員少、投資有限、經濟效益明顯等特點。由於在機場每天的客流量很大，航空旅客又多屬消費水準較高的消費群體，所以在機場做廣告宣傳效果十分明顯，因而許多廠商十分看好機場這一廣告宣傳場所，從而給機場當局帶來了很大的商機。機場廣告的主要媒體包括：室外路牌廣告、室外文字廣告、燈箱廣告、壁掛廣告、宣品廣告與行李車載廣告。

經營廣告可由機場自己直接經營，也可由廣告代理商經營。機場自己直接經營廣告需要掌握相關的知識和技術，可以透過用戶需求瞭解市場。由於許多機場沒有專業廣告知識，所以無法最大限度地利用機場廣告資源來增加機場的收入。通常國外的做法是委託一個專業廣告公司代理這項業務，這個廣告公司應具有豐富的機場廣告知識和經驗，擁有較大的用戶網。

◆飛機相關的服務

這些措施包括飛機的導引、飛機的清潔和空中廚房所提供的空中餐點。如由航空公司為自己的飛機提供這些服務時，通常不必繳納特許營業費。但是，如果是由專門處理飛機公司或餐飲公司提供這些服務，機場可能對此類服務收取特許營業費。在少數情況下，航空公司替其他航空公司提供這些服務，也可能必須繳納費用。此外，航空燃油供應商可能必須按他們的用戶每公升或加侖的加油量，支付機場特許營業費。

◆旅客、行李或貨物裝卸

特許營業收入也可能會來自專業公司或航空公司提供旅客、行李或貨物裝卸服務的收入。機場管理當局對這些費用的回報，可能同意限制被允許在機場提供這些服務公司的數量。當然，如果機場管理當局本身提供部分或所有這些服務，所賺取的收入不再是特許營業費，因為機場必須償付在產生的收入之外所提供此服務的成本。

三、租金政策

Doganis（1992）指出，除了特許營業費收入，租金是商業收入第二個最重要的來源。在歐洲機場中，平均租金的產生約在機場總收入的8～10%之間，接近特許營業費收入的一半左右。另外一個額外的4～5%收入來自承租戶的管理費。在較大的美國機場的租金以及租賃費用收入，平均約占其總收入的四分之一。

隨著機場規模和運量的增長，出現兩種趨勢：首先，非航空或商業收入占總收入的比例持續增長；其次，特許營業費收入占非航空收入的比例一再成長。因此租金和其他非特許的收入，例如承租戶的管理費，對特許權收入非常有限的小型機場是特別重要的，而且這些機場特許經營費低，或僅是一個固定的統一費率基礎。

租用辦公室和其他建築面積將支付租金，這些可能會有屋頂的（例如棚廠）或者是開放空間、專用設備的使用，例如報到櫃檯或輸送帶、土地和整個建築物等。一個關鍵的問題是，在調整租金收費的水準應採用何種訂價策略。

在一般情況下，租用辦公室樓地板面積或專門設備的收費，是所提供的成本、以及空間和設備的供需之間相互作用的一種功能。在機場租用空間或設施的自由市場情況並不存在，因為他們在機場並無所選擇。機場對他們來說，是一個壟斷的供應商。但一定要小心，不要濫用這一壟斷力量，尤其是一些基本的客戶，特別是航空公司，他們所支付的航空收費提供給機場相當高的收入。相反地，它可能希望提供廉價的租金，作為航空公司前來設站營運的誘因，以增加航空的收入。

一些機場已經感覺到，首選方案是與鄰近地區相類似類型的資產或土地相比較後，將租金調整在同一水準。實際上，這是非常的不理想，因為制定或調整所需的租金，通常不是一件容易的事，且因為當機場的設施改善或運量增加，也很難調高租金。有一個額外的問題，如果在鄰近的城市或地區的租金特別低時，使用這種方法所訂的租金，可能低於所提供空間或設施的成本。

因此，有些機場可能會變成第三種選擇，是將租金訂定在收回成本的基礎上。換句話說，使用傳統的成本核算方法，他們根據每一個航站內辦公建築物或貨運倉庫，每一個特定的樓地板面積在建造以及維護時的所有成本分配，以計算出每年每平方米的租金。這種租金也必須要能涵蓋建造時的財務成本，除非財務資金是由未來承租戶透過預付的租金所提供。當機場所建造的設施是提供單一航空公司或其他承租戶獨家使用時，才最有可能採取這種方式。在一般的商業界，以成本為基礎的租金計算相當簡單，但機場航站租金成本回收的應用上產生了幾個問題，最難解決的是航站成本，應從樓地板租金回收多少的比例。在理論上，有些航站的成本是透過客運的收費來作分配與回收。從特許經營的費用也應該可以產生相當數量的收入。是否租金應該只用來滿足那些剩餘的成本，而不包括客運費和特許費收入呢？在這種情況下，租金將遠低於所提供被租用的樓地板面積的成本。事實上，許多機場將嘗試以全部成本為基礎，去調整他們的租金，不去考慮這些對其他地面上收入的影響，例如，報到區、候機室等他們將用來支付一般不能被出租的地板面積的成本。

有些機場可能只使用上面的一種或其他方法來調整租金，許多機場使用兩種或更多這些方法的組合。最常見的，他們可能會開始以設施的實際成本為基礎，去評估所提供空間的市場價值，圍繞這些數字進行談判，很顯然的，機場變得更加商業化，租金是以市場價值為基礎，並取決於需求與供給的相互影響，具有財務上的意義。以市場為導向的租金應該會比以成本為基礎的方法，產生較高的租金收入，但機場必須小心，不要濫用其壟斷力量。

大多數機場提供給承租戶一種或多種的必要服務，藉以向承租戶收取租金。這些所謂的承租戶管理費，這類服務通常包括暖氣或空調、水、電、清潔和垃圾處理以及有時候電話服務也包括在內。機場需要解決的一個關鍵問題是，是否應該以成本價來提供這些服務（亦即只收取承租戶實際費用），或是否應該對承租戶的管理費加收少許的利潤。阿姆斯特丹的例子，在過去曾經收取成本加10%的承租戶管理費。

至於承租戶管理費收取，有三個基本的方案：

1.某些服務的成本，可納入基本樓層或者空間租用，不必單獨徵收費用。例如暖氣、空調或清潔可以如此處理。
2.個別承租戶在他們的房舍可能有自己的電費、水費、電話時間的錶，監控消費量。然後，他們根據自己的實際消費付費。
3.某些服務可能會從承租戶另行收取租金，但以每平方米的單一收費作為基礎。如果租金本身同意可以招標或協商的，而不是基於成本且是固定的，這是可能的。

承租戶的租金和管理費是商業收入的重要來源，在較大的機場，尤其是美國以外的機場，為改善財務績效，往往與增加特許權收入密切掛鉤。這種特許權的收入可以很容易地且最直接地刺激更商業化的機場管理。因此，這是值得更詳細地去檢驗機場特許經營收入的影響因素，以及機場管理當局可能自己對自己有利影響因素的程度。

四、機場商業規劃

(一)機場商業的整體規劃

世界各國大型機場林立，機場管理當局為了爭取最大商機，除對新興建的機場進行商業整體規劃外，對現有機場亦進行大規模檢討與改建。所謂的「商業規劃」，即是機場管理當局對機場商業經營活動所開展

的一連串策略或計畫。它就機場未來商業用地的布局與規劃、促銷策略和方法等統籌規劃與安排。早期的機場，並沒有制式的商業規劃，機場管理當局在覺得有必要或是機場有大量的空間閒置時，才隨意地開設幾家商店，其結果是開設的商店並不能滿足機場旅客的實際需要。而且商店與機場很不協調，毫無特色。所以制定機場商業規劃有助於機場商業活動的開展，並且提高經營效果。

制定一個商業規劃的最好時機是當一個新候機室剛建造完成，或是原有候機室擴建完成時。機場管理者可以透過使全部特許經營合約在同一天到期的辦法，給自己創造一個合理的機會。其目的為：(1)檢查商品的組合，引進新的商品和服務，放棄目前不合適的商品和服務；(2)重新確定商店的位置；(3)改善機場的布局和經營形式；(4)如果需要，尚可對原有區域進行整修（陳勇，2003）。

關於商店布局與規劃，一般必須掌握的原則如下：

1.商店應有一個寬敞的門面，它們看起來必須是「開放的」。

2.屋頂應具有足夠的高度。

3.光線看起來應該比周圍區域強。

4.自然光應被有效地利用或採用人工光源襯托氣氛。

5.商店應貨物充足且擺放有序。

6.應便於顧客走進商店，近距離查看商品及價格。

7.有些精美的商品應除去包裝展示給顧客。

(二)在機場商業規劃中應考慮的因素

機場商業規劃之重點，主要在吸引人潮，刺激旅客購買意願。因此，地點、空間、動線、佈設、商品種類與價格策略等規劃，日益彰顯其重要性。在機場商業規劃中應考慮的因素如下（陳勇，2003）：

◆位置選擇

商店的位置決定著旅客進入商店的便利程度，由於時間有限，機場旅客一般只願意就近購買而不願冒著誤機的危險到遠離候機室的地方購物。因此在確定商店位置時，應注意的一個原則是應將商店設在旅客流動線上，也就是要設在旅客必經之地附近。

與位置相關的另一個因素就是商店所在樓層的高度，由於受候機室使用面積的限制，許多特許經營店不得不設在樓上。上下樓層購物會明顯降低機場旅客的購買慾望。據國外統計，每增加一個樓層高度商店銷售額就會減少40%，因此機場商店如果不得不設在樓上，最好安裝電梯，它在一定程度上可以紓解旅客上樓購物的不利影響。

◆購物時間

時間是決定旅客是否願意購物的一個重要因素，一般來說，旅客應有十五至三十分鐘的購物時間，如果所剩的時間較少，他們就不會有興趣購物。因此提高機場工作人員的工作效率，儘量縮短旅客的非購物時間是很重要的。

機場可以採取下列措施：

1.開設寬敞、開放、無障礙的客流通道，便於人員的高效流動，減少擁擠、堵塞現象。
2.在非商業區可設置電走道，加速旅客的行進速度。
3.設置明顯的引導牌、詢問台等機場指示標誌。

面對一個陌生的機場，一個暈頭轉向的旅客是很難有心情購物的。因此機場所設置的各種指示標誌必須醒目且易於識別，在必要情況下，可採用一些圖形標誌。詢問台最好設在候機室入口等明顯位置。機場設在候機室門口附近的「獨立開放式」詢問台，它比一般「內嵌式」詢問台更加醒目和高效率。

◆能見度和吸引力

旅客只有看到商店才有可能進入商店，商店只有具有吸引力，旅客才願意入店購買。商店的能見度與商店所在的位置、高度、色彩、光線和招牌的大小有關。而商店的吸引力與商店的設計風格、招牌的製作質量和店內明暗程度有關。一般來說，將商店設在旅客動線附近，選擇適宜的色彩，增加人工光源，能有效地提高商店的能見度和吸引力。

色彩較容易識別，恰當地運用色彩能達到引人注目的效果。關於色彩的象徵意義，有些是世界共通的，但有些則由於民族、文化和宗教的不同在認識上有所區別，注意這些特點有利於商店選擇最佳的色彩。

採光對機場商業設施吸引力之影響非常重要，因為沒有足夠的光線，一切美妙的形和色都會失於灰暗。所以商店的門面和內部都應該比周圍環境有更充足的照明。由於光源的色溫不同，光的顏色也就各異。一般情況下，電燈泡等色溫低的光源帶有一種橘紅色，給人一種溫暖祥和的感覺，隨著色溫的升高，光色由黃趨藍，從而給人一種清涼的感覺。利用不同光色的特點，對於吸引旅客十分有效。

◆展售空間

旅客在商店停留的時間愈長，可能購買的商品就愈多，一般來說，較大的商場空間能夠留住顧客。因為較大商店能夠容納較多的商品，顧客選擇的餘地大，可以進行一次多項購買，減少了多次付款行為。另外，較大的空間也便於顧客穿行，避免了擁擠衝撞現象，在一定程度上舒緩旅客購物時間緊張的問題。依據商場中人與通道基本資料，商店的人行通道最好在一米至二米二之間。

◆商品種類

商店所提供的商品種類應適應符合旅客需求。因為儘管機場的旅客各不相同，但如果對他們進行細分又會發現，他們的出發地、目的地、國籍、年齡、收入水準、消費傾向相對集中，因此作好旅客需求調查對合理控制貨源很重要。除此之外，機場提供的商品應以輕便、易攜、價值較高的商品為主。

◆價格策略

顧客一般本著「物有所值」與「物超所值」原則購物，現代通訊的發達使人們很容易將不同地區的商品價格進行比較，從而決定他們的最後購買行為。

因此機場要擴大銷售，必須要使其價格具有競爭性。在制定價格策略時，可以參考以下因素：

1.航班的出發地價格。
2.航班的目的地價格。
3.市中心類似商品的價格。

如果旅客意識到機場提供的商品與市中心價格相同或相近，他們在機場購物時就不會猶豫不決。在這方面荷蘭阿姆斯特丹機場做得是比較好的，為了消除旅客購物時的顧慮，機場明文規定：「凡在本機場免稅店購買的商品，其價格超過市內免稅店價格部分由機場負責補貼。」看到這一承諾，顧客購物十分踴躍，而使銷售額大增。

◆佈設

機場商店的佈設，對促進銷售也有重要影響。商店的佈設應考慮讓顧客盡可能注意到店內的商品，因為顧客的購買決定往往是在看到自己所喜歡的商品時瞬間做出的。此即所謂的「衝動性購買行為」，研究表明，40%以上的購買行為是基於衝動，在這方面女性多於男性。

為了充分發揮顧客的這種「一時衝動」下的購買特性，商店應採用開架售貨方式，陳列出全部商品，還應該在商店的佈設上選擇便於顧客流覽商品的設計方案。

一般來說，商店的佈設大體上有三種方法：

1.傳統式佈設模式：出入口在一條直線上，旅客可以不看任何商品而匆匆經過商店，除非他已準備購買什麼商品。

2.引導式佈設模式：商店用貨架式櫃檯，引導旅客流向，使旅客被迫流覽大多數商品，如米蘭和布魯塞爾機場。

3.開放式佈設模式：這種佈設使商店好像是完全開放的市場，旅客可以從各個方位進入商店，並可以直接拿到他感興趣的商品，這種佈設增加了入口，有利於旅客就近進入商店。

實際上證明，與傳統佈設相比，採用引導式與開放式佈設，更容易成功。

◆動線

機場旅客動線主要有兩種模式：

1.傳統機場旅客動線。

2.現代商業機場旅客動線。

傳統機場旅客動線強調旅客到達機場後最好儘快地走進候機室，以提高機場的利用率，增加航空性收入。現代商業機場動線則希望旅客能有更多的購物時間和購物機會，以增加機場的非航空性收入。

因此，兩種機場的設計思路有很大區別：一種是從旅客到達機場至候機室中途儘量減少其停留，不設置任何商業設施；一種是在旅客到達機場後在到達候機室之前，盡可能多創造商業機會，以激發旅客的衝動性購買行為。

◆宣傳誘導

大多數旅客到機場的最初目的是乘坐飛機而並非購物。研究顯示，只有10%的旅客明確他到機場想要買什麼，因此機場管理當局就要為這些旅客及其他機場用戶，創造一個良好的購物環境，誘發他們盡可能地購買機場的商品。

一般旅遊者對購物環境特別敏感，當顧客發現自己置身於一個優雅的購物環境中，當他看到商品包裝極為精美考究，或看到國內無法買到的知名商品時，都會引起顧客的購買慾望。

研究顯示，40%以上的購買行為是在瞬間做出的，這種「一時衝動下」的購買特性對商品銷售來說特別重要，所以必須加強對商品的宣傳和對旅客的誘導。只要能夠刺激旅客入店購物，商店的環境、布局、商品的選擇和展示就必須不斷創新。

從歷史上看，大多數特許經營所瞄準的顧客主要是航空旅行者及接送他們的親友。但現在越來越多的機場已日益關注由機場工作人員和住在機場附近的居民所構成的市場，並對這一市場進行不斷開發，如超級市場、電影院和餐廳的特許經營。這類經營活動不必設在旅客流動區的主要地段，如此就能更有效地利用機場土地和機場有限的建築物空間，從事更為有利可圖的經營活動。

由於機場管理者可能並不具有從事非航空經營活動所需要的各種專長和市場行銷知識，同時也為了減輕其財務負擔，所以大多數機場寧願讓專門從事有關業務的外部團體來經營機場的非航空商業活動，同時以契約形式對此進行全面控制。然而在某些情況下，由機場自己經營某些活動也許更為有利，特別是那些不需要專門知識或大量資金或很多存貨的活動（如停車場的經營等）。當然，某些需要較多財力物力的活動也已開展起來，如提供會議場所等。

第六節　免稅商店的管理

一、免稅商店的設置與法源

(一)免稅商店的設置

現行「免稅商店設置管理辦法」規定，免稅商店可以有兩種形式存在，一是在機場或是在港口內設置免稅商店；二是機場、港口鄰近都市內設置免稅商店。

依海關之規定，市區內免稅商店須符合資本額達一億元以上的條件才可以申設，申設同時還要能在機場、港口設有領貨處。

機場的免稅商店因為已有領貨處，雖然較具增設市區免稅商店的優勢，但目前國內亦只有一家昇恆昌公司在台北市內開設預售中心。**圖6-4**為機場免稅商店之一隅。

圖6-4　機場免稅商店圖

為了解決相關困難，達到行政院觀光客倍增計畫要求，財政部表示，短期內將優先設法增加市區內免稅商店的設置家數，因此對於免稅商店增設分支機構的條件，不會做嚴格限制，交通部觀光局也將協調民航局，協助免稅商店業者在機場設置領貨處，藉以提高業者設置免稅商店的意願。

(二)免稅商店的法源

對於機場、港口等過境旅客銷售之特定商品實施免關稅免營業稅是一種國際慣例，我國亦依照國際慣列設有免稅規定：

◆「關稅法」第六十一條

經營銷售貨物予入出境旅客之業者，得向海關申請登記為免稅商店。

免稅商店進儲供銷售之保稅貨物，在規定期間內銷售予旅客，原貨攜運出口者，免稅。免稅商店之保稅貨物，應存儲於專供存儲免稅商店銷售貨物之保稅倉庫。免稅商店業者應向所在地海關申請登記；其應具備之資格、條件、最低資本額、申請程序、登記與變更、證照之申請、換發、貨物之管理、通關、銷售及其他應遵行事項之辦法，由財政部定之。

◆「加值型及非加值型營業稅法」第七條第一項

「下列貨物或勞務之營業稅稅率為零：

一、外銷貨物。

二、與外銷有關之勞務，或在國內提供而在國外使用之勞務。

三、依法設立之免稅商店銷售與過境或出境旅客之貨物。……」

二、免稅商店的免稅規定

(一)免稅商店的免稅範圍

免稅商店銷售貨物予出境或過境旅客，其免稅範圍依下列規定辦理。

1.關稅部分：依「關稅法」第六十一條第二項規定，免徵關稅。
2.貨物稅部分：依「貨物稅條例」第三條第一項第二款規定，免徵貨物稅。
3.營業稅部分：依「加值型及非加值型營業稅法」第七條第三款規定，其稅率為零。
4.菸酒稅部分：依「菸酒稅法」第五條第二款規定，免徵菸酒稅。
5.菸品健康福利捐部分：依「菸酒稅法」第二十二條之一準用同法第五條第二款規定，免徵菸品健康福利捐。

免稅商店銷售貨物予入境旅客，視同自國外採購攜帶入境，俟入境通關時，依入境旅客攜帶行李物品報驗稅放辦法辦理，如超過免稅限額，除課徵關稅外，應依法代徵貨物稅、菸酒稅、菸品健康福利捐及營業稅。

(二)免稅商店的種類

可分為機場免稅商店、市區免稅商店，只要可辦理免稅手續的便稱之。而其中若有各監督行政單位所認可的則稱為「政府許可免稅商店」，大部分機場內的免稅商店即是。

依據「免稅商店設置管理辦法」第三條規定，免稅商店分下列兩種：

1.機場、港口免稅商店：設在國際機場、港口管制區內；經海關核准者，並得在市區內設置預售中心。
2.市區免稅商店：設在國際機場或港口鄰近之都市區內，或經海關核准之區域內。

(三)消費對象與限制

依據「免稅商店設置管理辦法」第四條規定。

1.機場、港口免稅商店：以對持有護照或旅行證件之出境、過境或入境旅客銷貨為限。由於商品價格未課進口關稅，所以不會因為國家不同而在價格上有太大的差異。

2.市區免稅商店：是以含稅後的價格銷售，因此購買時會再扣除，但會因商店不同而略有所差異。在免稅商店購物時需出示護照及機票（在機場則為登機證）。免稅商店之市區預售中心及市區免稅商店，以對持有護照或旅行證件之出境旅客銷貨為限。

(四)免稅商店的免稅方法

到國外旅遊的人在市區的免稅店購物時，按照規定的手續即可免稅。在巴黎大多數的免稅商店可當場扣除稅金部分，因此相當方便。另外，還可從商店取得證明書，在離境時，向海關索取印花郵票，投遞到專用的郵筒。而一般商店則大多在回國後才寄還稅金部分。

三、各國免稅商店特色

(一)香港機場免稅商店

香港機場購物中心占地三萬坪，內有免稅商店和一百六十八家商店、餐廳，其中免稅菸酒店十一家，傳統中藥及香港特產店三十五家，包裝食品店十二家。中間的飲食區間內，還集中設置有四十家，既有平價的肯德基和味千拉麵，也有高檔的西餐廳和咖啡廳。

除了化妝品、香菸外，其餘商品就未必因免稅而較便宜，但是因為香港機場空間呈現出相當明亮寬敞的感覺，並且空間之大名列全球排行榜，例如：客運大樓便為最大室內場所，以及擁有最大型的購物區等，裡頭具設計感，美輪美奐，所以旅客逛起來會感覺較舒服、有質感。

(二)紐西蘭免稅商店（Regency Duty Free免稅店）

紐西蘭最大的免稅品零售商，更是紐西蘭奧克蘭活動景點之一。有許多來自全世界各地物美價廉的名牌產品，如化妝品、香水、煙草和酒類等。

另外在奧克蘭與基督城裡也設有Regency Duty Free免稅商店；Regency Duty Free免稅商店裡還設有專業的華語服務員，購物過程中，降低了語言上的障礙。若旅客想購買一些具有紐西蘭本地特色的當地紀念品，如羊皮產品、綿羊油產品、鮑魚殼類產品等高品質的手工藝品，也可在此選購。紐西蘭的酒在國際上也是享有盛名的。在Regency Duty Free可以購買到種類豐富的本地紅酒和來自世界各國的名牌酒類產品。

遊客可以任意在奧克蘭以及基督城的兩間免稅店購買價廉物美的免稅產品。如果是來自國外的遊客，您可以事先購買產品，並在出境的時候於奧克蘭和基督城的國際機場登機大廳內領取您所購買的產品。

(三)巴黎機場免稅商店

法國戴高樂機場和奧利機場內共有二百二十家各類商店，一百六十六家各類服務商店，一百一十一家酒吧和飯店，九家賓館，共有超過一千個法國本土和世界著名品牌。在機場內經營的商家，有部分是為著名品牌的連鎖店。機場內的各類商店明顯地分為兩個區域：公眾區和保留區；保留區即為安檢內區域，需要憑機票或者登機牌購買商品。

巴黎機場的物價問題很少被當地的媒體提及，因為機場裡頭販賣商品的價格與巴黎市區相比沒有任何特殊的地方。巴黎有戴高樂和奧利兩個機場，奧利機場主要接待各國政要專機和以短途飛行為主，所以，巴黎機場的統計數據一般被認為是戴高樂機場的數據。這兩個機場都由巴黎機場公司（ADP）經營。

對於從戴高樂機場出發的乘客而言，只有飛往歐盟以外地區的國際旅客才可以買到免稅商品，包括酒和香菸。

進入安檢區域後的免稅商店，購買商品可以扣除19.6%的消費稅。在機場內和市內的免稅商店購買商品對乘客而言在價格上毫無區別。公共購物區則一般設在公共交通設施附近，如地鐵站。在這裡，無論是否搭乘飛機都可購買產品，一般不能免稅，但質量和價格都與市區相同。

(四)杜拜機場免稅商店（免稅天堂Dubai）

「Nothing to do, just Do Buy！」可說是阿聯酋國其一城市——杜拜（Dubai）驕傲的一句口號。兩年多前，台灣的世界地圖上還找不到「杜拜」兩字，但由於出產石油已非常富有。七〇年代開運河、八〇年代做貿易、九〇年代推觀光，如今，這裡已經是中東地區的轉運中心，觀光購物城、科技網路城。杜拜機場內的免稅商品店相當聞名，在2000年4月揭開風光序幕，購物區域面積共五千四百平方公尺，二十四小時營業，有各樣名牌貨品、菸酒、香水都比市面便宜。

杜拜看準了購物是觀光客的主要活動，蓋了四十七家風格迥然不同的購物中心，供遊客使用。每年1月還舉辦一整個月的購物嘉年華（Dubai Shopping Festival），把觀光帶到最高潮。為了克服7～8月的淡季，而有夏日驚喜節（Dubai Summer Surprises），把買氣炒得跟氣溫一樣高；在這裡平均每個人每天的消費高達八千台幣，「購物天堂」名號不遑多讓！

杜拜從台灣、新加坡看到發展人才的重要性，也看到開放的重要性，同時也發現其他國家的缺點，「一大堆的稅、保護措施，都是限制經濟的成長」。我們必須與其他國家走相反的方向：「沒有保護政策、沒有關稅，只有這樣，資金、人才才會願意到這個沙漠來。」於是杜拜開放貿易，也沒有外匯管制，貨幣可以自由匯兌，資本和利潤可100%匯回本國，另外也無需繳納營業稅、所得稅，甚至連撥打室內電話都全部免費，成了觀光客最喜愛的「免稅天堂」。

Part 3

機場安全管理篇

- 第七章　機場保安
- 第八章　機場場面安全管理
- 第九章　機場環保

Chapter

7 機場保安

- 第一節　國家保安組織
- 第二節　機場保安措施
- 第三節　911事件後機場安檢的改進

第一節　國家保安組織

一、國家保安組織架構

ICAO要求各締約國建立各自之國家民航保安計畫（National Civil Aviation Security Programme, NCASP），成立一組織單位發展並執行管制、作業與程序，以因應日益增加的保安威脅。同時應經常檢討民航運作受威脅之程度，並據以就國家民航保安計畫作必要之調整，權責主管機關並應明確訂定與分配各工作事項，以及聯繫協調各部門、其他組織、機場、航空業者及其他相關單位。同時應發展並執行訓練計畫，以有效執行國家民航保安計畫中之各相關事項。

另外，ICAO亦要求成立一國家民航保安委員會或類似的單位，以整合各相關單位有關保安之活動。最後，權責機關應於各國際機場，安排適當之支援資源與設備，以供執行保安任務。

至於各機場方面，ICAO亦要求各締約國應於各國際機場建立並執行符合國家民航保安計畫之書面化的機場保安計畫。如同國家民航保安計畫之設計，各國際機場亦應有負責統合執行保安控制之權責單位與機場保安委員會之安排，並應有定期演練之緊急計畫、可供應用之資源、充分授權且經適當訓練之人員，以及將各項民航保安措施均充分納入機場設備之設計、施工中考量。

對於機場中之主要參與者，ICAO亦要求其應建立並執行航空業者之保安計畫。對於執行保安控制之人員，則應進行背景調查與篩選程序，並施與適當的訓練，使其具有能力執行勤務，平時則應加以考核並保存紀錄；對於執行安檢作業之人員則應具有證照。另外，應有品管計畫，安排調查、檢查、測試等以評估保安成效。

根據Annex 17各會員國應設置一國家民航保安計畫（NCASP），同時各會員國必須指定一合適機構負責宣傳、實施、調查、維護及遵從國家保

安計畫之內容。

Annex 17內含許多標準（standards）及建議（recommendations），各會員國有義務遵守Annex 17之標準並依各國環境之不同，採行相關建議。ICAO認為該機構之角色為：

1.釐清境內受威脅的程度，考量該國在國際間之狀況；根據此項結果建立機場保安計畫，以符合該國環境及國際航運需求。
2.確認有相關之責任機構進行國家民航保安計畫之發展、實施及維護；包括：國家立法及其他需要之資源。
3.定義並分配國家民航保安計畫內之工作項目，並協調各部門之分工合作。

某些國家認為該機構應提升至國家層級，才能提供足夠之資源；然而此等作法將過分重視保安在航空管理所扮演的角色，其較適合該國境內威脅十分嚴重之情況。因此，較合適的作法為將此角色指派給原本負責民航之主管機構；因該機構原本即對民航產業有較完整的認識，而政府則應扮演協助及綜觀全局的角色。

二、國家民航保安委員會

根據Annex 17，每一個會員國都必須有一個合適的組織，建立一套方法，以溝通協調航空保安體系內各部會之權責與運作範圍；而國家民航保安委員會（National Aviation Security Committee, NASC）正是扮演政府與民航業者間之溝通橋樑。該委員會必須足以反應各界之意見，至少須包含以下組織：

1.機場主管當局。
2.航空公司。
3.民航主管機關。

4.警察。

5.軍方。

6.保安公司（Security Services）。

7.政府部門。

8.其他合適單位，例如飛行員協會等。

國家民航保安委員會扮演顧問的角色，提供民航局或其他政府機構有關航空保安相關議題的資訊，例如：

1.目前民航所受威脅的程度。

2.針對當前威脅，建議合適的保安措施或策略。

3.評估國家民航保安計畫實施的成效。

4.建議國家民航保安計畫作適當之調整。

5.發展合適之保安計畫，以符合國際之標準與建議。

6.建議航空保安計畫所需之經費。

7.考量與其他國際航空保安機構合作之可能性。

三、機場保安委員會

由於機場運作所牽涉之單位眾多，如民航局、航空公司、商家、航警局、地勤公司等等；根據Annex 17之建議，每一個國際機場有必要設置一機場保安委員會，以使機場保安機制運作順暢，有效整合機場各單位之保安行動。同時，該機場保安委員會應由機場主管單位主導，並納入國家民航保安計畫下。

機場保安委員會須對機場保安負起完全責任，並能反應各單位意見，包括：航警、移民局、海關、航管單位、火警及其他緊急救護單位、機場營運者、航空公司以及其他機場工作單位。機場保安委員會須負責：

1.設計符合該機場環境特性之機場保安計畫。

2.監控機場保安計畫能否有效實施。

3.確保機場保安計畫之成效符合該機場受威脅程度。

4.對於該機場不能解決之威脅，反應給國家民航保安計畫。

5.對機場進行自我督導，以發現缺失，並進行改善。

四、我國機場保安單位

機場保安單位之權責即在確保機場運作之安全，其必須負責安檢人員訓練、安檢系統設計、執行、維護、自我督察等。目前國內之機場保安權責機構為警政署航空警察局，主要與民航局、海關、航空公司等單位協調合作；其並負責安檢人員訓練之工作，運作人力除一般之警政人員外，另有國防部替代役人員補充需求。

為有效確保各機場之保安績效符合標準，保安運作之成果必須在一基礎下衡量、評估。具資格的保安主管及運作人員必須扮演查核人員的角色，評估內容必須包含：當任一項保安措施失效時，對整體保安系統之影響程度；特別須注意的是，當保安措施發生失誤時，是否由於個人的不小心，亦或為系統設計失當所導致。由於機場保安策略必須隨著外界威脅變動而有所調整。因此，設計一個能有效衡量機場保安系統缺失之系統性分析方法，才能防止不當或無效之保安策略。

第二節　機場保安措施

一、機場保安措施之相關法規

(一)國際民航組織之規範

機場是整個航空運輸活動最頻繁的地點，因而也是航空保安受到威脅最大的地方；但若機場保安工作達到良好的績效，除可維護安全的機場運作外，亦可望大幅降低機上保安所受到之威脅。因此，機場保安可說是航空保安體系中最重要之一環，而此機場保安工作之維護則有賴完整慎密的機場保安措施、程序與作業規範。

世界國際民航最高之官方組織，當屬於聯合國所轄之「國際民航組織」（ICAO），該組織之總部所在地位於加拿大蒙特婁市。為了防制各類型危害航空保安之犯罪，於「國際民航公約」（亦即「芝加哥公約」）制定第十七號附約（Annex 17）——防止對民用航空進行非法干擾行為的安全保衛，包含了國際民航組織對於各締約國在安檢方面之標準與建議措施（SARPs）。另外，國際民航組織也建構一套安檢手冊，協助各會員國在法律架構、程序、技術及人力資源等各方面有效預防非法干擾飛航行為的發生；而在機場規劃手冊，國際民航組織也定義機場應受保護區域，包括空側區域及其他位於非空側區域之助導航設施。

在ICAO之Annex 17中，雖然規定各會員國針對上述各項預防措施所需達到之防範威脅標準；但其內容並未詳細規定各項預防措施之具體執行內容，僅要求各會員國必須依據其環境特性設計符合自身需求之程序。

(二)國內航空保安的法規命令

目前國內有關航空保安之法規命令為「國家安全法施行細則」。「國家安全法施行細則」依「國家安全法」第十條訂定之，共分六章（原第二章刪除）五節，其中第三章規範入出境及境內安全檢查，其內容包含了入出境航空器等之檢查、入出境船舶其他運輸工具及其載運人員物品之檢查，其中第十九條即與航空保安有關。其內容如下：

「國家安全法第四條所定入出境航空器及其載運人員、物品之檢查，依左列規定實施：

一、航空器：得作清艙檢查。出境之航空器於旅客進入後，須經核對艙單、清點人數相符，並經簽署後，始准起飛。

二、進出航空站管制區之人員、車輛及其所攜帶、載運之物品，應經檢查，憑相關證件進出。

三、旅客、機員：實施儀器檢查或搜索其身體。搜索婦女身體，應命婦女行之，但不能由婦女行之者，不在此限。

四、旅客、機員手提行李：應由其自行開啟接受檢查。

五、旅客託運之行李：經檢查送入機艙後，如該旅客不進入航空器時，其託運行李應予取下，始准起飛。但經航空公司具結保證安全者，不在此限。

六、空運出口物件：於航空器出境前接受檢查。

過境之旅客，非經檢查許可，不得會晤境內人員及接受物品。

第一項第二款所稱相關證件，由各主管機關核發。

空運進口物於提領前，必要時得會同海關人員實施檢查。」

警察機關依「國家安全法」第四條第一項之規定，在機場實施檢查之對象，包括入出境之旅客及其所攜帶之物件、入出境之航空器、機員或其他從業人員及其所攜帶之物件；同法施行細則第十九條第一項第六款規定，「空運出口」之物件，於航空器出境前接受檢查；第四項規定，「空運進口貨物」於提領前，必要時得會同海關人員實施檢查。

(三)託運行李安檢的相關規定

機場保安計畫應依照國家民航保安計畫之架構，訂定各項機場保安措施。另外，在機場保安計畫內應揭示施行之法源依據，並詳細敘述各項程序，明定相關實體保安措施在各區域設置區位，例如柵欄、燈光、偵測器、閉路電視等。託運行李安檢規範如下：

1.法源：明定安檢措施實行之法源，臚列特殊身分人員（如外交官或國家元首）隨身行李檢查之步驟。

2.報到：明定託運行李報到之程序、區位及團體旅客或高風險旅客之特別檢查措施。清楚描述相關單位之責任，以符合國家民航保安計畫之規定。

3.機場外報到（off-airport check-in）：若機場外或路緣為授權區域，應明定防止非法干擾行為之保安措施。

4.安檢程序：詳述檢查程序及措施，包括人工檢查最低比率、禁止攜帶物品及危險物品的項目、需特別檢查電子產品之措施、一般檢查標準、需特別檢查人員之託運行李之措施等。

5.設備：臚列每一安檢點可用之安檢設備、測試及維修程序、失效時之反應程序等。

6.旅客與託運行李之吻合：確認旅客登機以及託運行李通過安檢之相關程序。

7.工作人員及飛航組員檢查程序：明定一般之安檢措施是否適用於機場工作人員及飛航組員之託運行李，並確認工作人員及飛航組員託運行李之安檢程序。

8.未伴隨行李（unaccompanied baggage）：當託運行李因安檢程序而延遲時，相對應之程序。

9.行李提領區：當行李未被提領之相應程序，以及防止旅客在行李提領區獲取武器，發生非法干擾行為之預防措施。

二、機場保安系統

「飛航安全」（flight safety）與「航空保安」（aviation security）向來為保障航空器安全飛航之兩大要素。究竟safety與security有何不同？在《牛津字典》對於「safety」的解釋為：「the state of being safe and protected from danger or harm: a place where children can play in safety...」其意思為處於安全與保護而免受危險或傷害的狀態。對於「security」的解釋為：「the activities involved in protecting a country, building or person

against attack, danger, etc.: national security(= the defence of a country)...」其意思為保護一個國家、建築物或人等不受攻擊、危險的活動。如在機場，「飛航安全」是指處理及防範於飛航過程中，因相關作業因素之影響而造成意外事故之工作。「航空保安」則是指於飛航過程、機場或其周邊之犯罪行為，並且危及安全與正常飛航秩序行為之防護，例如劫機及破壞事件等。是以，「飛航安全」偏重於如何防制意外事故之發生，也是過去民航主管單位及航空界所大力投注的焦點；而「航空保安」則較聚焦於如何防制犯罪行為及危害正常飛航秩序行為之發生。

航空保安事件無時無刻威脅著全球的空運使用者與非使用者，全球每年發生與航空有關的保安事件多達數十件，平均一週即有一次以上。航空保安事件包含機上爆裂、劫機、地面飛機與地面機場設施的破壞等。事件發生的來源，包含旅客隨身行李或託運行李的危險物品、貨運內含爆裂物、人員攜帶爆裂物或刀械上機、人員潛入機場或飛機內部等，整個空運活動的流程與設施皆有可能成為保安事件發生的源頭，因此保安事件的防範所涉及的範圍極為廣泛。舉凡有關機場的保安設施、客貨運的安檢程序，甚至飛機在空域飛行途中對旅客的管制等皆是。

(一)機場保安系統活動

機場之保安系統活動可分為空側及陸側兩部分，如下**圖7-1**所示。

◆空側

航空器之清艙檢查、進出航空管制區域之機組員、地勤人員等相關人員、車輛，及其所攜帶、運載之物品之證照查驗與保安檢查等。

◆陸側

陸側部分又可分為旅客、貨物及機場保安維護。旅客方面為出入境與過境旅客及其隨身行李之保安檢查、出入境旅客之證照查驗、託運行李及存關行李之保安檢查；貨物部分則包括有進出口郵件、貨物及機邊驗放

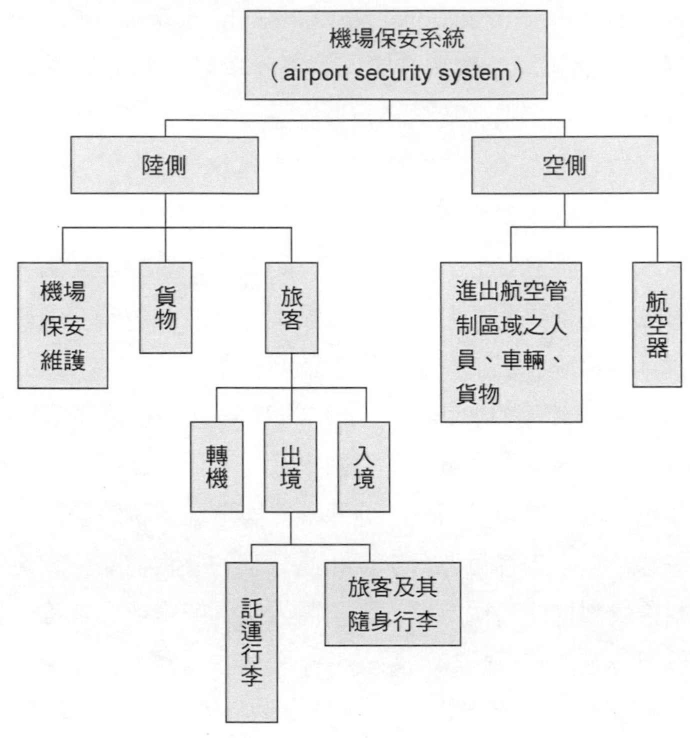

圖7-1　機場保安系統圖

貨物之保安檢查；至於機場保安維護則為在機場內之行政危害、犯罪行為之防止及制止等措施，如機場大廳之巡邏與秩序維護、機場服務稅款之管理與護送等。

(二)機場安檢組成架構

機場為航空運輸活動最頻繁之地點，也是航空保安威脅最重要的地點；因此，機場可說是航空保安體系中最重要之一環。

機場保安系統之安檢對象包括：人員、託運行李、航空貨運以及服務機上旅客所攜物品之檢查等四大類。就人員而言，可分成旅客及隨身行李；飛行組員、機場工作人員及其他非旅客；特別旅客；受拘留及行政管

制人員等四類，另應檢查需求可訂定特定之規定。

就託運行李而言，除一般起飛地託運行李外，尚包括轉機行李與暫時無法處理之行李；所謂暫時無法處理之行李包括未伴隨行李、未提領行李及無人行李。航空貨運之範疇包括貨物、郵件、快遞等項目。服務機上旅客所需物項則包括空廚食物、耳機等一切機上旅客可能需要之物項。整體組成架構如**圖7-2**所示。

三、安全檢查影響因素

(一)人為因素

在現代的機場當中，許多的安檢程序皆可由機器進行檢查；雖然先進科技設備在安全檢查上日漸扮演吃重的角色，但是仍需透過人為的判斷，作為危險品的判別依據。

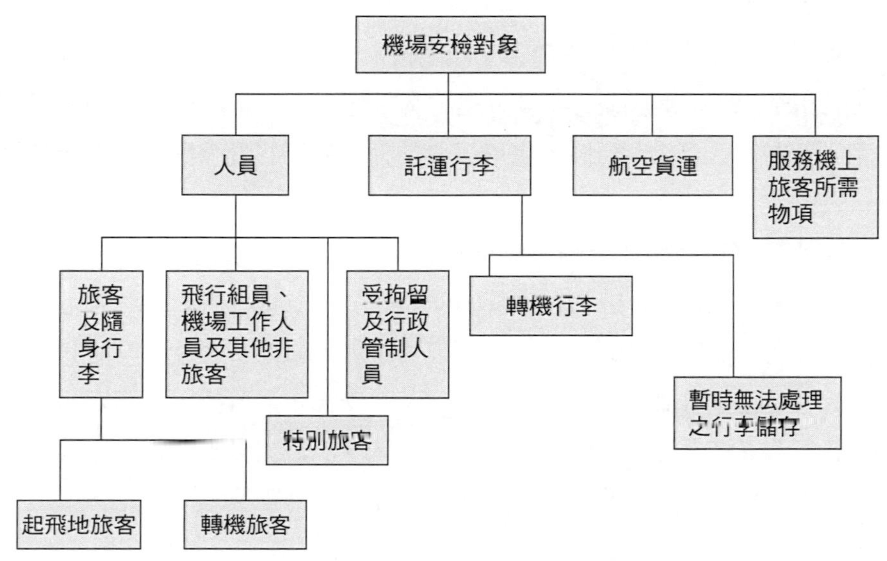

圖7-2　機場安檢對象組成架構圖

由於安檢人員須長時間操縱安檢設備或緊盯螢幕，常常產生注意力不集中的現象，降低機場安檢的績效。經過研究，只要經過二十分鐘的時間，安檢人員就會因為感覺無趣及疲勞而喪失注意力；就算在值勤的八小時中，輪流更換不同的檢查任務，也很難維持安檢時該有的注意力。

除此之外，安檢人員由於薪水過低及訓練不足，因此大部分的機場安檢人員並不適合自身的任務。由於大部分的安檢人員缺乏動機與工作認同感，導致流動率居高不下，間接造成許多經驗不足的人員在線上工作，降低機場安檢績效。

在2000年10月，英國民航局曾派員偽裝成一般旅客，並攜帶危險物品欲進入倫敦斯坦斯特德機場（London Stansted Airport），結果其中一位檢查員成功攜帶槍枝及炸彈通過人員及隨身行李檢查，同時另一位將手槍藏在長褲的檢查員也成功通過金屬探測門的檢查。該機場為倫敦第三大國際機場、英國第四大機場，旅客流量每年約一千三百萬人次。

(二)人員訓練

減少人為失誤的其中一個方法為增加訓練，持續且更新（continuous & refresher）的訓練為減低人員失誤的有效方法。不斷地更新訓練不但可以提升檢查人員的工作動機，也可以使其獲得最新的設備操縱方法及危險物品的種類。

另外，可利用科技設備來輔助安檢人員檢查，例如美國發展之危害物品投影系統（Threat Image Projection, TIP）。該系統將資料庫中危險品的影像投射在檢查人員的螢幕上，不但可增加人員的警覺性，同時也可用以比對危險品。當掃描時發現比對類似時，安檢人員可按下按鈕表示發現危險品；若安檢人員遺漏該危險品，該系統會記錄並發出警告。因此，這套設備不但可以提升安檢人員績效，也可作為訓練安檢人員之用。

(三)安檢速度

目前各大機場使用之百分之百行李掃描系統（100% Hold Baggage Screening, HBS），雖可達到每分鐘約一百多件行李；但對於許多旅客流量龐大的機場而言，仍嫌不足。

四、機場行李安檢措施

(一)出境託運行李的檢查

一般旅客託運行李的檢查流程，旅客至航空公司確認機位後，再將其託運行李置於檢查區由安全檢查人員以X光機器檢查，若有可疑，必須對行李有事實管理能力之人在場，始可打開行李檢查；若其不在場，則必須會同航空公司才可打開行李搜索，搜索後應由航空公司開立證明，此係保障執法者，以免事後遭誣指為違法。

航空公司應確保託運之行李來自搭乘該班機之旅客，且交由被授權之機場工作人員處理。託運行李一旦被接受，航空公司應加以保護不受未授權之接觸，直至目的地或下一班飛機。機場之行李處理區域應禁止未授權人員進入；一旦發現此等人員，工作人員應馬上回報負責人。未經檢查之行李不得輸送。

旅客及其行李並未同時登機或旅客將其行李委託他人託運時，安全檢查人員之處置方式：

◆旅客及其行李並未同時登機

根據Annex 17規定，締約國必須建立一套措施，不得運送未登機旅客的行李，必須在行李所有人登機後，才能將所有託運行李送上飛機。旅客雖已確認機位，但在起飛前清艙檢查發現該名旅客並未搭機時，其處理原則係依據「國家安全法施行細則」第十九條第一項第五款規定「經檢查送入機艙後，如該旅客不進入航空器時，其託運行李應予取下，始准起飛。但經航空公司具結保證安全者，不在此限。」

◆行李委託他人託運之原因

1.恐怖活動：恐怖份子佯裝行李過重並將爆裂物藏於行李中而委託其他旅客代為運送，然而行李的電腦編號仍登記受委託旅客之名字，該名恐怖份子並不搭機，也無法查出其真實姓名，這是安檢上一大死角。

2.節省運費：一般航空公司均規定每名旅客行李重量在二十公斤以下者免收運費，超過部分則行李運費另計。有些旅客因本身行李過重時，就委託行李未超重之旅客代為運送以節省運費。

3.運送毒品：將藏有毒品的行李委託不知情的旅客託運，待旅客帶至目的地後再取回，此為一般毒犯所慣用的手法。

行李委託他人託運為安全檢查上一大漏洞，利用此種方法犯罪者不在少數，防制之道唯有加強對民眾的宣導勿替陌生人託運行李。

(二)入境託運行李檢查

入境託運行李檢查流程，一般入境旅客託運行李先經X光機檢查後，旅客必須再經海關檢查所有的行李，才可入境。若經X光機檢查後發現可疑，海關人員會「注檢」，待旅客至海關檢查檯時，其所有行李必須被澈底的搜索；但行李經X光機檢查，並無法十分正確的判定是否藏有違禁品，故必須由有經驗的海關人員加以判斷，必要時並可將行李箱割破，以檢查是否夾層。

入境旅客之託運行李經X光機檢查，只能判斷行李中是否藏有武器或爆裂物，至於毒品，依目前所使用之X光機並無法直接加以判定，國外許多重要機場均有利用緝毒犬輔助安全檢查，目前在桃園國際機場入境檢查室有緝毒犬輔助查緝毒品。

(三)轉機行李之安檢

轉機行李由於在起飛地已接受安全檢查，在過去並無針對轉機行李訂定特殊規範；然而，在外在威脅日增的情況下，許多國家仍對轉機行李進行如同起訖行李一般之安檢。除了安檢措施的規範外，在運送行李時必須防止未授權人員接近行李；因此需利用區域監視等設備或系統進行監控。

(四)未提領行李之安檢措施

機場及航空公司應針對未提領行李訂定相關規範，若未提領行李被未授權人員接觸，則應再次進行安檢，以確保無任何危險品藏匿在未提領行李內。

(五)其他相關安檢措施

◆旅客及託運行李之吻合程序

旅客未登機，不得運送其行李。當發現旅客在到達目的地前已下機，必須將其行李移除。當旅客因安檢程序延遲登機時，可制定相關規範讓航空公司先行裝載行李。當旅客被拒絕登機，其行李須一併卸下。所有託運行李在裝載前必須接受掃描，相關規範應明定於各機場安檢計畫。機場保安主管當局應要求各航空公司，確保各航班之行李與登機百分之百吻合，包括中途轉機之旅客。該程序可依乘客別分為以下四類：

1. 起飛地旅客（originating passengers）：必須對候補旅客、最後緊急登機旅客（last minute seat-filling）、機場外報到旅客以及脫隊旅客特別注意。當團體旅客報到時，必須個別發給行李提領卡。
2. 同一航線之轉機旅客（on-line transfer passengers）：對搭乘同一航線但需轉機（換機或停靠）之旅客，須施以同樣程序；若需轉運行李，則須加以監控。

3.換航線之轉機旅客（interline transfer passengers）：在確認轉換航線旅客之身分、航次、安檢資訊之前，不應先行裝載其託運行李；若位處高風險狀況，應對轉機旅客行李再行檢查。

4.被驅逐下機旅客：當旅客在到達目的地前遭驅逐下機，必須卸載其託運行李。

不管使用人工或自動化方式裝卸載行李，必須制定一套程序以確認、監督和查核旅客與託運行李百分之百吻合。

◆機場外報到

當該地允許於機場外報到時，必須設定相關保安程序，以保證其安檢水準與機場內相同；此等程序必須經過權責單位核可後始准施行。相關注意事項包括：

1.旅客報到後，其託運行李在裝載至車輛並運送到機場前，必須受到安全保護。

2.託運行李從接收、運送到機場以至裝載上機，皆需受到安全保護。

3.在行李裝載上機時，必須確保與旅客名單吻合。

(六)暫時無法處理之行李儲存

該區域必須受到各機場安檢計畫之管制區相關規範。

五、空運貨物安檢

(一)出口貨物安檢

出口貨物主要經由下列三個安檢程序：

1.審查出口貨物艙單，並配合海關施檢。

2.械彈及管制物品須查驗權責單位核准文件。

3.出口貨物於航機起飛前接受檢查。

(二)進口貨物安檢

進口貨物則經由下列兩個安檢程序：

1.審查進口貨物艙單，並配合海關施檢，當安全檢查人員於貨物放行時發現可疑，則主動協調海關實施檢查。
2.械彈及管制物品須查驗權責單位核准文件。

另外，空運貨物有一重要品項：機邊驗放貨物，係指鮮貨、易腐敗物品等其他特殊情形經海關核准及專案申請之貨物；即基於貨品價值及易腐性，經申請核准後即可於機邊驗放。

六、進出管制（Access Control）

(一)管制區之活動

在機場營運系統中，必須有人員在空側與陸側間往來；由於機場空側涉及許多敏感地區，為了降低發生危險的風險，有必要對於敏感區域內發生之活動進行管制。可能發生在機場敏感區域內之活動有下列三種：(1)即將出境的旅客或剛下飛機的旅客等各種通關活動；(2)在陸側或空側建築物進行的活動；(3)特殊目的的活動。

◆旅客

當旅客出入境或上下飛機時必須通過機場敏感區（或稱管制區），由於旅客人數眾多且來源複雜，因此旅客之進出控制顯得格外重要。

對出境旅客而言，第一個安檢程序為海關及移民局；這套程序首要在確認該名旅客具備有效之護照。在通過上述關卡後，旅客接著必須通過安全檢查，防止其攜帶危險物品進入管制區。通過這兩項檢查後，旅客才能在管制區內活動。對入境旅客而言，除少部分人員需接受安檢，其餘旅客僅需接受海關檢查。

◆組員

在過去的恐怖攻擊事件中，組員的行李常常被設定為藏設爆裂物的目標；因為組員之行李並不需要特別的安檢程序。然而在911事件發生後，美國FAA即要求各機場必須對組員進行安檢，同時組員也須進行身分確認，以防恐怖份子覬覦。

◆陸／空側進行之活動

在機場之陸側或空側常需進行許多裝卸貨或其他地勤活動，因此機場工作人員的管制也顯得十分重要。相關安檢程序包括：

1.工作人員身分的確認。

2.監督者、監督方式。

3.活動區域範圍的界定。

4.活動時間。

◆特殊目的的活動

機場必須設置緊急出入口，以供發生火警或其他緊急事件時，救難人員的進入；這些緊急出入口必須能通到機場所有地點，包括：跑道、滑行道、油槽等。因此，若無法有效管制這些通道，將嚴重影響機場安全。

由於這些通道必須允許緊急時快速開放的限制，因此不可能設置重重關卡，以免影響救援的時間。大體上有三種可行的方式，第一種利用可破壞的材質設計，當發生危險時，救援人員可以輕易地打破而進入機場；第二種即設置警報系統，當有人闖入即觸發警報系統；第三種利用中央控制，一旦發生緊急事件即行開啟，平常則完全封閉。各種系統各有其優缺點，應視機場環境不同而搭配使用。

(二)進出機場管制的方式

依據「國家安全法施行細則」第十九條第一項第二款規定：「進出航空站管制區之人員、車輛及其所攜帶、載運之物品，應經檢查，憑相關證件進出。」進出管制區的人員可分成兩種，一種擁有永久的通行證，證上包括條碼、照片、簽名、有效日期、可通行範圍、發證單位標章等，屬於機場工作人員或其他特殊人員持有。另一種為暫時通行證，證上僅有條碼、有效日期、可通行範圍、發證單位標章等，屬於非機場工作者而需暫時進出機場管制區者擁有。桃園國際機場證件分為八種，依證件種類決定其通行範圍，並由航警局負責執行管制檢查。**表7-1**為桃園國際機場各類通行證適用地區之說明。

表7-1　桃園國際機場各類通行證適用地區說明

證類	適用地區	使用說明
1	機場管制區辦公室	通行機場各管制崗哨至本單位辦公室
2	航站大廈管制區	通行出入境檢查室、登機及過境室（含大廈地下室）
3	停機坪、滑行道、大廈地下室、環場道	通行南北停機坪、貨運及修護機坪、滑行道、南北通道地下室，並得接近飛機工作
3油	儲油地區	通行油庫區域及「3」類證各地區接近飛機加油工作
4	航站大廈管制區及停機坪地區	通行出入境檢查、登機、過境各室南北機坪、貨運修護機坪、大廈地下室及環場道
5	助航設施地區及塔台區域	通行南北機坪、跑滑道、助航設施地區、塔台區域、環場道及大廈地下室
6	貨運站倉庫地區及貨運機坪區	通行貨運站內倉庫地區及貨運機坪區域
7	飛機修護廠及修護機坪區	通行修護工廠及修護機坪區域並得接近飛機工作
8	全機場區域	通行機場所有地區
工作證	航站大廈管制區	通行經規定之路線入出管制區工作地點，過境室及地下室（商店人員不得進入檢查室）
臨時證	通行製發各類證適用地區	僅製發1、2、3、4類限月份使用之臨時證
施工證	管制區施工地點	限經規定路線入出管制區之施工地點
記者證	入出境或過境室	通行入出境及過境室不得進入檢查室
車輛證	區分為三種及施工車輛	限工作車輛在管制不同區域通行及施工車輛入出工程地區

 第三節　911事件後機場安檢的改進

一、美國相關法規

(一)航空安全法案

2001年10月11日，美國眾院通過「航空安全法案」（Aviation Security Bill），撥款提供航空公司、機場及其他相關設施的安全措施。其目的在防堵安全漏洞，讓民眾放心搭乘飛機旅行。據此法案，分為短期和長期實施要點。短期內即將實施重點包括：

1.展開乘客犯罪背景查核，民航公司必須事先將國際班機旅客名單送交海關，以過濾恐怖份子。
2.機場將有更多執法人員。
3.以各種方法檢查託運行李，包括X光偵測和動手檢查。
4.向乘客徵收安全費。
5.班機上將增派法警。
6.裝設更堅固的駕駛艙門。

長期影響包括的重點為：

1.運輸部將成立新機構，監督安全事宜。
2.全美各機場二萬八千名行李檢查人員全納入聯邦雇員之編制。
3.2002年底前，將以偵測爆炸物之偵測機器檢查託運行李。
4.利用高科技辨認乘客，讓可信賴之乘客加速通關。

2001年11月19日，美國國會通過「航空暨運輸安全法」（Aviation and Transportation Act），規範聯邦政府應於運輸部下成立一個新的「運輸安全局」（TSA），以統籌規劃及負責全美機場之安檢工作。於全美各

機場內配置聯邦安全檢查員，其目的在提升機場對旅客與貨物安全檢查之品質。

(二)相關政策

1.根據「航空暨運輸安全法」訂定「安檢示範計畫」（Security Screening Pilot Program）。

2.根據「航空暨運輸安全法」配置「聯邦保安管理員」（Federal Security Manager, FSM）。其權責為監督安檢執行情形，以及執行運輸部安全次長所賦予之任務與工作，透過「聯邦保安管理員」之監督，以落實之安檢工作。

3.根據「航空暨運輸安全法」配置「聯邦安全人員」（Federal Air Marshal, FAM）。

4.西元2001年11月15日，所有機場安檢作業由政府接管。

二、國內因應措施

國內航空警察局於美國911事件後，依據飛航安全需求及美國聯邦航空總署（FAA）安全標準，會商相關之航空公司代表聯席會、航空公司及航空站，針對美籍及飛美班機加強安檢措施，並向內政部警政署申請支援警力；相關作為可區分為重點班機（美國籍航機及飛往美國之航機）、一般航機及空運貨物三大類，其作業方式如下：

(一)重點班機

依美國聯邦航空總署（FAA）之要求，對美國籍航空器及飛往美國班機，需依下列方式實施檢查，否則將面臨巨額罰款或拒絕入境之處分：

1.刀類管制：用餐所用之牛排刀及機員所有之隨身小刀，不准攜入機艙，圓頭奶油刀及塑膠刀可准許供作用餐之用。

2.隨身行李：當乘客登機前，應對渠等隨身行李確實檢查，以確保安全無虞。在檢查時所發現之任何長度及性質之刀類（除上列第一項所允許之外）皆不准攜入機艙，且乘客要進入飛機客艙前，均應先行以X光檢查所有乘客及隨身物（刀類、刮鬍刀、指甲刀、銼刀、針、雨傘等物品，禁止隨身攜帶；另於登機門查獲上揭等物品，皆丟棄不再改託運或准其於回程時領回；否則取消其行程）。

3.旅客至登機門前，先將手提行李及隨身物品施予人工手檢；旅客則經過金屬搜身門後，再以金屬探測棒施予人身搜檢。

4.所攜行動電話一律通過X光機檢查、手提電腦須開機測試並確認其存檔之資料。

5.糖尿病患者，攜帶針筒須改為塑膠式，並須附醫師證明。

6.對於飛美航線班機及美籍航空公司之出境旅客於登機前，實施旅客脫鞋安全檢查。

7.託運行李：對託運行李應確實檢查（包括人工及X光儀器檢查），以確保每一航班託運行李之安全。

8.紀錄裝載位置，無主或他航託運行李一律不准載運。

9.除直屬航空代表或政府執法官外，其他人皆不得接觸已獲准運送之託運行李內裝物或任一夾層。

10.對所有電子（電器）用品均應詳細檢查，檢視其外觀，注意有無開啟現象、重量是否異常、有無異味、螺絲有無刮痕、行李中是否有強烈氣味等。

11.清艙作業：航機清艙由安檢人員率員（含機組員或航空公司職員）實施，並加強對機內之救生設備檢查，清艙後並派員於機門口管制，並對所有職員與其攜帶物品實施檢查。

12.所有餐箱由空廚運出前，必須空廚自行安檢並加封條，俟機上與航員點餐時拆封條。

13.機坪督導人員確實核對機上以及機邊工作人員身分工作證。

14.航員登機後，依分配負責區域實施飛航裝備檢查，報備座艙長。

15.機組員、航空公司職員：非該班機之作業人員嚴禁進出該航機，如因公進出者，其人員所攜帶之物品仍須經過安檢，方能放行。

16.重點人士安檢：對於行跡可疑之旅客或中東籍回教人士及其所攜帶行李，均施以嚴密安檢。

17.旅客名單過濾：美國聯邦航空總署要求飛美班機，應於起飛前先行電傳該國過濾。

18.機邊警衛：專案班機在地面作業或過夜時，必須有警衛人員全程戒護，防制無關人員接近或進入航空器，對進出航空器人員實施證件之核對、所攜帶物品及搜身檢查。

19.管制區管制：對於進出機場之通道應於合理範圍內儘量減少，對於進出管制區之所有人員、車輛及機具應確實核對相關文件並加以詳實檢查。

20.航員：由航空公司駐站代表（經理、處長、主任等主管級人員）認證機長身分，再由機長認證其餘機組員身分後，無需經過類似旅客所必須接受之嚴密檢查（911事件後初期，航員係比照旅客方式接受檢查）。

21.身分查核：於登機門加強旅客身分與旅遊證件查核。

(二)一般航機

各國對於非專案班機亦加強其安檢密度，譬如：提高行李抽檢比例及調整金屬探測門之靈敏度，以因應之（聯合國國際民用航空組織更建議在國內航線使用國際航線的安係標準）。

(三)空運貨物

各航空公司所接受之所有貨物必須經過安全檢查（開箱查驗或嚴密之文件審查作業等）或存倉四十八小時，否則不得裝載上機（汪進財等，2003）。

Chapter 8 機場場面安全管理

第一節　機場場面作業

機場場面主要是指機場內供航空器起飛、降落及滑行之區域，依其活動範圍的不同可分為操作區（manoeuvring area）、活動區（movement area）以及停機坪（apron）三部分，其定義各如下：

1.操作區：機場內供航空器起飛、降落及滑行之區域，但不包括停機坪。

2.活動區：機場內供航空器起飛、降落及滑行之區域，包括操作區及停機坪。

3.停機坪：在陸地機場供航空器上下旅客、裝卸貨物或郵件、加油、停放或維修之區域。

一、空側作業項目

(一)機坪勤務（ramp servicing）

1.監督管理（supervision）。

2.導引（marshaling）。

3.引擎發動（start-up）。

4.航機拖移（moving/towing aircraft）。

5.安全查核（safety measures）。

(二)機坪上航機勤務（on-ramp aircraft servicing）

1.故障檢修（repair of faults）。

2.加油（fueling）。

3.輪胎檢查（wheel and tire check）。

4.地面電力供應（ground power supply）。

5.除冰（deicing）。

6.冷卻／加熱（cooling/heating）。

7.洗手間清理（toilet servicing）。

8.飲用水（potable water）。

9.純水（demineralized water）。

10.例行保養（routine maintenance）。

11.臨時維修（non-routine maintenance）。

12.駕駛艙玻璃、機翼、引擎室與客艙玻璃之清潔（cleaning of cockpit windows, wings, nacelles and cabin windows）。

(三)航機上勤務（onboard servicing）

1.清潔（cleaning）。

2.餐飲服務（catering）。

3.機上娛樂消遣（in-flight entertainment）。

4.嬰幼兒客艙設備服務（minor servicing of cabin fittings）。

5.座位配置修改（alteration of seat configuration）。

(四)外部機坪設備（external ramp equipment）

1.旅客登機階梯（passenger steps）。

2.餐點裝卸機具（catering loaders）。

3.貨物裝卸機具（cargo loaders）。

4.郵件及裝載設備（mail and equipment loading）。

5.全貨機機組員登機階梯（crew steps on all freight aircraft）。

二、空側航機設施裝備

(一)航機導引停機系統（Aircraft Guided-in System, AGS）

機坪作業非常複雜，航機到場停妥機坪後，各種車輛與人員同時擠進機坪為航機提供各類服務。為避免航機在機坪不必要之延誤，通常必須有一位機坪調度員（ramp coordinator）來協調機坪作業，以確保航機在機坪之各項服務能在短時間內確實完成，準時離場。同時地面信號員導引航機（Ground signalman marshaling aircraft）進入機坪正確位置，對機坪不必要之延誤亦扮演著重要的角色。地面信號員導引航機如**圖8-1**、**圖8-2**所示。

航機停靠停機坪，除有信號員以手勢配合燈號來引導外，尚有自動化航機導引停機系統。航機導引停機系統又分為兩類：

1.航機停靠與資訊系統（aircraft parking and information system, APIS）。

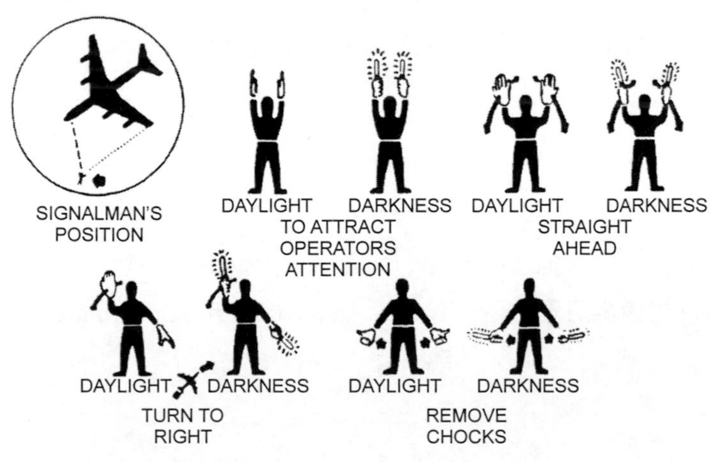

圖8-1　地面信號員導引航空圖1

資料來源：IATA, 1995.

圖8-2　地面信號員導引航機圖2

2.停靠導引系統（docking guidance system, DGS）。

(二)安全設備（safety equipment）

為防止人員裝備之損傷，停機坪必須設置：

1.防火設備（fire-fighting equipment）。

2.必要的防護設施（necessary protective equipment）。

3.安全人員（security personnel）。

(三)牽引設備（towing equipment）

航機如非以本身動力進出停機坪時，必須由牽引車來拖曳。

(四)機坪移動式引擎空氣啟動動力機

機坪之處理尚包括為發動機啟動目的所設置的供應、定位與移除的適當設備。引擎空氣啟動動力機（mobile apron engine air-start power unit）正適用於大型客機。

三、空側旅客處理設施

為便利旅客上下航機，機場空側通常設置有旅客空橋、登機舷梯以及機坪接駁車輛。通常這些旅客處理設施係由機場管理當局設置，由機場管理當局、航空公司或委託專業的公司負責操作，常因各機場規模及管理策略的不同而有所差異。如運量較大的機場，航空公司常會要求自行操作以節省成本。空側旅客處理設施如下：

(一)空橋

在大型的機場大部分都設有旅客登機空橋，方便旅客登機。空橋設施大致可分為兩類，一為服務較固定類型航機，伸縮彈性較小之固定式（fixed type pedestal bridge）；另一類則為可服務多種航機，其前端橋首可移動伸縮彈性較大之活動式（apron drive type）。固定式因無動力橋首故較便宜，而活動式雖較貴，但可適應不同類型航機，較具彈性，已有漸漸取代前者之趨勢。另外，空橋又可依航機大小而有單橋或雙橋之設置，雙橋配合大型航機開前後門，節省旅客上下航機的時間。一般而言，空橋均能配合航機與候機室的高度而調整。

(二)登機舷梯

在小型機場因預算不足或大型機場空橋不敷使用時，則設置登機舷梯。登機舷梯仍可配合航機而調整高度，惟旅客必須走路登上斜坡，對老弱婦孺或殘障人士非常不便，而且旅客尚需蒙受日曬雨淋之苦。

(三)機坪接駁車輛

如機場未設置空橋，而且停機坪離候機室甚遠，例如遠端停機坪（remote parking area），為節省旅客步行距離以及避免日曬雨淋，機坪接駁車輛即可發揮功能。旅客由候機室接駁至停機坪，再由舷梯登機。目前先進的機坪接駁車輛已具有類似空橋的功能，能將車輛平舉升起與機門同高，以便旅客順利進出，不需再攀爬舷梯。

四、航機機坪勤務

(一)故障檢修（fault servicing）

當航機駕駛員發現航機小故障時，於停機坪作簡易檢修處理。

(二)加油（fueling）

當航機著陸靠橋後，為了下一航程必須加滿足夠的油料（adequate fuel supplies）。停機坪航機加油的方式分為移動式的加油車（mobile truck）與固定式的機坪油栓系統（apron hydrant system）。大部分的機場大都具備此兩種加油方式。

(三)機輪與輪胎（wheels and tires）

於停機坪檢查航機機輪與輪胎，以確保無損傷與處於可用狀態。

(四)地面電力供應（ground power supply）

雖然許多航機設有輔助電力設備（auxiliary power units, APU）可以供應航機陸地上電力，但一旦停機靠橋後其電力大多由地面的電力系統來供應，以節省燃油成本而且可降低噪音量。地面的電力供應分為移動式設備系統與中控電力供應系統，中控電力供應系統的電纜線通常設於停機坪或空橋。

(五)除冰與清洗（deicing and washing）

部分機場設置有多功能車輛，於機身（fuselage）及機翼（wings）噴灑除冰液體（deicing fluid）。航機的清洗包括駕駛艙窗戶（cockpit windows）、引擎室（nacelles）以及客艙窗戶（cabin windows）。在經常結冰的地區機場甚至規劃專用的除冰停機坪，設置大型除冰架（huge deicing gantries），方便大型航機使用，除冰液體尚可以循環使用。

(六)冷卻與加熱（cooling/heating）

為維持航機內部適當的溫度，通常停機坪設置有輔助移動式加熱或冷卻設備（auxiliary mobile heating or cooling units），或由固定式的中央空調設備（centralized compressed air units）將冷或熱空氣直接送至航機內部，以節省能源成本與符合環保理念，此種固定式空調系統可以從二年或正常運作的節省，完全回收資本成本。

(七)供應餐點（catering）

廚房清潔完畢後，餐飲車輛隨即將冷熱餐點與飲料送進機艙。

(八)其他的服務（other servicing）

包括廁所處理槽（toilet holding tanks）的清理，純水的供應，以提供引擎以及飲用水使用。

五、機坪布設

停機坪勤務作業相當複雜，而且有時間限制的壓力。航機降落後必須在最短時間內完成機坪作業，以便下一航程之起飛。因此，停機位必須妥當規劃，以允許停機坪上各種車輛在短暫時間內同時作業；合適的裝備與足夠人力，也因此特別重要，尤其機坪各個作業設備與航機以及機坪其他設施的相容性，尚包括旅客上下或貨物裝卸的系統與航機高度的配合性等。

機坪的各種設施裝備必須做預防性的保養（preventive maintenance），同時必須有足夠的備份，以防不時之需。許多重型的機具設備在機坪同時作業，工作的安全性特別重要，尤其不能忽視機坪高噪音的作業環境。波音747SP機坪作業布設（ramp layout）如**圖8-3**所示。

六、機坪作業單位

在民用機場範圍內的任何單位和個人，應當遵守有關民用機場管理的各項法律、法規，以及機場管理機構為保障飛行安全和正常運營所制定的以及經民用航空主管部門批准的各項管理規定。同時機場管理機構應當

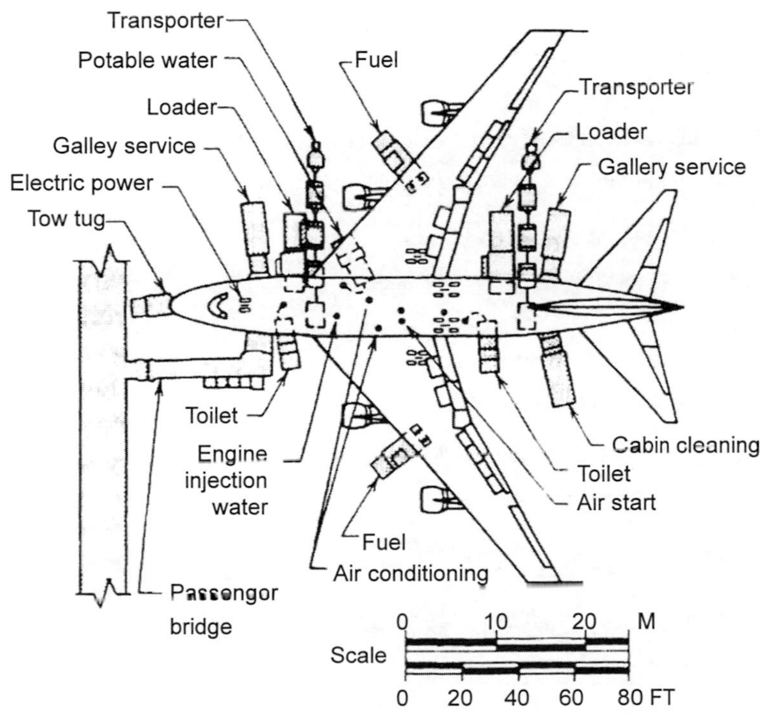

圖8-3　波音747SP機坪作業布設圖（Boeing Airplane Company）

資料來源：Ashford et al., 1997.

確保跑道、滑行道和機坪的道面、起降地帶及跑道端安全地區、圍界、巡場路和排水設施等始終處於適用狀態。

鄭永安（2007）參加新加坡民航學院「機場停機坪管理」專業訓練指出，複雜的機坪作業中涉及不同的單位，包括機場管理者、顧問、地勤作業機構、線上作業及技術支援人員、油庫及加油機構管理者以及航空公司營運管理者，因此必須瞭解各作業單位彼此間關鍵的角色，以下說明各個作業單位執掌與機坪作業之相關性。

(一)機場管理者（airport operator）

◆政策制定者（policy maker）

1.制定清楚的政策、目標及指導。

2.設法取得機坪使用者的支持。

3.創造及提供達成目標的激勵措施。

◆空側或航站之規劃者（airside/terminal planner）

1.依據運量預測，規劃新的停機坪／停機位。

2.最佳化現有停機位及機坪空間之使用。

3.開發現有機坪以符合增加之運量。

◆機坪管理者（ramp manager）

1.負責管理每日之機坪作業。

2.異常事件發生時負責起動應變計畫及指揮相關作業。

3.促進機坪作業之安全。

4.負責與機坪使用者溝通以強化機坪運作效率。

◆機坪管理第一線之督導／執法者（ramp supervisors/enforcers）

1.負責處理空側立即性之問題。

2.負責與地勤人員（ground handler）溝通，以確保其符合效率及安全之標準。

3.提供機坪使用者必要之協助。

4.執行空側相關之法律規定。

(二)顧問（airport consultants）

1.負責提供機場管理者新建機坪及停機位之專業意見。

2.提供必要之計畫與製圖供機場管理者使用；機場管理者必須參與計畫之制定，而非單純地接受顧問提供之計畫。

(三)地勤作業機構（ground handling agents）管理階層

1.依據機場管理者之要求提供高標準之服務。

2.確保其人員於作業時確實遵守安全相關要求。

3.確保其收費於市場具競爭力。

4.確實遵守與機場管理者簽訂之協議。

(四)線上作業及技術支援人員（line maintenance and technical support）

1.達成效率與安全之高標準要求。

2.提供航機地勤作業最新設備之相關資訊。

3.達成與機場管理者簽訂協議中相關要求。

(五)油庫及加油機構管理者（oil farm and fuelling agents）

1.確保油庫之庫存可滿足所有降落航機之需求（依據每日之需求量及維修輸油設施或通路所需之時間，訂定庫存量，一般機場要求油庫庫存量可滿足機場五日之需求）。

2.確保油品之品質以維護航機使用時之安全。

3.確保其人員於作業時確實遵守安全相關要求。

4.達成與機場管理者簽訂協議中相關要求。

(六)航空公司營運管理者（airline operators）

1.確保及時提供機場管理者規劃之班表。

2.及時提供機場管理者任何使用或購買新飛機之意圖或計畫。

3.提供機場管理者其他機場新採用之營運措施。

七、空側運作政策及協議

機場管理者須訂定明確的空側運作政策、目標、程序及規則等，供相關人員遵循（鄭永安，2007）。IATA將「政策」（policy）定義為：「以文字方式，具體陳述組織運作時之指引或方向」（written and stated direction of a organization），通常列於作業手冊中。訂定空側作業政策時，應考量三個要素：安全（safety）、效率（efficiency）及成本（cost）。政策訂定後，接著訂定目標（objective）及符合政策之程序（procedure）或規定（rule）。而第一線人員作業時執行的方式或結果則稱為實際作為（practice），機場管理者須設法讓第一線作業人員的實際作為，符合相關之政策、程序及規則。

空側作業政策考量的項目如下：(1)地勤作業服務（ground handling service）；(2)外包（outsourcing）；(3)故障航空器移除（removal of disabled aircraft）；(4)空側作業之人員及車輛（personnel/vehicles in the airside）；(5)機門／機位分配（gate/stand allocation）；(6)非定期／包機班機（non-schedule/chartered flight）。

以下為訂定各項空側作業政策時，需考量的項目或注意事項：

(一)地勤作業服務

1.訂定機場可接受之地勤公司家數；停機位之數量或機坪之空間為主要的考量要素。

2.授予地勤公司執行之業務項目。

3.有關安全及保安方面之要求，例如人員之安全訓練及考核。

4.對地勤作業服務水準之要求。

(二)外包

1.哪些作業項目要外包。

2.評估外包與否之方法及標準。

3.對外包廠商服務水準之要求。

4.有關安全及保安方面之要求。

(三)故障航空器移除

1.航空公司必須負責航空器移除作業。

2.航空公司無能力移除時，機場管理者則有權移除，並要求航空公司支付相關費用。

3.機場管理者應負責使得故障航空器移除作業更加順利。

(四)空側作業之人員及車輛

1.人員及車輛有關安全及保安（人員及車輛識別證須確實配置）之要求。

2.空側車輛控管之要求（不同空側區域所能允許通行之車輛及人員）。

3.作業績效之要求（例如事故率）。

(五)機門／機位分配

1.分配的方法（first come、first service或其他方法）及優先順序。

2.對於以該機場為基地之航空公司，是否有特殊的優惠或一視同仁或其他。

3.機位使用之限制（停機時間過長則須先拖離，避免占用機位）。

(六)非定期／包機班機

1.允許非定期／包機班機起降之情況（technical landing、Layover A/C、Business A/C）或限制（航機類型、靠站設備、許可時段）。

2.事先通報，申請核准之程序。

3.收費標準之訂定。

4.損壞賠償之規定。

另外，機場管理者應與地勤作業業者簽訂協議，其目的如下：

1.避免獨占。

2.確保其服務水準及作業效率。

3.使其明瞭須遵守之標準及訓練要求。

4.掌控地勤作業實際狀況。

5.明訂收費標準。

八、機場認證與機坪管理

ICAO Annex 14第1.4.1節規定，各會員國應於2003年11月27日前，訂定適當之法規制度，證明其國際機場符合ICAO Annex 14及ICAO其他相關標準，其目的在於透過認證之過程協助機場滿足ICAO之要求，使得航機能夠安全地、規律地及具效率地於機場內運作。各會員國應於本國法規中（例如機場認證辦法）納入機場認證之相關內容，其內容應包括：授予民航監理機關執行機場認證所需之權力，包括：手冊審核、安全查核（audits）、檢查（inspections）及考驗（testings）等，及明訂機場管理者於機場認證過程中之義務（鄭永安，2007）。

ICAO Doc. 9774 Manual on Certification of Aerodrome（機場認證手冊）提供機場認證辦法之參考內容，摘要如下：

(一) Section A概述（General）

(略)

(二) Section B機場認證程序（Aerodrome Certification）

機場認證程序簡述如下：

1.機場管理者應先向機場監理機關提出認證意向書，表達其接受認證的意願；監理機關則須與機場管理者討論認證程序如何進行、須準備的文件等及相關須知。

2.機場管理者正式提出認證申請，並提供機場手冊（內容可參考機場認證手冊），內容包括：機場位置、機場基本資料、機場作業程序及安全措施、機場組織及安全管理系統（ICAO Annex 14第1.4.6 節規定：通過認證之機場應於2005年11月24日前設立且運作安全管理系統）等，供監理機關審核。

3.監理機關對機場之設施與設備進行評估，檢視作業程序及執行狀況，並檢視其安全管理系統之設立與運作狀況。

4.監理機關依據審核及查核結果，宣布接受或拒絕授證。

5.監理機關公布該機場認證狀況，並將必要之資訊載於AIP中。

(三) Section C機場手冊（Aerodrome Manual）

機場管理者於訂定機場手冊時，須思考相關之設施、服務、設備、作業程序等須注意的安全事項、如何盡可能地發揮其效率，及維持作業的規律。各項作業程序訂定後，還要將該項作業所需之技能與知識列入人員訓練計畫與考驗中，亦須納入內部查核計畫。

以停機位指派作業為例，就安全的角度，應思考如何將航機指派到適合其大小之機位，使其與其他航機或設備能維持適當之安全間距；以效率的角度思考，需思考如何將指派機位之資訊及時地提供給地勤人員，使其能夠事先到達該機位，並有足夠的時間測試停機位導引系統；此外若為轉機航班，應思考如何指定到適當的機位，使其轉機的時間能符合設定之時間標準。總之，機場手冊訂定過程中，須盡可能同時兼顧安全與效率。

(四) Section D機場管理者之義務（Obligation of Aerodrome Operator）

機場管理單位之義務為確保其機場能夠安全、效率及有規則地運作，並允許監理機關授權之人員至其機場執行安全查核、檢查及考驗等。

(五) Section E排外條款（Exception）

監理機關經航空研究後，若認為機場某些部分雖無法符合相關標準，然其替代方式仍能夠維持相同之安全水準，則可允許機場管理者於該部分不符標準，然須於許可證中註明不符合之部分。

第二節　場面安全管理

機場當局應指定專責單位，參照ICAO（1983），*Airport Services Manual*和相關文件及實際環境與作業需求，訂定各項作業程序並確實執行，尤其應經由實際作業及演練所獲得之經驗與發現之缺失，持續檢討修正該等程序，俾作為處理相關事務之依據。依據民用航空局所頒訂之「民用機場設計暨運作規範」及「民用機場空側作業應注意事項」之規定，機場場面安全管理及其作業內容擇要如下（交通部民用航空局，2003，2006）：

一、停機坪管理服務

停機坪管理服務主要目的：(1)管制停機坪之活動，達到防止航空器之間及航空器與障礙物之間碰撞之目的；(2)管制航空器進入停機坪與協調航空器滑離停機坪；(3)確保車輛安全之活動，以及對其他活動適當之管理。

當交通量與運作情況正常時，應由機場航管及航務單位共同為提供適當之停機坪管理服務。當機場管制塔台不參與停機坪管理服務時，應訂定程序以確保停機坪管理單位與機場管制塔台間能夠有序地進行航空器之交接。

停機坪管理服務應配置無線電話通訊設施；於低能見度作業程序時，應限制停機坪上人員與車輛之運作至最低程度。

機場內的飛航管制服務範圍涵蓋整個操作區，但並不包括停機坪（除了航空器的開俥及後推許可）；因此需要一套停機坪管理服務用來管理停機坪上的所有活動和航空器及車輛的移動。各機場停機坪管理服務將因實際狀況而有所不同，然必須符合機場運作之需求，因此停機坪之管理服務應由機場航務單位負責。

無線電通聯是停機坪協調管理的方式之一；停機坪上航空器之開俥（start-up）或後推應以無線電向飛航管制服務單位要求許可，而車輛活動的管制則應由機場航務單位以無線電管控。於此情形下，各單位應充分明瞭，發送予航空器的指示中，並不包括航空器與車輛間之安全間隔之資訊。

負責停機坪管理之機場航務單位應與飛航管制服務單位維持密切聯繫、負責分配停機位、經由監聽航管頻率將航空器活動資訊傳達給航空公司，持續更新航空器到達、降落及起飛時間等基本資訊。停機坪管理單位亦應提供航空器停放導引（marshalling）服務或前導車輛服務。機場內全部單位及人員均應遵守由航空站訂定的車輛管制規則。

停機坪作業必須建立一套交通管理管制程序，並由機場航務單位負責管制所有位於預設停機坪與操作區交管點內之航空器及車輛（除了航空器之開俥及後推）。機場航務單位應監控及協調停機坪上所有航空器的交通、對停機坪上車輛的交通以規定的無線電波道提供語音諮詢資訊及監視停機坪上其他的活動，其最終目的乃在於避免航空器於停機坪區潛在之危險。藉由與機場飛航管制單位間之協議，離場航空器開俥及滑行之許可應由飛航服務單位負責。

機場航務單位應負責停機坪之管理及安全，其對象包括機坪上的所有航空器、車輛及人員。

停機坪管理包括：航空器停機位之安排、航空器停放／停靠導引系統、航空器停放導引服務、Follow-Me服務、空側維護及清潔管理等（張鐵源，2005）。

(一)航空器停機位之安排

雖然為了作業之便利及效率，可建立一套符合使用者需求的停機位管理系統，但是停機位安排之全部責任仍應由機場當局負責。應明確指示停機位係供某一航空器或某一群組的航空器使用，並應按使用偏好建立一套安排停機位的規則。有關准許使用停機位之時間及為符合規則所應採行之措施，須明確告知停機坪管制人員。

(二)航空器停放／停靠導引系統

航空器停放／停靠導引系統之提供，端視航空器停放時精確度之需求及使用航空器之機型而定。當不要求精確度時，最簡易的停機位導引形式係由停機位編號，及用來導引航空器至停放位置之包含箭頭的中心線標線所組成，本系統僅適用於航空器不需配合空橋（loading bridge）及加油口（hydrant refueling）使用且機鼻朝內的停放方式。繪製之標線必須保持清晰以確保最佳之能見度，若經常需夜間活動，繪製之中心線標線應輔以

全方向性之黃色中心線燈，除非該停機坪區域已有其他足夠之照明；停機位中心線燈的閉關可設在該區附近或集中設於控制室，停機坪中心線燈應至少每週檢視，以確保不適用之燈泡能夠被及時發現與更換。當機鼻朝內之停機位配備有空橋時，則應盡可能設置目視停靠導引系統，當未設置此系統或此系統不適用時，則應提供導引航空器進入停機位之服務，或將航空器停靠在空橋附近以確保維持安全之間距。

使用機鼻朝內停靠，自我停靠導引有使用光學波紋技術的APIS以及使用設置在停機坪路面的感應迴路的DGS，導引駕駛員將飛機停於所使用空橋的準確位置。**圖8-4**所示為自動航機導引系統。

(三)航空器停放導引服務

機場當局應於目視停靠導引系統不存在或不適用且需要導引航空器至停機位以避免危及安全，或為達成停靠空間高效率利用時，應提供航空器停放導引服務。航空器停放導引人員應由機場當局或所屬之地勤公司施

圖8-4　自動航機導引系統圖

以適當的訓練，僅有通過考核之人員才可進行航空器導引。當機場提供停放導引服務時，必須提供下述完整之指示供導引人員遵守：

1.絕對僅能使用授權之信號（相關說明應張貼在適當的位置）。
2.必須確定欲使用之停機位上無任何固定及可移動之障礙物存在。
3.必須僅指定一人進行停放導引；如有需要，可增加一名翼尖人員協助。
4.於停放導引期間發生航空器損壞事件時應採取之措施。
5.於停放導引期間，導引及翼尖人員均須穿著顏色為亮紅、橘或黃色的反光背心。

不當的導引可能使航空器需要使用更多引擎動力來進行更正，增加引擎排氣導致傷害或損壞之風險；若需要，應告知在此情況下之航空器關閉引擎，並由曳引車（tractor）來重新定位。

(四)Follow-Me服務

機場使用Follow-Me時，擁有Follow-Me之單位應確定Follow-Me駕駛人已經過有關無線電（R/T）使用程序、機場內各類標示及指示牌涵義、行車速度及航空器與車輛間距等適當之訓練。

(五)空側維護及清潔管理

◆停機坪之清掃

為預防滑行中航空器之引擎受外物損壞（foreign object damage, FOD），鋪面區域的清潔工作極為重要。機場當局應建立一套定期以機具清掃機坪及滑行道之計畫，以確保所有供航空器停放及滑行之區域均能被定期清掃。此外，對於自上次定期清掃作業後，散落物累積至可能對航空器造成危害之區域，應再執行清掃作業。除非機場空側位於多塵土及沙子之區域，否則於一般情形下，跑道應毋需以機具進行清掃。

機場應定期清空停機位並以化學溶劑清洗油汙及胎痕，並視需要重新繪設停機位標線。該溶劑可由具噴霧吊桿（spray booms）之水箱車（bowser）噴灑，再用機械式旋轉刷清洗停機位。必須注意，停機位刷洗作業期間不得供航空器使用。

◆清掃維護外包作業

機場許多服務、維護及清潔作業都採取外包的方式，其於決定外包或自行作業時，係考量何者效果會最佳，而非僅以成本考量。以外包來說，如何管理外包廠商，控制其品質係為其管理上重要之課題。機場如透過與廠商簽署之合約來控管品質，合約期是關鍵之一，太短廠商投資新設備或技術之意願低，太長則可能使得廠商失去戒心而影響服務績效。一般機場原則上係與外包商簽署三年之合約，並視廠商之績效而給予兩年之續約權。此外，若該項外包業務規模足夠，亦會考量外包給超過一家之廠商，以避免獨占及增加競爭。而合約中除明訂作業之項目、頻率外，亦會詳訂最低之績效標準，及未達標準與各項違規作為之處罰方式。作業後，亦要求廠商要執行自我之檢查作業，外包廠商管理單位及該區域之管理單位皆會再派人檢查（鄭永安，2007）。

機場空側維護及清潔合約之作業範疇包括：

1.停機位之清潔，包括清掃（sweeping）及清洗（scrubbing）。
2.機場道路之清掃。
3.跑道及滑行道之清掃。
4.廢棄物（refuse）收集及處理。

合約協議內容：

1.每日或例行清潔（routine cleaning）：
(1)每日清潔（停機坪、機場道路、滑行道及跑道每日清掃）。
(2)例行清潔（Fixed Gate Parking Bay; one week cycle; Remote Bays-

10 days cycle）。

(3)廢棄物處理（空側垃圾、FOD每日清運）。

2.定期清潔（periodic cleaning）：超高壓水柱清潔（停機坪每年一次）。

3.特別清潔（ad-hoc cleaning），當有需要時：油漬清理（cleaning of hydraulic oil spillage）。

二、場面巡場

建立巡場機制，發現危險狀況，立即通知塔台或相關單位，發布飛航公告（NOTAM）。

每日例行巡場項目：

(一)跑道

1.清潔（FOD）及胎屑量。

2.損壞度、標線。

(二)滑行道

1.清潔（FOD）及積水狀況。

2.損壞度、標線。

(三)傍晚及低能見度狀況

障礙燈、標線清晰度、指示牌。

(四)停機坪、草坪區

1.積水狀況、植物高度。

2.完整、詳細紀錄（每日填寫巡場單）。

圖8-5　機坪FOD圖

圖8-5所示為航務員巡視機坪發現FOD之處理。

三、機場場面及航空地面燈光設施之檢視

第一，機場場面檢視作業由機場航務單位統籌，依照各相關單位業務職掌明確劃分作業權責，務使機場全部空側範圍及設施均有負責檢視之單位。

第二，與飛航作業活動有關之區域的檢視應定期並盡可能地經常實施，於傍晚及低能見度狀況時，應特別注意航空地面燈光系統及指示牌之檢視。

第三，作業程序要點，如下：

1.進入操作區前必須獲得航管單位允許，脫離操作區後必須立即主動告知航管單位。

2.於操作區內作業時，必須以規定的無線電（R/T）波道隨時與航管單位構聯。

3.於跑道檢視期間，當航管單位要求檢視人員撤離跑道時，車輛及人員必須移至跑道地帶外，不得停留於ILS臨界／靈敏區。

4.基於安全理由，進行跑道之檢視時，其方向必須與航空器起降方向相反。

5.鋪面區之檢視應注意：鋪面之清潔、鋪砌道面損壞跡象，航空地面燈燈具狀況、跑道標線的清晰程度及障礙物狀況等。

6.對於與飛航作業有關區域內之施工，必須注意：施工機具與材料之擺放、廢棄物之堆放與清除、施工標示與燈光。

7.機場航空地面燈光系統檢查之目的在於確認機場航空地面燈光設施（含指示牌）之運作狀況及性能水準。

8.發現任何設施有損壞之情況，均應立即通知維護單位進行檢修並做成紀錄以利追蹤。損壞情形嚴重，可能危及航空器正常運作時，則必須通知機場航管單位關閉該區域。

四、惡劣天候狀況之因應

第一，為維持機場作業之正常及安全，機場當局應對於惡劣天候狀況備妥特別因應措施／程序。

第二，惡劣天候狀況包括：結冰、結霜、強風、大雨、霧或低能見度。

第三，大雨之因應，如下：

1.機場當局必須備有並向航空公司提供當跑道浸濕（wet）可能導致跑道滑溜（slippery）的資料。

2.積水檢查（standing water checks）應配合飛航管制單位或機場航務單位之要求進行之，檢查結果應以標準術語向飛航管制單位報告。

第四，霧及低能見度之因應，如下：

1.於低能見度狀況下，機場當局應採取特別程序，確保航空器、車輛及地面工作人員作業之安全。

2.於進入低能見度作業前，機場航務單位應執行機場道面安全檢查及管制車輛或人員於操作區內之活動。

五、道面摩阻力量測

機場管理當局應指定專責單位負責建立及執行跑道道面摩阻力量測之機制。為確保跑道摩阻值不低於規定之最小值，每當道面成為浸濕狀態時，均必須量測道面之摩阻值。而於跑道被冰雪覆蓋時，則應隨時進行道面摩阻值之量測，以確保資料之即時性。

無論使用何種設備進行道面摩阻值之量測，機場管理當局都必須訂定含括下列事項之書面文件，俾提供人員於執行量測作業之指引（張鐵源，2005）：

1.提出量測要求之單位／人員（如航管單位、機場經營者、航空器駕駛員）。

2.執行量測之人員。

3.導致需要量測之事由，例如失事事件報告將跑道條件列為可能肇因之一時。

4.儀器操作方式及量測結果之計算。

5.量測結果的發布。

6.儀器的測試與校正。

7.儀器的保管與維修。

8.操作訓練。

9.紀錄之保存：為了維護跑道道面使其具備適當的摩阻力，必須保存浸濕摩阻測試紀錄。此舉將可提供機場管理當局監測跑道道面狀況並適時的採取改善措施。例如清除胎屑。

10.跑道的維護：浸濕摩阻係數的測量值會隨時間逐漸降低，當全部或部分跑道之浸濕摩阻係數低於規定值時必須立即採取改善措施。過厚的胎屑是導致浸濕摩阻係數測量值降低最主要因素之一。

六、噴流（Blast）之預防

所有於停機坪作業之單位及人員均應明瞭噴射氣流及螺旋槳氣流所產生的危險。必要時，停機坪應設置折流柵（blast fences）且必須將這些設施做最佳之使用以保護裝備。停機坪上所有車輛及輪式裝備於停放時必須輔以適當之煞停設備，必要時可以千斤頂撐起以降低因遭受噴射氣流及螺旋槳氣流而移動之風險，尤其是具有較大受風面之裝備必須特別注意。廢棄物及垃圾因氣流之吹襲亦可能造成危險，因此必須保持停機坪的清潔。航空公司或其代理應負責導引旅客穿越停機坪區域，而任何人員均應視需要隨時提出警告。

七、航空器加油

航空公司及燃油公司於航空器加油期間應確實遵守安全預防措施，並負責加油作業之安全。所有停機坪上的工作人員均應熟悉安全預防措施，於發現任何明顯缺失時應立即向負責監督加油作業之人員回報；主要注意事項如下（張鐵源，2005）：

1.加油區內禁止吸菸或出現明火（naked light）。
2.於加油作業期間，輔助及地面之電力設備不得啟動。
3.應至少維持一條前往及離開航空器出口之路線暢通，以便加油裝備及人員於緊急時能快速的撤離。
4.航空器及供油源間之等電位線（bonded）正確的連接及使用正確的接地（grounding）程序。
5.應備妥適當型式之滅火器且能夠立即取用。

圖8-6　航機於機坪加油圖

6.應建立溢出燃油之標準作業程序，當發現燃油溢出時應立即報告負責監督人員並按程序妥為處理。

7.航空器加油公司應規定加油車輛合適之停放位置，以確保不違反滑行淨空限制（taxiing clearance limits）。

圖8-6所示為航機於機坪進行加油。

八、活動區內之車輛管制

(一)操作區之車輛管制

1.航管單位責任：航管單位負責操作區內車輛活動的管制。為達此管制目的，於操作區內活動之車輛均應裝設具備與航管單位構聯波道之無線電或由裝設前述無線電裝備的車輛帶領。

2.機場航務單位責任：機場航務單位應負責確保其所有可能採行的措

施均能與航管單位密切配合，共同有效執行於操作區內活動車輛之管制。特別應注意：

(1)建立嚴謹周全之車輛通行證核發制度。

(2)獲准於操作區內活動之車輛均設有無線電設備，或由裝設可與航管單位構聯之無線電裝備的車輛帶領，該等無線電裝備必須維持在完全可用之狀態。

(3)車輛駕駛人應完全熟悉：

- 正確之無線電通話程序。
- 用於飛航管制之專業術語及語彙，其中包含ICAO規定之縮語。
- 機場內各類標示及指示牌的意義，尤其是那些用以預防因疏忽而侵入使用中跑道之標示及指示牌。
- 機場之地形與配置。
- 活動區內之行車規則。
- 遵守避免侵入無線電導航設施限制區域之規定。

(4)所有車輛駕駛座均應備有顯示操作區範圍及道路與跑道、滑行道交會點之機場平面圖。

(5)除非獲得機場航務單位之特別許可，否則全部車輛均應依規定裝設障礙物標示及照明。

3.機場管理當局應負責操作區內為管制車輛活動所需之指示牌、燈光及標線的供給、裝設及維護。

(二)停機坪之車輛管制

1.航管單位責任：航管單位不負責停機坪內車輛活動之管制。

2.機場航務單位責任：機場航務單位應負責督導與管理停機坪內各式移動載具之活動，以避免發生航空器／車輛及車輛／車輛碰撞事件、提升作業人員之安全及達成有效率交通流量。管理進入停機坪

的車輛及訓練車輛駕駛人，為達到管制目的所應採行的基本必要措施。

3.所有在停機坪上運作之車輛均應持有並展示由機場管理當局核發之通行證件。負責派遣車輛的人員應確認欲派遣之車輛狀況正常且欲進入活動區執勤的車輛駕駛人明瞭由機場航務單位訂定之行車規則，方可簽發派遣許可。

4.車輛派遣人員應負責提醒車輛駕駛人注意下列各點：

(1)特定或一般規定之時速限制。

(2)許可通行之區域及路線。

(3)航空器及車輛之行車規則。

(4)許可駐停區域。

5.管制實務：機場管理當局應採行適當的設施與措施以協助車輛駕駛人易於遵守行車規則及有關之安全規定。通常，經由交通燈號、警示指示牌或標線，將可達到管制車輛之目的；然而於某些情形下，應於交會點指派人員進行管制。前述燈光、指示牌及標線均應依標準設置。

九、機場施工安全規定

機場當局須訂定活動區施工管制及安全規定並確實執行，其中最重要者乃在於明確律定各相關單位之職責及通報程序。任何施工均必須同時徵得機場航務單位及航管單位的同意，於未獲機場航務單位及航管單位人員同意前，不得於活動區內進行工程。工程結束後，機場航務及負責辦理工程之單位應派員檢視施工區域，以確保處於良好狀況。設立施工圍籬以標明施工區域範圍，圍籬上須予以標示並裝設適當的燈光。引導進入施工區域的滑行道燈光必須永久的關閉，並依照規範設置不供使用區域之標線。

(一)機場之作業人員

所有施工作業人員均應經機場安全主管單位的安全調查與許可，方得進入機場作業。

(二)作業人員之安全調查

承包商應於開始作業前，將施工作業人員之個人資料函送機場管理單位進行安全調查，並由機場管理單位核發工作人員機場通行證，工作人員個人資料表。承包商應負責督促其工作人員按規定佩帶機場通行證，並具結保證其工作人員遵守機場之安全規定。當承包商之工作人員違反機場安全規定，不論該工作人員是否隸屬於承包商或轉包商之工作人員，承包商負完全責任。

(三)障礙物、標線及緊急照明

承包商應依照最新版國際民航組織（ICAO）規定，提供、設置並維持各種所需之障礙物標誌、標線、訊號及燈光，承包商並應每日檢查以上裝備。

(四)管制區內施工

以易碎障礙物製作圍籬並經機場航務單位核可，每隔一段距離架設紅色固定性燈光。障礙燈光係由紅色固定性燈光組成，亮度不得小於10cd（candela，燭光）。

(五)每日施工結束之安全檢查

車輛動線、施工區及其四周區域，承包商及監工人員應隨時檢查，以確保沒有殘留之外來物體（FOD）。

(六)動力車輛

任何欲進入航空器運作區域之車輛，必須獲得機場塔台許可。若該車輛未配有無線電設備，應由配有無線電設備之車輛引導。

(七)緊急撤離

當機場航務人員認為有必要時，所有施工單位之人員車輛必須於規定時間內撤離施工區。監工人員應在航務員要求時間內完成人員車輛撤離後之檢查工作，並在確定安全後通知航務員撤離完成。

(八)施工機具及施工物料放置

承包商之施工機具及物料不得放置場內，如因施工需求須暫時放置場內，應由監造單位審查無安全顧慮後，向機場主管機關提出申請，並應於申請文件中詳述緊急處理程序及應變措施，經主管機關許可後方得以暫時放置。施工單位應確保施工區不會因航空器噴射氣流造成場面塵埃飛揚，影響航空器飛航視線之危險。若確有必要暫時於機場活動區域放置機具及物料，承包商必須遵照機場主管機關之規定，例如將機具固定、物料綑綁，並於施工區定時灑水等。

(九)外來物體

承包商及監工人員應檢查車輛動線、施工區及鄰近區域，以確保沒有殘留之外來物體（FOD）。

(十)車輛行駛規定

在機場營運期間，所有車輛在機場活動區內行駛必須領有航務組所核發之機場駕駛許可證，或由持有機場駕駛許可證之人員引導方得於機場運作區行駛。所有車輛均須持有機場管理單位所核發之機場車輛通行證，始得進入機場施工，並應將車輛通行證置放於車前玻璃明顯處，以便機場安全人員檢查。

第三節　機場消防與搶救

機場為國家重要門戶，航空器起降作業頻繁，為二十四小時作業機場，區域內各公私營運單位眾多，消防救援作業自是繁忙而重要。機場密集的飛航班次及空運能量，若無完善的消防與緊急應變措施，將對機場營運績效大打折扣。

國際民航組織航空技術委員會（Air Aviation Technique Commission of ICAO）建置救援和消防專門小組（Rescue And Fire Fighting Panel），依據Annex 14之需求編訂《機場作業手冊》第一部分「救援與消防」規定，要求各締約國在營運中的機場，提供救援與消防設備和勤務工作。在《機場作業手冊》中開宗明義地宣示：依「國際民航公約」第十四條附約，各簽約國應於機場設置消防單位，其主要任務為機場航機發生事故時負責機上人員之消防搶救；另為爭取搶救，必要時應設置輔助消防站以因應實際之需求。

機場航機緊急事故之發生可分為兩種狀況：一種是無預警的（undeclared emergency），即飛機緊急狀況之發生是屬突發性，如駕駛員於起飛時發現機械故障，放棄起飛而造成失事；另一種則為有預警的（declared emergency），即駕駛員於飛航途中因引擎故障或其他告警惟恐危及飛航安全而宣告返航。

在無預警的情況下，消防隊於接獲失事告警後，立即自消防站出勤，依循塔台人員之指示馳赴現場，其應變時間之迅速與否和消防站位置之選擇有十分密切之關係；然而，在有預警的情況下，因有適當的告警時間，消防隊常可先於預定之待命點（predetermined standby positions）完成搶救前準備，對事故發生之應變時間較迅速，也較能掌握。

一、航機緊急事故時消防搶救時效

(一)在無預警的情況下

飛機之製造為因應質輕與堅牢之需求，一般均以鋁或鋁合金為主要材料。然而，依據實驗證明，鋁製飛機結構對機身外燃燒之火燄（攝氏600度以上）之防護僅達三分鐘之實效，甚至有可能於一分鐘內即面臨全面焚毀之處境，是以，航空器失事消防搶救之急迫性與時效性非一般建築物火警所可比擬。因此，國際民航組織（ICAO）在《機場作業手冊》消防搶救作業篇第二章消防能量（level of protection）之需求項目中特別規定，在視野良好之正常作業情況下，消防單位之應變時間（response time）為：當接獲救災指令後到第一梯次出動反應的車輛抵達定點後，並依**表8-1**規範所需之50%以上的泡沫噴射量噴射出去所需的時間。

各式消防車輛在執行緊急救災任務時，其作業目標應為在視線及路況良好的狀況下，達成兩分鐘的反應時間，並不超過三分鐘為限，完成駛

表8-1　ICAO各等級機場最小滅火藥劑儲量

機場等級	A水準功能形式		B水準功能形式		其他補充藥劑		
	水（公升）	每分鐘排放率（公升）	水（公升）	每分鐘排放率（公升）	乾粉（公斤）	海龍（公斤）	CO_2（公斤）
1	350	350	230	230	45	45	90
2	1,000	800	670	550	90	90	180
3	1,800	1,300	1,200	900	135	135	270
4	3,600	2,600	2,400	1,800	135	135	270
5	8,100	4,500	5,400	3,000	180	180	360
6	11,800	6,000	7,900	4,000	225	225	450
7	18,200	7,900	12,100	5,300	225	225	450
8	27,300	10,800	18,200	7,200	450	450	900
9	36,400	13,500	24,300	9,000	450	450	900
10	48,200	16,600	32,300	11,200	450	450	900

資料來源：*Airport Services Manual*. Part 1-Rescue and Fire Fighting, ICAO, 1990.

抵任何一端的跑道或任何一處可以駛抵的地區。亦即，一旦機場內之飛行器發生任何的緊急事件時，待命服勤中的消防隊車輛，可藉由機場內可供行駛之路面，迅速抵達事故現場。而其他儲備的泡沫濃縮液及輔助滅火藥之載送車輛，應於第一梯次出動反應的車輛抵達後一分鐘之內接著開抵現場，以持續滅火藥劑的供應。

美國聯邦航空總署對緊急應變之時效的規範略有不同。依據「聯邦法規」（Code of Federal Regulations）第139.319篇規定：主力消防車於接獲通知後，應於三分鐘內自消防站出勤並趕至最遠一條跑道之中心位置，且開始實施消防救援作業；第二波消防人車則亦應於接獲通知後四分鐘內抵達並立即展開滅火作業。

(二)在有預警的情況下

在有預警的情況下，消防單位通常較有充分時間依據既定之待命點完成搶救準備。然為執行消防搶救任務，國際民航組織在《機場作業手冊》消防搶救作業篇第十一、十二章均先後建議待命點選擇要領為：

1.待命點選擇不得少於兩個。

2.待命點選擇應可彌補消防站位置不當之缺失以符合應變時效。

3.待命點選擇應慮及潛在之失事地點並與以防護。

4.航機起落架如發生故障時，待命點選擇應以航機降落觸地（touch down）點鄰近為部署考量，以防範飛機著陸後偏出跑道（veering off）而撞擊待命消防車。

一般消防車待命點選擇均採兩組人員與車輛，並分別部署於飛機迫降使用之跑道中心點位置及末端為最佳。

二、航機失事地點與消防搶救時效

雖然航空器發生事故情況是任何地點都有可能，然依據國際民航組織（ICAO）及美國國際消防勤務訓練協會（International Fire Service Training Association, IFSTA）所列航機失事地點之統計資料顯示，其發生地點之頻率仍大都集中於機場本場或其鄰近區域，即航機滑行、起飛、進場或降落等活動區約占所有列入紀錄事故之85%；換言之，飛機在起飛或降落關鍵時刻，常因高度關係及速度不足，且在其他因素如天候惡劣、機械故障或人為不當之情況下而失控失事。

就各型大小飛機於機場發生事故總數而言，國際民航組織（ICAO）所公布之統計資料顯示，在機場本場失事之576件，失事地點又以跑道上或鄰近及跑道末端外之事故占大多數，即大約有22%之事故發生於自跑道頭起算1,000公尺及跑道中心線30公尺之上下區間之區域，大約有26%之事故發生於自跑道末端起算500公尺及跑道中心線30公尺之上下區間之區域，其餘則零星分散於跑道鄰近，如**表8-2**所示。

其次，1970年至1989年間，最大起飛重量大於5,700公斤之大型航空器，於統計數中之233件降落與起飛意外事件的位置，有關其意外發生之位置與所有大小型航空器意外發生之位置分布型態亦為相似。如**表8-3**所示。

美國波音飛機製造廠在其一項研究1959年至2004年定期班機事故之報告中也指出，約占70%之飛機事故是發生於起飛與降落的關鍵時刻。

表8-2　ICAO意外資料通告1970年至1989年間失事統計數

發生地	跑道中心線30公尺之區域內	占全部事件%
跑道頭1,000公尺內	126件	22%
跑道末端外500公尺內	156件	26%
其他	294件	52%

表8-3　5,700公斤大型航空器1970年至1989年間失事統計數

發生地	跑道中心線30公尺之區域內	占全部事件%
跑道頭1,000公尺內	37件	16%
跑道末端外500公尺內	61件	26%
其他	135件	58%

其中占整個飛行時間僅2%之起飛及攀升時段之事故機率竟達24.8%；其餘43.4%之事故機率則分布於僅占飛行時間4%之進場航行與降落時發生事故。由此可見，航空器失事發生最高比例點就是機場本場及其鄰近區域，其中又以跑道末端為最高，其次為跑道頭及跑道鄰近。

三、影響消防搶救時效之因素

航空器失事後搶救人員為趕抵現場之第一波應變人力，其搶救策略應用通常是成敗關鍵。基本上其作業要領為：

第一，創造可生存環境與掩護安全逃生路線：如撲滅火場保護乘客生命之水源、冷卻機身、噴灑泡沫於溢油區及以水霧掩護逃生乘客與航機組員。

第二，引導及救護乘客至上風安全位置避難。

第三，實施機上通風作業與搶救機上人員。

第四，持續維護現場安全至搶救作業完成。

因此，航空器事故如屬有預警情況下，消救任務之執行通常是較易掌握，其時效性不成問題；如係無預警的況下，則消救緊急應變時效便將面臨考驗，而消防站地點選擇與待命點位置選擇之重要性也因而更加彰顯。

實際上，航機事故時消防搶救時效與消防站位置及待命點位置實具有絕對之重要性。然而，除了位置之選擇為主要因素外，其他影響消救作業成敗者尚具有以下三項關係密切因素：

(一)緊急應變路線（emergency response routes）

當消防站位置選定後，消防單位便應依循國際民航組織（ICAO）《機場作業手冊》消防搶救作業篇第九章第9.2.6項之規定，選擇數條緊急應變路線，並與以測試後，選定一至二條距離最短、時間最快且轉彎最少之路線為緊急應變路線，並標示於消救方格圖（grid map）上，消防人員應選定不同時間、不同天候之狀況予以訓練以達熟悉程度。

(二)消防搶救裝備（rescue and fire fighting apparatus）

消防搶救裝備主要是以消防車為主，因為飛機飛行時常攜有幾十萬磅之燃油，及其他電子動力或機械作用所需之液壓油、潤滑油等，因此一旦發生火警常易造成油類火災，即一般所謂第二類火災或B類火災，所有機場專用消防車也均以泡沫為主要之滅火藥劑。然為爭取消防搶救時效，國際民航組織及美國消防協會（NFPA）在消防車性能上也特別強調：

1.主力車隊應包含「快速搶救車」（rapid intervention vehicle, RIV）之配置。通常快速搶救車配置之目的乃以一人操作為原則，配與強大馬力，具0～80公里於二十五秒內完成之加速性能及輕巧機動性，以早於其他大型主力車一分鐘抵達現場之策略運用來執行初期火災之火勢控制任務。一般3,000加侖大型主力消防車之加速度規範則為0～80公里於四十秒內完成。國際民航組織《機場作業手冊》消防搶救作業篇第五章第5.2項已將該快速搶救車列為第三級至第九級機場所應配置之主力車型。

2.3,000加侖大型機場專用消防車：為發揮航機事故時消防搶救時效，國際民航組織《機場作業手冊》消防搶救作業篇第五章消防車規範也明訂，消防車每分鐘之出水量（output含泡沫液），全流量為 6,000公升（1,500加侖），半流量為3,000公升（750加侖），即於全流量作業下，全車第一波完成滅火操作時間只有兩分鐘，如立即予以水源中繼，則該滅火作業又可再延長兩分鐘，其消防搶救策略即在於追求「速戰速決」。

(三)消防訓練

具專業知識之消防人員於接獲航機失事通報應迅速且熟練地趕抵火災現場並立即作狀況判斷（size up）與採取處置行動，以熟練技巧操縱消防裝備與器材執行滅火攻擊。消防訓練之主要項目應以新技能之學習與現有技能之熟練，以期盼在飛機發生緊急事故時能避免因錯誤或處置不當而減低消救能力。

圖8-7、**圖8-8**所示為機場實施消防演練作業。

四、機場消防站之建置

一般機場消防建築，應考量以消防人員活動為主的房舍與消防車庫間的距離，在機場主建築規劃消防救援動線安排時，應納入機場勤務手冊救援與消防之規定。航空器於場內失事時，消防與救援人員須於接獲警報

圖8-7　機場消防演練作業圖1

圖8-8　機場消防演練作業圖2

通知後三分鐘內抵達失事現場進行搶救任務，故消防建築物放置於機場全區圖的何處，實為建置於規劃人員的認知上。

(一)機場消防房舍建置之效益

機場實際運作上雖以安全為考量，但均強調消防站選址的正確性，並且為求出勤效率，會強調通訊系統有效率的重要性，提供消防有效應變之其他必要設施條件，以避免事故發生後司法單位的調查。

航空站消防班隊房舍之建置，一般而言，大多僅考量提供消防車輛及容納少量人員使用簡易設施之最低標準。再者，在初級規劃階段時，一般僅對航空器型式大小、消防救援作業程序，及先前的意外事件處理經驗與消防車輛可能行經路線等等做研究討論以求縮短應變時間，以求達到國際民航組織（ICAO）對緊急事故之應變反應時間。故依經驗顯示機場消防班隊房舍建築，大多為簡易設施或為國際民航組織Annex 14最低標準建築。機場消防站建置位置，主要先考量確保能達到ICAO所建議的應變時間（又稱應答時間），也就是於能見度與地面情況理想下，消防救援單位須於兩分鐘最遲不超過三分鐘到達航空器活動區域。其次考量如建築物火災處理、救護作業之支援及其他任務，但首重考量應變時間。如因跑道型式或其位置等關係，機場可能需考量設置一個以上消防站。

(二)消防站選址

1.最佳的消防站位置是能提供最短應變時間。

2.當需要設置多處消防分站時，每站皆應配有至少一輛以上之主力或快速搶救車，將所有能運用的消防裝備依其任務需要部署，以求快速抵達意外發生位置並提供適當的滅火能力。

3.多個消防站時，最好每條主跑道至少有一作為瞭望台功能的值班室。其為主要消防站，其他為分站。

4.設計時考量機場未來發展計畫，當可能增加超過所設定的應變距離時，設置新設消防站以決定航空器失事意外事件發生時之最佳位置，並應對新設消防站作車輛應變測試。

5.消防站應可使消防車輛直接進出跑道，提供消防車輛最少轉彎次數，消防站位置可確保車輛至跑道的距離愈短愈好，使消防站能提供服務，毫無延誤的抵達待命位置。

6.消防站瞭望台位置應為最寬廣的視野，以瞭望到航空器最遠活動區域。

(三)消防站設計與建造

◆消防站設施項目

機場消防站應包含完備的消防系統及足夠設施以保護車輛、人員與操作設施，以確保在緊急時能有效立即應變。主要消防站與消防分站間之設施，盡可能皆包含項目如下：

1.足夠空間以容納車輛放置與最小維修處理。

2.需給予直接操作消防作業車輛人員待命起居與管理訓練設施。

3.通訊與警報系統必須建置完成，以確保在任一緊急事件中能迅速有

效布署消防救援車輛。

4.給予適當存放輔助設施之空間，保養及維持設備功用，並須備有滅火設備。

5.消防車及消防人員無線電系統應與勤務單位做適當的連結。

6.消防站間直接線路管溝須有兩處以上之備份管溝，其大小需能令工作人員查詢保養使用，必要時需考量與塔台或航務單位間管溝的建置。

◆消防站設計細節

為滿足基本需求，應考量設計特性與建造的各項細節，慎重考慮消防車在消防作業時的特性，以確保消防站實用功能的發揮：

1.消防車輛停放，應提供數個消防車停車位，且各車輛有足夠空間與方便人員作業的區域。車輛應至少有1.2公尺的淨空，建置車輛不僅考量現行的服務，並應考量未來機場消防分類等級提升時增加之車種。

2.車庫地板除考量車輛載重外，地板表面需經防止油汙、潤滑劑、濃縮泡沫等處理及容易清消之功能，可能以防滑瓷磚或硬面水泥地板，地板之坡度應斜向有蓋橫向排水溝之大門，排水設施能對車位與前院地面有效排水。

3.進出之車位空間須加大，大門應為快速開啟及具堅固耐用，而適當的窗戶可改善對車位自然光線的照射。

4.前院應有足夠空間，以供車輛操作設備及照明設備供夜間活動，車位入口處排水溝坡度應可有效排除車輛的消洗水。車位內需有足夠照明。

5.利用暖氣設備以維持車庫溫度在攝氏13度以上之溫度。當車輛配有引擎加熱、電池充電裝置或其他保設設備，應考量電子系統設計之需要。

6.消防站車庫廢棄排放氣之通風設備需直接建置，以避免因引擎運行所產生的汙染。車輛輔助聯結設備，應可快速且安全分離，而不影響車輛對緊急事件之應變。

7.起居與管理需求空間，如更衣室、餐廳、廚房、盥洗室、曬衣間及訓練空間應依各消防站需求而定，一般行政管理人員應備有辦公室，當消防分站空間不足時可將辦公室與瞭望台合併。

8.為提升消防效率，滅火器材應布置妥善，考量水帶儲存處應具通風設備及使用後可快速補充消防用水至消防車內。

9.消防站須有值班瞭望監視中心，負責接聽緊急電話、監聽無線電及瞭望，其位置應可提供視野極佳的觀察效果。避免瞭望台窗戶受光線影響。

10.機場噪音須納入建築考量，內部的空調功能須健全。

第四節　機場緊急應變計畫與演練

每一個機場均應制定「機場緊急應變計畫」（Airport Emergency Planning, AEP），鄭永安（2007）以新加坡機場為例，說明機場緊急應變計畫與演練之相關內容如下：

一、機場緊急應變計畫

(一)機場緊急應變計畫之制定

機場緊急應變計畫係機場及其鄰近地區發生緊急事件時之處理程序，其目的在於將緊急事件之影響程度減至最小，特別是有關搶救生命與維持機場航空器運作方面。

機場應制訂與該機場航空器運作及其他活動相應之機場緊急應變計

畫。計畫內機場或鄰近地區發生緊急事件時所需採取行動之協調工作。緊急事件之案例包括：航空器緊急事件、破壞（含炸彈威脅）、非法劫持航空器、危險物品之發現、建築物火災與天然災害等。

緊急應變計畫應協調所有相關單位之應變與參與，使有助於緊急事件之應變。相關單位包括：機場內之機場管理單位、飛航管制單位、救援與消防單位、醫療單位、航空公司、保安單位與警察，以及機場外之消防單位、警察、醫療救援單位、醫院、軍方、港警與海岸巡防單位。

機場緊急應變計畫應至少包括：各種類型緊急事件之應變計畫、各相關單位及所需裝備、緊急應變中心與指揮所之職責與角色、通報程序、應聯絡單位之人員與電話、機場與鄰近地區之方格圖。緊急應變計畫應定期測試與程序檢討，以便改善緊急應變計畫之效能。

(二)相關國際規範

1.ICAO Annex 14 Chapter 9-Emergency and Other Services 9.1.1 “An aerodrome emergency plan shall be established at an aerodrome, commensurate with the aircraft operations and other activities conducted at the aerodrome.”

2.ICAO Airport Services Manual. Part 7-Airport Emergency Planning.

(三)機場緊急應變計畫成功的要素

AEP中應針對應變時所需之下列三個要素給予明確的答案：

1.「Coordination」：許多參與的單位，相關的資源如：人力、設備及機具等如何有效地協調整合。

2.「Command」：誰負責指揮及指揮權如何交接。

3.「Communication」：各參與單位間如何有效地通聯，資訊如何傳遞，通訊工具如何整合。

AEP須經審慎地預劃、定期地測試及確實地改良。並隨時將最新版的AEP傳遞給相關人員。

(四)機場緊急應變計畫的建立

機場管理者須負責建立AEP，以確保下列事項被充分的考量，機場管理者亦須指派專門人員，負責AEP之更新及維護：

1.有秩序且效率地由正常狀況提升為緊急狀況。
2.將機場緊急應變之指揮權授予相關人員。
3.將緊急應變所需之工作項目指派給相關人員。
4.明訂關鍵人員被授權負責之事項。
5.緊急應變時如何溝通協調。
6.如何維持機場之安全運作，及如何回復到正常狀況。

機場管理者應與機場鄰近地區之應變相關單位，建立合作協定，以確保AEP之有效執行，協定之內容至少包括：

1.釐清緊急狀況時各單位之職責及權限。
2.建立現場指揮系統。
3.訂定事故現場通訊使用之優先順序。
4.預先協調緊急狀況時所需之運輸。
5.預先決定緊急狀況時所需之任務及負責人。
6.預先協調以取得各式可攜式及重搜救裝備。

(五)機場緊急應變計畫之架構及內容

機場緊急應變計畫應明訂下列程序：

1.緊急應變作業啟動程序。
2.各單位之協調程序。

3.各單位之角色及職責。

4.緊急狀況之溝通、指揮及控制。

機場緊急應變計畫應包含一套事先預劃之指令，以確保各單位能夠迅速的反應。

機場緊急應變計畫應考量緊急狀況前之準備、緊急狀況中之處置、緊急狀況後之支援及記錄。

機場緊急應變計畫應考量機場內及機場外之事故，機場內屬機場管理者之權限，機場外則須透過事先的協議釐清。事件初期由消救指揮官擔任現場指揮官，當現場指揮官（一般機場內為機場管理者；機場外為地區主官）抵達，則再進行交接，且交接程序須於機場緊急應變計畫中明訂及演練。

機場緊急應變計畫應明訂各種不同類型緊急事故之應變程序，一般區分為與航空器相關及與航空器無關。另外，在預劃緊急事故類型時，亦須考量機場鄰近地區之特殊地形及所需之特殊裝備及技術人員。

航空器相關：

1. Accident-Aircraft on-airport
2. Accident- Aircraft off-airport (land or sea)
3. Incident-Aircraft in-flight
4. Incident-Aircraft on-ground
5. Sabotage including bomb threat
6. Unlawful seizure of aircraft

航空器無關：

1. Fire-Structural
2. Sabotage including bomb threat
3. Natural disaster

4. Dangerous goods

5. Medical emergencies

除了思考不同類型之緊急事件外，航空器相關之事件亦須考量不同之緊急程度，一般之區分如下：

1.Aircraft Accident: An aircraft accident which has occurred on or in the vicinity of the airport.

2.Full Emergency: An aircraft approaching the airport is or suspected to be, in such trouble that there is imminent danger of an accident.

3.Local Standby: An aircraft approaching the airport is known or is suspected to have developed some defect, but the trouble is not such as would normally involve any serious difficulty in effecting a safe landing.

為因應緊急狀況之處置，機場應設置緊急應變中心（emergency operations center, EOC）及行動指揮所（mobile command post）。一般而言，行動指揮所係供集合所有合作或支援單位指揮人員，負責相關消救作業之指揮與決策，指揮所亦可為供資料蒐集及傳送之中心。機場須具快速部署指揮所之機動能力，且須考量風向及地形設置於事故地點鄰近位置，並應設有與相關單位及EOC之通聯設備及名單，亦須備有相關之地圖、圖表、相關裝備與資訊。另應使用如色旗、交通錐、旋轉燈光或氣球等設備，以易於辨識行動指揮所之位置；EOC則設置於機場內固定地點，且盡可能可以目視活動區及隔離用之停機位，全日運作，其功能為支援行動指揮所，須備有與行動指揮所及其他所有支援單位之通聯設備及名單，其通訊及電子裝備須每日檢查。

機場管理者須製作機場及鄰近地區之方格圖（加註版本日期），最好提供兩種，第一種針對機場，應描繪機場進出道路、水源供給點、會合點、待命點；另一種範圍擴大，包括距機場中心至少8公里範圍，包含鄰近區域、醫療設施（包含各醫院可用病房數、醫療專業，並將各醫院事

先予以編號）、進出道路、會合點等資料。方格圖應隨時更新，放置於機場緊急應變計畫內，並分送給所有相關單位，支援車輛、EOC、行動指揮所。

機場管理者應於機場緊急應變計畫中建立不同緊急狀況下所使用之各種通聯表，內含所有應通知之單位，並清楚指出通報方式。通聯表應每月定期確認及更新，並加註修訂日期。

(六)檢傷分類及醫療照顧

檢傷分類（triage）係排序、分類病患來決定治療或處理方式及後送之優先順序。第一位抵達現場之合格醫療訓練人員應立即展開初期檢傷分類，並持續至更合適人員或指定人員到達為止。

檢傷分類區（triage area）之位置應遠離消救區域，並位於現場上風、上坡處為原則，亦須考量盡可能縮短使用擔架（stretcher）由集合區（collection area；視事故現場地形及事故類型判斷是否設立，其為初期傷患集合地點，於此區域消救人員將傷患交由醫療人員）運送傷患至檢傷分類區之距離，並盡可能靠近行動指揮所。完成檢傷分類後，應移至歸類之照料區（care area）提供適當之照料，並於照料區待病情許可時，經運送區（transportation area；記錄、分派、疏散生還者）後送至適當醫療機構。

傷亡人員應分為四級，讓第一順位人員病情穩定時優先處理及後送，為檢傷分類人員的職責，並應使用標準化、防水之識別標籤，以增加後送時之效率。

第一順位：立即照料（重傷）（immediate care）／紅色標籤、羅馬數字「I」、兔子符號。

第二順位：稍後照料（中傷）（delay care）／黃色標籤、羅馬數字「II」、烏龜符號。

第三順位：簡易照料（輕傷）（minor care）／綠色標籤、羅馬數字「III」、救護車有x符號。

第四順位：已死亡（deceased）／黑色標籤。

二、機場緊急應變計畫之演練

(一)機場緊急應變計畫之測試及檢視

機場緊急應變計畫應包含機場緊急應變計畫之演習，其目的為確保：(1)所有參與緊急應變人員之應變能力；(2)測試及熟悉應變計畫與程序；(3)測試及熟悉相關之通訊與應變裝備。

演習方式分為三類：

◆全規模演習

每兩年最少一次；機場緊急應變計畫應有全規模演習（full-scale exercises），用以測試所有設施、合作單位等。此一演習應依循完整簡報、討論及分析等步驟，參與演習之所有單位代表亦應主動參與檢討。實施機場全規模演習，第一且最基本之步驟為確認所應達成的演習目標，可為單一目標，例如：實施夜間演習以測試應變人員在夜間之作業狀況、另如測試當地緊急應變小組發現航空器上貨物內有危險物品之反應，亦可透過一次演習完成多個目標。演習過後，應檢討評估所學習之技術層面、環境狀況、通訊系統等之演習效果，以及相互支援單位整合、新式裝備使用、其他成效或問題等，盡可能改正所發現之缺失。

◆部分演習

每年至少一次；部分演習（partial exercises）需部分單位參與，用以訓練新進人員、評估新式裝備、技術或人員複訓。此一演習為局部範圍並可視需求重覆進行，以維持高熟練度。部分演習可僅包括某一單位，如消救或醫療，或視需要可數個單位共同參與。此一形式演習每年應至少實施

一次，以確保於全規模演習所發現之缺失得到改正。

◆高司推演

每半年至少一次；高司推演（tabletop exercise）為最簡單訓練形式，僅需會議室、大比例尺機場地圖、各參與單位之資深代表。選定地圖上某一點作為事故地點，各參與人員敘述所屬處理或應變之行動措施。此一演習將可快速發現運作上之問題，如通訊頻率之干擾、衝突、裝備缺乏、專門用語及管轄區域之疑惑等；此一演習可於全規模演習前實施以作為協調演習。

(二)緊急管理中心

訂定AEP之起點，為先假設機場可能遭遇的最嚴重情況，可能是夜間惡劣天候下，滿載旅客的A380於起飛時墜入旁邊的海域，然後規劃後續的應變程序。當最遭的情況規劃完成後，其他緊急情況相對而言就容易規劃了。規劃應變程序時，要先思考由何單位開始啟動，負責通聯其他單位，此單位不能是第一線的作業單位，例如：航管、機坪作業單位，因為他們必須立即投入救災工作，且此單位最好應該是二十四小時運作，因此機場必須設置了二十四小時作業的緊急管理中心（EMC）。

EMC在聯繫支援單位時，要先思考哪些是機場處理緊急情況時，立即需要的單位，例如：消救、警察、傷患運輸（直升機、救護車）、醫院、事故現場設備支援單位，這些單位應先通知，再聯繫其他後續支援單位，例如：航空公司、公關單位、事故調查單位、宗教團體等。接下來要思考如何集結支援單位，帶領其進入應在的位置，各自進行其作業。接著要思考作業時各單位內部，以及各單位與指揮體系如何雙向通聯、資訊如何傳遞、命令如何下達。

圖8-9 所示為機場實施緊急應變演練作業。

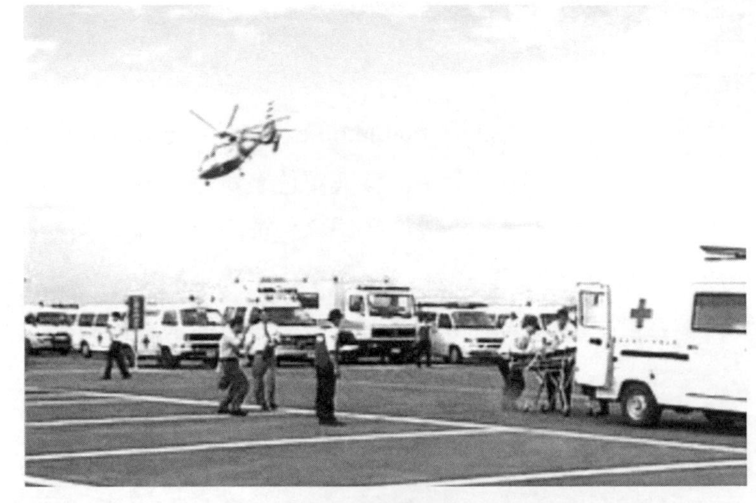

圖8-9　機場緊急應變演練作業圖

第五節　鳥擊防制

鳥擊（bird strike）是指鳥類與飛航中的航空器碰撞後所造成傷害的事件。一般認為飛鳥與飛航中的航空器發生碰撞，通常對航空器本身所造成的傷害不大。在早期航空器速度不快，所造成的損傷可能是擋風玻璃的破碎或機體的凹陷；但在目前航空器的速度加快，發生飛鳥撞擊或被吸入渦輪引擎，可能會造成極大破壞，嚴重時會造成飛機的墜毀。目前，鳥擊事件已被歸類為威脅航空安全的重要因素之一。

根據ICAO Annex 14的規定，各國必須利用各種方式，防止鳥類出現在機場，以及機場附近的區域，以避免航空器飛行時的安全。ICAO（1991）並在《機場業務手冊》（*Airport Service Manual*）第三部「鳥類防制」（bird control and reduction）中，提供機場人員必備的資訊，協助機場人員為機場規劃並組織一個有效的鳥類防制單位。鳥擊事件在每個地

區所造成的危險性不一樣，管理方式也將不同，ICAO要求機場各單位人員包括飛航管制、維修管理、策劃、財務、行銷以及航空業者都必須瞭解鳥類防制的重要性。

一、鳥擊的影響

飛機起飛和降落過程是最容易發生鳥擊的階段，根據國際民航組織鳥擊資訊系統（ICAO Bird Strike Information System, IBIS）收集三萬五千個鳥擊事件的案例，分析結果顯示，51%的撞擊事件發生在海拔100英尺以下，29%的撞擊事件發生在航空器接近機場時，25%以上的撞擊事件發生在起飛滾行階段。如以白天或夜晚分類時，69%的撞擊事件發生在白天，15%發生在晚上，其他的撞擊事件則發生在黎明或黃昏時刻。三萬五千個鳥擊事件的案例對航空器造成嚴重的傷害、迫降或中斷飛行等共有一千九百二十四件，占撞擊事件的5%，顯示鳥擊對飛航中航空器危害的嚴重性。

鳥類對航空器所造成的危險，其嚴重性與機場的地理位置、當地環境對於鳥類的吸引力，以及空中交通的密度有關。不同的鳥類與不同的機型相互撞擊，其危害程度也各不相同。某些航空器所面臨的鳥擊威脅，其危害程度可能較高，例如軍事使用發動機較小的戰鬥機。戰鬥機的發動機小，且速度快，鳥類較不易躲避。一旦吸入中體型的鳥類，小則導致引擎損傷、破壞引擎發動機的葉片，大則導致航機失速、起火而迫降等。在民用航空器方面，雖然所使用的機型是屬較大型航空器，惟大多渦輪噴射引擎，一旦吸入鳥類，可能造成飛機必須檢修、班機停飛、安排飛機乘客與貨物的行程、接送旅客改乘其他的交通工具，提供旅客過夜的住宿、影響飛機的班次安排等，此種種補救措施，除將增加航空公司一筆龐大的經費支出外，還會傷害到公司的聲譽。

二、防制鳥擊的因應措施

鳥擊防制工作除了民航主管機關的主動積極推動外，還必須借重航空公司、機場管理當局、機場附近居民、鳥類學家以及氣象學家等共同的努力，才會有顯著的成效。如何防制鳥擊，國內外各有不同的措施與方法。首先應統計鳥擊事件，並分析常出現的鳥種數量以及其習性。其次，改善機場以及周遭環境，避免鳥類覓食、棲息與繁殖。最後，才是採取驅離或獵殺的動作。防制鳥擊的因應措施如下：

(一)建立資料庫

鳥擊資料庫的建立，主要是在藉由鳥擊事件的資料分析事件發生的趨勢，協助機場管理當局知道哪些地方應該注意，並且在這些地方著手進行一個成效良好的鳥類防制計畫。藉由這些資料的統計分析，也可以決定一年或一天中哪些時間，最需要進行鳥類防制的適當措施。鳥擊資料分為兩種，一種是事件資料，亦即在鳥擊事件發生後將所有細節記錄存查的資料報告；另一種是鳥相資料，亦即鳥類的習性以及於機場活動的調查。

◆鳥擊報告

當鳥擊發生後，即應填製鳥擊事件報告表，記錄鳥擊的過程，包括鳥擊程度、時間、航空器受損地方與受損程度、撞擊地點、航機高度、機師是否清楚鳥類接近與應變方式、航空器修護金額、吸鳥原因以及鳥種等資料。

◆鳥相資料庫

鳥相調查，主要在記錄與分類鳥相資料，瞭解鳥類出現的時間、地點、種類、數量以及環境型態等，以便掌握鳥類習性和鳥擊情況，作較有效率的預防，以及研擬各項驅鳥措施。據統計分析顯示，鳥類活動週期與鳥擊事件有相對的關係，氣候變化對於鳥類活動確有影響。另外，由於受

到全球氣候暖化的影響，也將造成鳥類對季節性的錯亂，增加鳥擊事件發生的機率。

美國空軍已建立一套即時鳥況調查回報系統，提供駕駛員在飛行中得到即時的鳥況資訊。它們利用氣象雷達接收部分雷達波，經分析比對後測得候鳥遷徙的路徑，以建立候鳥遷徙資料庫；另外，針對機場即時鳥況，利用漁業雷達測出鳥類在雷達距離範圍內的數量，提供飛航管制單位及飛行員參考。

(二)環境管理與改變

食物來源、棲息環境及繁殖後代，是吸引鳥類主要的三項因素。因此，機場以及周圍土地之使用與管理，必須從生態學的角度重新整體檢討改進。歐美國家在機場棲地的經營與管理已有相當的執行成效，藉由機場環境管理與改變，達到機場內鳥類控制的目的，以降低鳥擊事件發生的機率。機場環境管理與改變措施，包括：

1.切斷鳥類食物的來源：減低垃圾量、垃圾場加蓋或興建焚化爐、變更植栽，以去除機場鳥類覓食的吸引源。

2.改變鳥類的棲息地：水池、池塘、水庫、水源頭的遷移，排水溝的加蓋與清理，鳥巢的移除，以減少鳥類覓食及繁殖等問題。

3.減少鳥類庇護場所：管制場面樹種，定期修剪樹木及砍除不必要的樹木；管制跑道兩側植被物種，例如不得種植灌木植種、帶有種子植物，以避免鳥類築巢覓食。定期修剪場面草地，控制草地草長的長度，以降低鳥類的棲息與活動。

(三)驅離方式

驅鳥的方式千奇百怪，目前先進國家使用的驅鳥方式概略分述如下：

1.遷移鳥類繁殖區：移除機場鳥巢與鳥蛋，讓鳥類察覺該地區不適繁殖，選擇遷移繁殖區。

2.驚嚇驅鳥術：利用聲響，例如噪音槍、瓦斯炮、電子音頻等方式驅鳥。利用假人、鳥屍、鷹眼球或反光彩帶等，防止鳥類接近。另外，利用遙控飛機滯空特性，建立勢力範圍，藉以改變鳥類生態環境及飛行路徑，造成驅鳥作用。

3.設置陷阱：架設鳥網，攔阻飛鳥，以改變及阻絕鳥類飛行路徑，避免其穿越跑道起降區域。

4.訓練動物驅鳥術：例如猛禽、牧羊犬或訓練獵鷹驅鳥。

5.化學藥劑驅鳥：化學藥劑噴灑於植被上，造成嚇阻作用，或於割草後使用除草劑，對於降低鳥群覓食確實有效。

圖 8-10 所示為機場進行鳥擊防制作業。

三、民航局禁養飛鴿規定

(一) 依據「民用航空法」第三十四條規定

占有人應防止其牲畜、飛鴿及鳥類侵入航空站、飛行場或助航設備

圖8-10　機場鳥擊防制作業圖

區域。對已侵入之牲畜、飛鴿及鳥類，顯有危害飛航安全者，航空站、飛行場或助航設備之經營人、管理人予以捕殺或驅離之。其有侵入之虞者，並得在航空站或飛行場四周之一定距離範圍內，採取適當措施。

航空站或飛行場四周之一定距離範圍內，禁止飼養飛鴿或施放有礙飛航安全之物體。但經民航局核准者，不在此限。

前二項所訂一定距離範圍，由交通部會同有關機關劃定公告。於公告前，在該一定距離範圍內已存在之鴿舍，其在公告所定期間內拆遷者，由航空站或飛行場經營人給予補償，屆期不遷移或擅自再設者，由航空站、飛行場之經營人、管理人會同航空警察局強制拆除，不予補償；必要時，並得洽請有關機關協助執行。

前項所訂鴿舍拆遷補償之申請、現場勘查、鑑價、補償金之發放及其他應遵行事項之辦法，由交通部定之。

(二)機場周圍禁養飛鴿範圍與處罰

機場周圍禁養飛鴿範圍為跑道東西兩端向外延伸各5公里，南北向外各2.6公里。「民用航空法」第三十四條規定，機場周圍一定範圍內禁養飛鴿，否則，依「民用航空法」第一百十八條規定，處三十萬元以上，一百五十萬元以下罰金。**圖8-11**所示為機場禁養飛鴿之範圍。

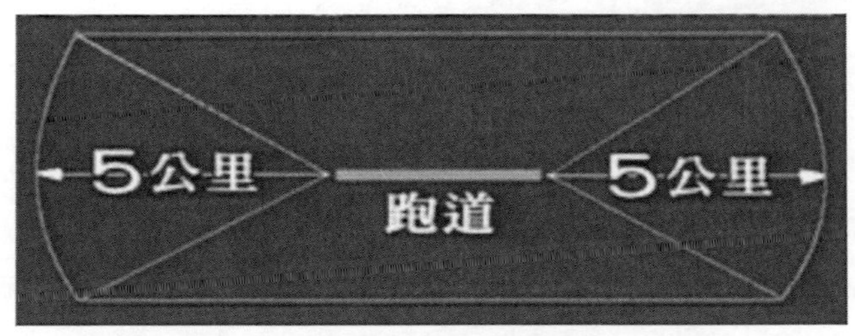

圖8-11　機場禁養飛鴿範圍示意圖

Chapter 9

機場環保

- 第一節　美國航空噪音管制
- 第二節　我國航空噪音管制
- 第三節　各國航空噪音防制措施比較
- 第四節　空氣汙染
- 第五節　水汙染
- 第六節　垃圾處理

第一節　美國航空噪音管制

航空噪音在當今的機場已經是日常生活的一部分了，而且已經成為機場擴建和發展的一個主要的限制因素。居住在機場周邊的居民抱怨，航空噪音煩人，干擾睡眠，打擾人們的生活，而且通常會降低人們享受使用其財產的快樂。噪音屬物理性汙染之一種，發生時雖不會留下汙染物且不會同時直接影響生命，但對生理與心理上會產生各種障礙，其影響包括聽力喪失、睡眠干擾、溝通干擾、脈搏加快等生理反應，其他在心理和社會行為的影響及噪音產生之物理性傷害也不容忽視。

航機起飛過程產生之噪音大於降落之噪音，因起飛時之載重需較大之推力。而起飛階段之主要噪音有二，其一為發動機（即引擎）噪音，與位於跑道附近建物所反射之橫向噪音；其二為飛機爬升超過建物高度時產生之爬升噪音。當航機飛過頭頂，其相等距離最近，故噪音量達最大值，當飛機飛過後，主要為低頻之排氣噪音，因低頻噪音衰減慢，故逗留時間長、傳播距離遠，其影響期間為間歇性之十秒至數十秒；另航機進場下降時，因沿3%下滑角平穩下降，不需大馬力推動，遂發動機產生之噪音較小，其航道下受噪音影響範圍較離場時小。美國航空噪音管制與相關採取之措施，如下所述（Alexander & Wells, 2000）。

一、美國航空噪音防制措施

自從早期一有民航，機場與其周邊居民的矛盾就開始出現了，但是機場噪音成為一個更加嚴重的問題是在二十世紀六〇年代引入大型噴射飛機才開始的。

航空噪音最早在1952年由美空軍開始研究，1979年美國通過飛航安全與噪音防制法規，希望對噪音防制與土地相容性雙管齊下，減少航空噪音對機場附近環境之影響；美國聯邦航空總署（FAA）對應此政策，

於1981年至1985年間訂立FAR Part 150機場噪音相容性使用計畫，土地使用管制或收購計畫，據以申請機場建設聯邦補助款，以及防制噪音補助款，藉聯邦補助款來澈底管制各機場執行環保工作，成績斐然。

FAA估計，受航空噪音影響的土地面積從1960年至1970年增長了七倍。即使存在著這樣的增長率，但是受航空噪音影響的實際人數仍然相對較少。

新型飛機比早期的噴射飛機更加安靜，而且在最繁忙的機場，噪音水準在某些情況下已經降到社區反對聲音逐漸減小的程度。某些城市已經能夠保證與社區簽署協議以推展機場的擴建專案，包括增加新跑道。其他一些城市也已經接受航站大廈的擴建，這意味著空中交通業務量將增加。另一方面隨著某些大都市地區的次級機場噴射機運輸的引進，噪音水準有繼續增長的危險，而這些地區的居民正在施加影響，要求實施宵禁以及其他的機場使用限制措施。

另一個可能增加噪音問題的趨勢是機場周邊的土地不斷地被居民侵占。隨著越來越多的人居住在噪音影響區域，發生不愉快的事件的機率一再增加。同樣重要的是，公眾對此類問題越來越敏感，而且已經成為高度政治化的問題。機場周邊居民由於遭受機場噪音而引起的精神痛苦以及財產價值的貶值問題，已經開始起訴機場。機場營運人已經採取消除噪音和減緩噪音等措施，以減輕其承擔的責任，並且在法律訴訟中使自身受到保護。噪音問題在許多機場擴建計畫的減緩或者停止方面已經起了作用。

二、美國聯邦政府的責任

FAA的角色已經在1968年修正1958年聯邦航空法案中規定了。該修正案要求FAA局長「起草並修改任何他認為有必要的能保障控制和消除噪音及音爆的規則和條例」。

聯邦政府致力於與航空社區合作制定控制飛機噪音的計畫。 FAA採用了1969年FAR Part 36：「有合格證的飛機噪音水準，規定了新設計的渦輪噴射飛機和運輸類飛機噪音合格證標準。」1976年修改了FAR規定，美國承運人於1985年1月1日前將噪音最大的飛機（第一階段飛機）的噪音水準降下來或者予以退役。1977年對FAR又一次進行了修改，制定了三階段噪音水準以便對飛機噪音排放進行歸類，並且要求1977年3月3日以後取得合格證的飛機要滿足更加苛刻的第三階段要求。

聯邦政府鼓勵採用更安靜飛機的計畫是有效的。早期高噪音飛機的退役帶來巨大的好處，將遭受難以忍受的高強度噪音影響的居住人口從1975年的約七百萬降低到1995年的約一百七十萬。這種改善是顯而易見的，因為它發生在航空運輸增長快速的時期，即搭機旅客增加一倍以上的時期。

透過採用更安靜的飛機以降低飛機噪音源，又得到了一個雄心勃勃的、鼓勵在機場周邊地區土地使用相容性計畫的支持。1985年1月實施的FAR Part 150：「機場土地使用相容性計畫規定了測量社區航空噪音的系統，並且提供關於通常與各種噪音水準相容的土地使用資訊。」

FAR Part 150鼓勵機場營運人制定噪音暴露圖和噪音相容性計畫。噪音暴露圖明白指出機場用地不相容的地方，對於阻止任何不相容的建設項目是有用的。一旦FAA確定，所準備的噪音暴露圖與Part 150相一致，機場營運人經與各個受影響地方協調後就可提交噪音相容性計畫，其中說明改善機場用地相容性的一些措施。

自1993年1月開始，二百零八個機場參與到Part 150計畫中，一百五十五個機場的噪音暴露圖已經符合了該計畫的要求，一百三十五個機場的噪音相容性計畫已經獲得了FAA的批准。

FAA批准的Part 150噪音相容性計畫，係為獲得聯邦資助而用於消除噪音的專案。大量的聯邦資助可用於起草和實施噪音相容性計畫，而每年從「機場改建計畫」基金中預留10%用於此目的。大規模搬遷住戶或隔音住處的項目已經在好幾個大城市開展，包括亞特蘭大、三藩市、西雅

圖、巴爾的摩、聖路易。

1990年的飛機噪音和容量法確保了進一步的改善，該法要求制定全國航空噪音政策，包括於1999年12月31日後全面禁止七萬五千英鎊以上飛機第二階段的運行。除了淘汰第二階段的飛機以外，該法要求制定全國的檢查機場噪音及其准入限制的計畫。2000年後噪音方面的進一步改善，在很大程度上取決於發動機和飛機設計方面的進展。

三、噪音的量測

有好幾種方法可用來測量飛機的噪音及其對社區的影響。憑客觀因素就能測得聲音的高低，但是噪音這種不需要的聲音卻是一種與感官非常有關的東西，這不僅是因為人類的耳朵比其他動物對一些頻率更敏感，還在於與噪音有關的煩惱程度受到心理因素的影響，例如聽者的姿態或他正在從事的活動類型。為客觀量測噪音，已經研製了測量單一事件的技術，採用的測量單位是dBA（A：分貝的加權聲音水準）或EPNdB（有效覺察音量測量分貝）。這些以客觀方式測量噪音水準，而且對於那些對耳朵最煩躁的噪音頻率尤其關注。

在一些情況下，煩躁不僅僅是由於一個單獨事件的強度引起的，而且是由於全天遭受噪音干擾的累計效應引起的。客觀測量這種效應的方法包括：噪音暴露預測值（NEF）、社區噪音均能音量（CNEL）以及日夜音量（Ldn）等。他們把每個單一事件的測量結果彙總以得出累積的噪音狀況。FAA採用 EPNdB（有效覺察音量測量分貝）測量飛機單一事件噪音，以此作為飛機合格證程序的一部分。FAA規定，機場在準備消除噪音研究時，應使用dBA作為單一事件單位，Ldn體系作為累計噪音暴露程度的標準測量單位。

FAA提出了關於如何確定與劃定Ldn（全天平均噪音度）水準相容的土地使用指南的建議，但是它不是強制性質的。理想的情況是，居民使用區應位於低於65 Ldn的區域。在高噪音影響區域（Ldn 80到85或者以上），FAA建議，停車場、運輸設施、礦產及其開採以及類似的活動區域是最相容的。

四、噪音與土地使用

航空噪音與土地使用問題是最密切相關的，因為隔離煩人的噪音最有效的方法之一是距離。如果可能的話，機場周邊應設有閒置不用的土地或者有樹木的土地這樣的噪音緩衝區，而且不得將位於高噪音影響區域（位於進近和離場航道下方以及各種航空假想面附近）的私人財產用於對噪音較不敏感的活動，如農業、公路交叉口、加工業以及其他的活動，即在這地區，周邊高噪音水準不至於減損其業績。不幸的是，圍著許多機場周邊建起來的建築物都會產生不相容活動，如居民區、學校和會堂。

區劃和土地使用規劃是地方政府的職責。在許多情況下，這些政府無法或者不願意為機場和居民區發展提供互助保護。土地是城市區域稀有的資源，在城市裡，對住房和購物中心的需求很大，而且機場附近利用率不高的土地變得極其有價值。甚至當地政府頒布了區劃（地方性）法規以防止侵占後，房地產開發商仍然能夠走後門。對市政府而言，土地利用率較高所產生的稅收，比長期保護機場以及居民區的必要性顯得更為重要。在某些情況下，試圖實施區劃規則的地方政府在房地產開發商向法院爭辯這些地方性法規時，又會自己推翻這些地方性法規。

這些問題的一部分至少是缺乏有效的政府間的合作。幾乎沒有幾個機場完全坐落在擁有並運行該機場設施的市政府的管轄範圍內。臨近的市政府可能會有相互衝突的政府做法、工作的優先次序以及基本觀點。例如聖路易蘭伯特（Lambert）國際機場周邊有二十九個市政府，而達拉斯—沃斯堡國際機場有十個市政府。具有一個機場所有權的市政府看到了其好處和缺點，它必須在經濟利益與機場噪音之間求得平衡。僅僅與一個機場

毗鄰的市政府，或許僅看到了缺點。由於機場營運人對由於機場自身原因造成的損失負有完全的責任，因此，當對機場的投訴不是朝著他們而來而是朝著擁有並運行機場的市政府而來時，這些周邊的市政府就覺得沒有必要實施區劃（地方性）法規。

甚至即使已經制定了完善的跨政府間關於區劃的協議，也會隨著時間的推移而淡化。當達拉斯－沃斯堡國際機場正在規劃和建設期間，周邊的市政府制定了關於區劃的協議，這在當時被看作是跨政府間合作和協定的典範。在隨後的歲月裡，地方政府變了，工作優先次序變了，地方經濟也變了。現在已經有了侵占的開工專案，而達拉斯－沃斯堡國際機場雖然擁有17,600英畝的土地，但是也出現了噪音問題。

五、地方消除噪音計畫

雖然飛機是機場的噪音源，但是機場營運人卻對由於噪音問題造成的損害並未負起責任。法院認為，機場營運人應完全承擔飛機噪音所引起的法律責任。聯邦政府透過法律和行政法規已經先行對飛行中的飛機實施了管制。由於聯邦政府受到起訴（在未獲得其同意的前提下的起訴）的豁免，而且飛機是按照聯邦條例來運行的，因此，因機場噪音而投訴的公訴人就沒有其他的追溯權而只能起訴機場營運人。法院堅持認為，機場業主對機場的位置、方位和規模擁有控制權，由此管理許可權進而對機場運行引起的後果負有責任，包括負有保護公民免遭居住區噪音的責任。公訴人採取各種方法起訴機場，而且依據過失、妨害和反面定罪推定了所造成的損失。

權衡機場面臨的廣泛的責任投訴，機場營運人擁有一些權力（雖然有限）來控制機場的使用以便降低噪音。一般來說，機場運作的任何限制措施必須是非歧視的。進一步來講，任何機場不得實施加重州與州之間商業不適當負擔的限制措施。「不適當負擔」這個定義是不確切的，因此必須以個案的形式對每個單一機場的限制措施進行審查。限制措施必須是有意義的而且是合理的；降低噪音所採取的措施應該產生實際的降低噪音的效果。最後，地方上的限制措施不得干擾安全或者聯邦政府在可航行空域管制飛機的特權。

依據FAR Part 150：「土地使用相容性計畫，機場營運人可以從事噪音相容性研究，以確定一個既定機場的噪音問題的性質和影響範圍。」機場營運人可以制定噪音暴露圖，標明噪音超過允許水準的等高線輪廓。他們還可以在其等高線輪廓中找出用地不相容的地方，並且制定緩解當前問題並制止不相容用地擴大化的計畫。不幸的是，機場營運人制止不相容用地擴大化的能力是非常有限的。除非機場實際上擁有那些有問題的土地，否則確保預留這些土地用於相容性土地使用的許可權，通常是掌握在城市規劃委員會的手中。

1.目前規章所允許的許多消除噪音計畫是有資格獲得聯邦資助的。
2.消除噪音和優先使用跑道以避開噪音敏感區域的起飛和降落程序（制定這些程序必須與FAA合作並得到其批准）。
3.建設隔音和音障建築物。
4.購置土地及其所屬的權益，例如地役權、航空權以及發展權以確保其用途與機場運行相容。
5.完全的或者部分的宵禁。
6.禁止對不符合聯邦噪音條例的機型或飛機系列開放使用機場。
7.依據不同機型所產生的相對噪音而採取的運量限制。
8.依據FAA審定的噪音水準或者依據飛機的進離場時間，實施差別的起降費。

FAA協助機場營運人和航空承運人制定或者修改飛行航線以避開噪音敏感區域。在一些情況下，可以引導飛機僅使用特定跑道以保持在最低安全高度以上或者在湖泊、海灣、河流或者工業區上空而不是居民區上空飛

過。可以制定程序，透過某種「公正的」輪替辦法把噪音分散在幾個社區。這些消除噪音程序會對機場的容量產生負面影響。這些程序可能會使飛機以迂迴航線方式飛行或者使用容量相對不是最佳的跑道配置。

機場起降或者飛機營運數量的限制，對跑道容量甚至產生更有害的影響。其中一種限制措施是夜間宵禁。其中一個例子是華盛頓國家機場，它依據FAA核准噪音標準實施了宵禁。起飛噪音超過72 dBA、進場噪音超過85 dBA的飛機在晚上十點到早上七點之間不得使用該機場。這意味著將取消所有的噴射飛機起降。其中一些機場與航空承運人達成非正式協議，禁止飛機在某些時間之後起降，而一些機場，例如克里夫蘭機場，實施在夜間對噴射機實施宵禁。

航空承運人擔心宵禁會被當作消除噪音的一種工具而擴大化，因為這些宵禁措施會對航班時刻帶來嚴重的混亂，而且會降低整個國家機場體系的容量。即使在西海岸和東海岸的兩、三個大型機場實施宵禁，也會使橫貫大陸飛行的航班的「航班時刻表」減少到每天四至五個小時，而且還會影響每個地區內的航班。宵禁對航空貨運承運人的威脅更大，因為其運作一般主要是在夜間。一些人認為，宵禁擴大化對州與州之間商業造成了負擔，因此是違背憲法的。

機場起降限制措施的其他類型（將某些飛機機型排除在外、對於不符合的飛機徵收特別費用或者依據「噪音預算」制定每個小時的起降限制額度）要受到有關非歧視以及合理性的司法檢查。例如，1979年，聖塔莫尼卡（Santa Monica）機場禁止噴射飛機的做法被法院取消了，因為此規則而被禁止的許多新技術噴射飛機比依據此規則允許飛行的螺旋槳驅動的飛機更加安靜。後來由該市頒布的禁止單項噪音額度為76 dBA的飛機起降的（地方性）法規得到批准。法院拒絕了這樣的論點，即執行地方標準違背了聯邦優先的原則。另一方面，1983年，聯邦法院取消了紐約威斯特徹斯特（Westchester）郡機場實施的宵禁——配額制度。根據此制度，在午夜到早上六點三十分之間，平均只有六架噪音額度高於76 dBA的飛機可以被允許著陸。

不僅航空承運人，而且飛機製造商都反對把當地噪音標準和基於噪音的配額制度擴大化。例如，波音公司指出，為了應對FAA條例要求，航空公司已經正在取代或者重新改裝其噪音較大的飛機。這種更新換代需要航空承運人投入大量的資金——這些資金來源於他們已經擁有的飛機的連續營運。如果機場採取了比FAA標準更加嚴苛的當地噪音標準，那麼航空承運人將不得加速其機隊更新計畫以不斷地服務於那些市場。根據波音公司的估計，這種（機隊更新的）加速進度將超出許多航空公司的財務能力。

可以利用聯邦基金協助機場營運人建造隔音建築物或者購買有噪音影響的土地。通常這些是極其昂貴的補救措施，但是大量機場被迫這樣做。根據聖路易蘭伯特國際機場環境計畫，預計在未來二十年將投資五千萬美元。該機場已經將一些建築物進行隔音改造了，並將其歸還為公眾使用。在其他一些情況下，該機場買了土地，並且將其轉賣使之更加相容的使用。在有些情況下，將某些土地「貧瘠化」，即拆掉建築物並將其閒置作噪音緩衝區使用。

第二節　我國航空噪音管制

一、影響航空噪音因素

影響航空噪音因素很多，主要因素如下：

1.使用跑道。
2.起降時間及其氣候情況：日間或夜間、風向、風速、溫度、溼度。
3.聲音壓力大小。
4.寬頻分布情形。

5.持續時間。

6.飛行軌跡，包括起飛及降落。

7.飛航架次。

8.操作程序：如設定馬力、加減航速（如起飛的加速、降落時的減速）。

9.航機機型分配。

10.航機的機齡及養護維修情形。

11.地形環境因素：地形地貌、土地使用情形。

二、航空噪音管制區劃分

鑑於民國81年航空噪音陳情案件及民眾抗爭情事日益增加，惟囿於當時之「民用航空法」及噪音管制法無相關規定，為解決航空噪音問題，行政院環保署邀集相關部會研討訂定「機場周圍地區航空噪音防制辦法」，將機場周圍地區之航空噪音管制區劃分如下（目前已納入「噪音管制法施行細則」中）：

1.第一級航空噪音防制區：指航空噪音日夜音量六十分貝以上與未達六十五分貝二等噪音線間之區域。

2.第二級航空噪音防制區：指航空噪音日夜音量六十五分貝以上與未達七十五分貝二等噪音線間之區域。

3.第三級航空噪音防制區：指航空噪音日夜音量七十五分貝以上之等噪音線內之區域。

4.前項等噪音線定義及各級航空噪音防制區航空噪音日夜音量之計算，依美國聯邦飛航規則第一百五十號規定之。

桃園國際機場航空噪音管制區圖如**圖9-1**所示。

目前我國民航噪音防制工作之分工，環保機關負責劃定航空噪音防

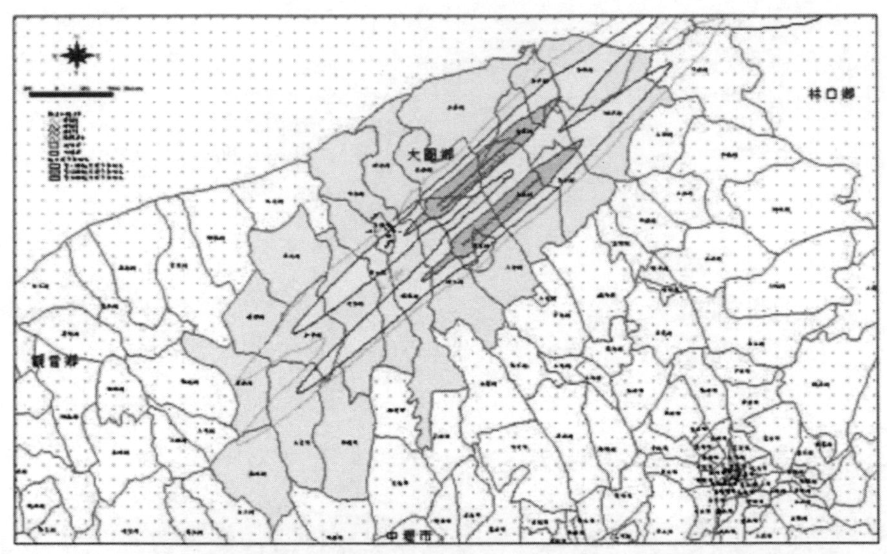

圖9-1 桃園國際機場航空噪音管制區圖

制區，由航空主管機關負責航空噪音管制及補救工作。航空主管機關為減低航空噪音之影響，對於下列航空噪音管制區劃定公告實施前之既有合法建物者，應補助設置防音設施：

1.第三級航空噪音管制區內之學校、圖書館、醫療機構及住戶，以及第二級、第一級航空噪音管制區內之學校。
2.第二級航空噪音管制區內之圖書館、醫療機構、住戶。
3.第一級航空噪音管制區內之圖書館、醫療機構、住戶。

三、航空噪音監測

(一)航空噪音監測器

測站主體為航空噪音監測儀，包括麥克風（microphone）、分析儀（analyzer）、電力供應器（power supply）、數據機（modem）、蓄電池

（battery）及防雨箱（waterproof cabinet）等設備，交流電供應中斷後，電力仍可維持三至四天，分析儀記憶容量可儲存三日每小時資料及兩千個噪音事件，所有監測數據透過撥接線路傳至監控中心資料擷取系統電腦中，測站蒐集到的聲音則由數據專線傳至監控中心多磁軌錄音機內。**圖9-2** 所示為航空噪音監測器。

(二)航空噪音監測方式

航空噪音監測方式如下：

1.須使用符合國際電工協會標準之精密型噪音計。
2.蒐集連續十日以上之航空噪音日夜音量。
3.準備噪音監測儀器。其中噪音監測儀器所需之基本硬體設備包括了動態範圍寬度的戶外型麥克風，以及能計算與儲存噪音監測資料的噪音分析儀，其中所使用的噪音分析儀之功能如下：
(1)量測範圍：30～130dB。
(2)須使用慢特性。

圖9-2　航空噪音監測器圖

(3)具有數位通訊輸出。

(4)能測量並記錄一般性噪音資料及噪音事件資料。

(5)一般性噪音資料以一小時為單位，自動計算統計結果，包括Leq、Lmax、Lmin、PEAK、LN。

(6)噪音事件資料包括事件開始時間、結果時間事件數、均能音量（Leq）、航空噪音日夜音量（DNL）、最大音量（LA(max)）。

(7)噪音計及電腦同時也記錄了原始噪音監測資料。

四、航空噪音防制費與回饋金

交通部民航局依據「機場周圍地區航空噪音管制辦法」修訂「民用航空法」相關規定，以籌措執行航空噪音防制各種補助設施所需經費，自民國85年1月1日開始徵收特別降落費，並運用於補助機場周圍地區建物防音設施。在民航局積極研修及協調下，分別訂定「國管航空站噪音防制費分配及使用辦法」及「國管航空站回饋金分配及使用辦法」發布實施，各航空站亦陸續成立「航空噪音改善執行小組」，以執行航空噪音補助工作。航空噪音防制工作如下：

(一)機場周邊航空噪音區

依行政院環保署指定之機場，分別設置航空噪音自動監測設備，並按季向地方政府申報監測資料；另於地方主管機關劃定並公告之噪音防制區，每兩年依據航空噪音監測資料，檢討重新公告噪音防制區。

(二)航空噪音防制工作審議委員會

依據「國營航空站噪音防制經費分配及使用辦法」訂定「交通部民用航空局噪音防制費補助工作審查會設置要點」，依據該要點設置噪音防制費補助工作審查會，負責：

1.各航空站噪音防制費補助爭議事件之審查。

2.各航空站噪音防制費補助計畫之審查。

(三)航空噪音改善執行小組

依據「國營航空站噪音防制經費分配及使用辦法」規定，民用航空局得於各航空站設立「航空噪音改善執行小組」負責：

1.研訂下一年度機場噪音防制工作計畫。

2.完成本機場上一年度噪音防制工作執行成果報告。

3.執行航空噪音防制設施補助工作，包括機場周圍地區學校、圖書館、醫療機構、住戶及公共設施之噪音防制費分配比例，補助標準、地方主管機關所定補助對象噪音防制計畫書審查、噪音防制費核撥及其他相關事項。

4.研訂跨越直轄市、縣（市）政府之噪音防制費分配比例。

5.本機場噪音防制費及設施補助之爭議及協議處理事項。

6.建置本機場航空噪音經費補助工作電腦網站，提供民眾查詢。

(四)航空噪音防音設施

航空噪音防制費大部分係補助機場周圍地區學校、圖書館、醫療機構、住戶之防音設施，但亦興建防音牆之設施，防音牆是指在音源與受音者間利用人為建築物設計或自然屏障物所形成之一種實質構造，藉以阻隔或減低音源之聲能、聲波前進、繞射或產生反射作用，而於受音者處形成音影區，並達成降低聲能或增加其在空氣中之傳播距離，同時減經受害者音量之直接干擾效果。防音牆可說是目前較常見且可收立竿見影之防音措施的一種。惟噪音牆之設置雖可達降低噪音之效果，亦需考量噪音量、噪音量衰減需求、建物或工地使用型態與強度、受益或汙染區之規模及其設置成本、各機場噪音防制費負擔能力等條件審慎評估。

(五)機場回饋金

鑑於噪音防制經費僅補助學校、醫療院所、圖書館及住戶等防音設施，但對人體心理、生理及工作影響深遠，居民對回饋金之要求日益增大，遂於民國88年6月2日修正「民用航空法」第三十七條，作為每年提撥機場回饋金之法源依據。民航局並依據「民航法」第三十七條第四項，於民國89年7月25日訂定「機場回饋金分配及使用辦法」。

◆回饋金回饋範圍

機場回饋金之執行，係依據民航局所屬徵收場站降落費之航空站，應每年提撥其場站降落費之百分之八作為航空站回饋金。停徵場站降落費之航空站，民航局應每年編列與前項相同計算方式之回饋金預算，辦理回饋事宜。回饋金之回饋範圍如下：

1.經直轄市、縣（市）政府公告之各航空站周圍航空噪音防制區。

2.特等航空站所在地之鄉（鎮、市、區）。未公告噪音防制區之航空站，其回饋金之回饋範圍，由航空站與所在地鄉（鎮、市、區）公所會同訂定之。

◆回饋金用途

回饋金之用途如下：

1.維護居民身心健康之補助：指有關提升生活環境品質及醫療保健事項。

2.獎助學金之補助：指有關獎勵成績優異及補助清寒學生事項。

3.社會福利之補助：指有關補助中低收入戶、身心障礙者及急難救助事項。

4.文化活動之補助：指有關補助地方民俗節慶及提升教育文化水準事項。

5.基層建設經費之補助：指有關改善村（里）道路、交通、水利、治

安、環境、清潔衛生及宗教文化設施遷、改建事項。

6.公益活動之補助：指與促進公共利益有關活動事項。

7.航空站或鄉（鎮、市、區）公所辦理回饋金業務之行政作業費用。

五、噪音防治措施

(一)噪音防治設施

1.防音門窗。

2.空調設備。

3.其他必要之航空噪音防治設施，如吸音天花板、牆壁粉光、吸音壁面、吸音窗簾、開口部消音箱及吸排氣機等。

4.道路：鄉、鎮、市道路（包括附屬物）及橋樑，具隔離航空噪音源或減低航空噪音之效果者。

5.公園：都市計畫、區域計畫內公園，具有吸收航空噪音或隔離航空噪音源效果之設施。

6.運動遊憩：體育館、社區活動中心、運動場、兒童遊樂設施。

7.緩衝綠帶：道路綠化、帶狀植被、其綠覆率須達80%以上，其中多年生喬木須達40%以上。

8.其他有助減低航空噪音影響之公共設施。

(二)航線指定、減低噪音操作程序

1.為減低噪音，民航局所屬航管單位得指定航空器於航空站及飛行場附近依規定之航線飛航（「民用航空器噪音管制辦法」第七條）。

2.航空器所有人或使用人應訂定減低航空器噪音操作程序，並實施之（「民用航空器噪音管制辦法」第八條）。

第三節　各國航空噪音防制措施比較

航空噪音所帶來的負面影響，已引起世界各國的重視。世界各國對噪音管制措施、防制費制度以及補助方法分述如下（劉嘉俊、余忠和，2004）。

一、各國航空噪音管制措施之比較

世界各國除了在航機適航檢定、限制起降時間、調整營運機型與營運班次等減低音源策略上有共同原則性規定外，在監測網的設置方面，也是必要的措施（黃乾全，1999）。各國航空噪音管制措施之比較彙整詳**表9-1**。

二、各國航空噪音防制費制度

過去幾年，西歐及美、加等國對噪音的管制方法中，航空的噪音防制法多係多採用「經濟誘因」方式，且符合排放者負責原則，各國制度如**表9-2**所示（蕭登科，2004）。

三、世界各國航空噪音防制補助方法之比較

將日本、美國與我國現行航空噪音防制補助方式做一綜合比較，如**表9-3**所示。

表9-1　各國航空噪音管制措施之比較

國家地區別	監測網		住宅防音補助	補助公共設施	土地利用	公益經費	執行機關
美國橘郡約翰韋恩機場	西北方	7	○	－	－	－	美國橘郡機場管理局
	東南方	3					
佛州薩拉索塔	12		○	－	○	－	美國SORASOTA機場管理單位
加州VAN NUYS機場	7		－	－	○	－	LOS ANGELES機場噪音監測局
西雅圖機場	－		○	－	○	－	機場調停委員會
芝加哥機場	－		○	－	○	－	市政府機場噪音單位
洛杉磯機場	26		○	－	○	○	美國航空噪音委員會
日本新東京國際機場	北	8	○	○	○	○	新東京國際機場公團
	南	9					
關西國際機場	外	4	○	－	○	－	關西國際機場株式會社
	內	2					
比利時布魯塞爾機場	16		－	－	○	－	機場營運管理單位
澳洲雪梨機場	4		○	－	○	－	機場顧問指導委員會
桃園國際機場	12		○	○	－	○	民航局
高雄小港機場	11		○	○	－	○	民航局

資料來源：黃乾全，1999。

表9-2 各國航空噪音防制費制度表

國家	制度
法國	實施差別落地費，收入部分用於防治費用，其噪音汙染費（落地費之差額）符合排放者負責原則，然而費率偏低，因而不具經濟效率，環境噪音量未能改善；稽徵方面則不困難。
西德	航空噪音防治措施大體上與法國相似，但其收入用於飛機附近的隔音工作；此項措施符合排放者付費原則，但費率低，不合經濟效率，稽徵效率高。
日本	對航空噪音防治措施採差別落地費方式，不同於法國之處在於日本飛機落地費係基於飛機重量及起落時音量徵收，計算費額過程繁瑣，效果不佳。
荷蘭	航空噪音汙染費依據飛機重量、噪音特徵訂定不同落地費，收入用於隔音工作支出；因課稅方式複雜，1988年改課一般性燃料稅。
瑞典	飛機依ICAO ANNEX 16規定之航空噪音分類加收降落費。
英國	含在降落費中，各機場之收費對象與收費標準並不相同。大致上是以ICAO ANNEX 16規定之航空噪音分類、飛航時段、飛機重量等因素變動降落費。另對超過噪音標準的噪音單位徵收噪音費。
美國	對於噪音的防治措施採用稅額扣抵、加速折舊、低利貸款等方式，並未於飛機落地費中加徵噪音稅。
奧地利	20公噸以上的噴射機，不符合ICAO第三章標準者，加收降落費，另有晚間加成。
比利時	飛機依噪音分類，然後依所屬別和飛航時段調整降落費。
義大利	飛機依ICAO ANNEX 16規定之航空噪音分類加收降落費。
韓國	飛機依ICAO ANNEX 16規定之航空噪音分類加收降落費。
挪威	飛機依ICAO ANNEX 16規定之航空噪音分類，徵收單一費率，並且夜間加成。
瑞士	飛機依實測之噪音之水準分級，每級徵收單一費率。

資料來源：IATA，吳壽山，1995。

表9-3 日本、美國與我國航空噪音防制補助方法比較表

補助項目	住宅防音補助	補助公共設施	遷移補助	房價補助	土地利用	公益經費	其他補助
日本	○	○	○	X	○	○	○
美國	○	X	○	X	○	○	X
我國	○	○	○	X	X	○	○

資料來源：黃乾全，1999。

第四節　空氣汙染

航空器引擎所排放之汙染物多產 生自航空器起降階段（landing and take-off）、巡航（cruise）時，其汙染物易滯留於對流層與平流層之間，不僅影響區域間之空氣品質而對當地人體健康有影響外，甚至對環境生態系統有所衝擊，例如：全球暖化所造成之溫室效應、氣候劇變及生態的轉變等，其長期之社會成本更遠甚於噪音的干擾。

目前新的航空器在引擎方面對機場周邊地方空氣汙染已經有所改善，而航空器通常並不是當地主要的汙染源。現今，機場逐漸地發展成主要及多方面營運類型，使得空運的路網更為綿密。就當地的空氣環境而言，機場周遭必定會因為機場忙碌而產生大量的汙染物。因此，改善、瞭解和量化機場相關的汙染物，這也是ICAO所關注問題之一。

航空器引擎所排放之汙染物共有六種：碳氫化合物（HC）、二氧化碳（CO_2）、氮氫化物（NO_x）、二氧化硫（SO_2）、一氧化碳（CO）、懸浮粒子（particulate matter, PM），其中二氧化硫是造成酸雨的主要原因之一。

ICAO已定義不同航空器之引擎於起飛與降落的不同階段，其每秒消耗多少公斤的燃油量，其中每公斤的燃油所產生的HC、CO_2、NO_x的汙染物重量。但因ICAO並未測量對SO_2、PM、CO_2於起飛與降落每一階段的排放量，且歐盟認為懸浮粒子（PM）之汙染更勝於CO_2所以更值得考量的汙染物質。

航空器的排放汙染衡量方法主要是從不同的飛行階段使用的油耗，再從消耗的油料中得知所排放的汙染物重量。飛航不同階段主要分為起飛降落階段和爬升及巡航。

第五節　水汙染

水汙染控制方法，可能是環境問題最好克服的一部分，於規劃機場主計畫時必須仔細研究，並將解決水汙染的方法納入計畫中，機場廢水如無適當處理設備，可能是水汙染最主要的來源。

(一)水汙染主要來源

◆來自機場設施之內部的汙水

從機場到現有社區之汙水處理廠或建造主要排水溝等設施之必要性應該分析，棚廠及加儲油區的工業廢水應與一般汙水分開處理，這一點非常重要，如工業廢水導入汙水處理廠，將防害正常的汙水處理，不管汙水如何處理，其處理程序不應該將汙水處理廠的流出物再汙染水源。

◆工業廢水

工業廢水必須與一般汙水分開導入機場工業廢水處理廠處理。油汙廢水也應該與其他工業廢水分開以特別油料處理。機坪所漏出油料在流到自然水路以前必須準備排水系統來接納，不管工業廢水如何處理，其處理程序不應該將工業廢水的流出物再汙染水源。

◆高溫水之降溫

一般大型機場可能有獨立的電力供應來源或其他工業產生高溫冷卻水，高溫排放會汙染河水及引導生態改變，因此在高溫排放物流入自然水路前必須預為冷卻。

(二)機場汙水處理

汙水處理廠在機場各項設施中扮演了相當重要的角色，這些來自飛機上的衛生間廢水、航站大廈的衛生間廢水及飛機修護廠等單位廢水，如

果沒有完善的汙水處理設施，那汙水將嚴重的汙染河流，為地方帶來更多髒亂。

機場汙水處理廠的設計包括有預先處理廠和總處理廠；預先處理廠的功用是去除飛機修護廠及基地維護廠所排出廢水中的浮油。預先處理廠的設置，可以簡化總廠的流程，因而降低處理設備的總費用，處理廠的位置選定於機場的最低點，以使用重力流動匯集汙水。

汙水處理是項專門精深的科技，在處理上需要有高度專業知識才能勝任。汙水處理廠採取一系列自動作業，經處理過後的放流水無汙染生態環境之虞；以進流水和放流水來比較分析，進流水每公升含有生化需氧量200公絲、懸浮固體量200公絲、油質50公絲，經過預先處理廠和總處理廠後，放流水每公升生化需氧量降低為15公絲以下、懸浮固體量在20公絲以下，油質降低為8公絲以下。

處理汙水的流程，機場衛生間廢水及飛機投棄物流程和含有大量油質的汙水處理略有不同，含有油質的汙水經預先處理廠的處理，重固物體首先被沉砂溝篩出，然後用除油管掠除浮油乳化油脂，在中和槽以H_2SO_4或N_aOH調節至最適當的pH值時加入明礬凝集劑，助長膠羽的形成而分離，而這些膠羽形成一層膠泥浮在水面上，再用刮板將它刮除，經過該處理程序後，進流水所含油量約可去除百分之九十。

機場汙水處理廠採用喜氣活性汙泥處理汙水，連續使用粗篩柵、曝氣沉砂池、調節池、初級沉澱池、曝氣池泊最終沉澱池和加氯池以去除固體物、有機物和病菌。沉澱池的汙泥輸送至重力濃縮池，最後再用真空過濾機脫水，脫水後的汙泥餅再集中處理。**圖9-3**所示為機場汙水處理廠。

圖9-3　機場汙水處理廠圖

第六節　垃圾處理

機場是國家門戶，每年出入境旅客達千百萬人次以上，來自世界各地的不同國籍的旅客帶來大批財富，但也帶來大批空中垃圾。這些飛機來自世界各國，其中，難免有些是來自疫區，為防止這些空運入境的垃圾影響國人健康，機場管理當局對於這些垃圾必須有完整的系統處理。**圖9-4**所示為機場焚化爐。

機場垃圾來源主要可分為兩大類：第一類主要是飛機上剩餘的餐飲及空中廚房處理過的剩餘殘餚、貨運站進口動物的獸籠、糞便等物品，這些垃圾分別來自世界各個不同國家；第二類垃圾是地面垃圾，即來自非管制區，包括航站大廈、貨運站及各單位產生的垃圾。

規模龐大的機場平均每日所產生的垃圾上百公噸，必須嚴格管制，全送進機場的焚化爐燒成灰燼，不得有任何垃圾流落市面。機場垃圾特

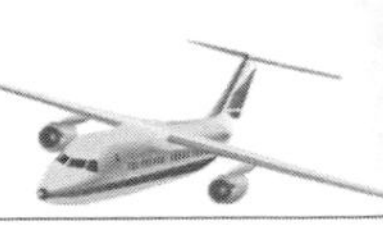

圖9-4　機場焚化爐圖

殊，操作過程應全部由人工負責分類、投料、控制成溫，採用人工最大的優點是能將垃圾分類，不易發生故障，如果全部採用機械化作業，在發生故障時往往數天不能作業，堆積的垃圾將產生嚴重公害。工作人員，首先將其分類，將可燃燒的垃圾如果皮、紙屑、飯菜、動物屍體、糞尿、廢木屑等裝入袋中，由工人投入焚化爐內。焚化爐所燃燒的垃圾，大部分屬於濕度較高，發熱量較低，必須以輔助燃料來助燃，用噴油馬達將重油加溫後噴進焚化爐內，產生高溫使各種垃坡都能澈底燃燒，此外且慎重考慮到排出廢氣，是否達到「國家大氣汙染法」標準，且裝設旋風集塵器，絕不可產生第二次公害。

不易燃燒的物品，工人在分類時，從垃圾中將瓶子及各式鐵罐取出，集中採用消毒藥水澈底消毒後，再將這些瓶子和鐵罐送進庫房，用機器將瓶子壓碎，鐵罐子則用壓榨機將其擠壓成廢鐵，再集中處理。

這些來自飛機上及空中廚房的垃圾，在作業過程中均須極慎重處理，使這些垃圾均能在很短時間完全處理，不但合乎衛生，更避免因堆積垃圾所產生水、空氣及惡臭、蠅蟲的問題。

附　錄

附錄一　使用國營航空站助航設備及相關設施收費標準第十五條附表

附錄二　民用航空保安管理辦法

附錄三　民用航空法

附錄一

使用國營航空站助航設備及相關設施收費標準第十五條附表

使用國營航空站助航設備及相關設施收費費率表　　單位：新臺幣元

區分	項目	計收單位	國際航線計收方式	國際航線費率	國內航線計收方式	國內航線費率	飛航服務總臺計收方式	飛航服務總臺費率	備註
場站使用費	降落費	每千公斤	航空器最大起飛重量		航空器最大起飛重量				一、除本標準規定減半或免收外，其他各類飛航均全額收費。 二、以入境飛航性質作為計收依據。
			50,000公斤以內者	164	20,000公斤以內者	66			
			50,001公斤-150,000公斤者	205	20,001公斤-50,000公斤者	99			
			150,001公斤-250,000公斤者	229	50,001公斤-150,000公斤者	121			
			250,001公斤以上者	248	150,001公斤以上者	135			
	夜航費	每千公斤	航空器最大起飛重量	暫不收費	航空器最大起飛重量	暫不收費			
	停留費	每千公斤	航空器最大起飛重量		航空器最大起飛重量				一、本目指露天停留費。 二、以到達時為準二十四小時為一日。 三、第二日起，按日依最高費率計收。
			超過2小時至6小時以內		20,000公斤以內者	23			
			100,000公斤以內者	28	20,001公斤以上者	10			
			100,001公斤以上者	15					
			超過6小時至12小時以內						
			100,000公斤以內者	35					
			100,001公斤以上者	19					
			超過12小時至24小時以內						
			100,000公斤以內者	42					
			100,001公斤以上者	23					
	滯留費	每日	按航空器型別計收	暫不收費	按航空器型別計收	暫不收費			
	候室設備服務費	每架次	航空器最大起飛重量						國內航線班機使用國際航線候機室設備者，按國際航線候機室設備服務費計收。
			50,000公斤以內者	1,080					
			50,001公斤-100,000公斤者	1,620					
			100,001斤-200,000公斤者	2,700					
			200,001公斤以上者	3,780					
	地勤場地設備使用費	每架次	航空器最大起飛重量						國內航線班機使用國際航線地勤場地設備者，按國際航線地勤場地設備使用費計收。
			50,000公斤以內者	360					
			50,001公斤-100,000公斤者	720					
			100,001斤-200,000公斤者	1,080					
			200,001公斤以上者	1,800					
	空橋或接駁車使用費	每次	座位201人以上者	2,304	座位201人以上者	576			
		上，下各一次	座位201人以上者	4,032	座位201人以上者	1,008			
		每次	座位200人以下者	1,728	座位200人以下者	432			
		上，下各一次	座位200人以下者	3,024	座位200人以下者	756			

使用國營航空站助航設備及相關設施收費費率表　　　　單位：新臺幣元

區分	項目	計收單位	國際航線 計收方式	國際航線 費率	國內航線 計收方式	國內航線 費率	飛航服務總臺 計收方式	飛航服務總臺 費率	備註
場站使用費	擴音設備費	每架次			按架次計收	15			
	安全服務費	每架次	航空器最大起飛重量		航空器最大起飛重量				技降及回航後，無須再經出境安全檢查者免收。
			55,000公斤以內者	644	55,000公斤以內者	644			
			55,001公斤-100,000公斤者	1,287	55,001公斤-100,000公斤者	1,287			
			100,001斤-250,000公斤者	1,931	100,001公斤-250,000公斤者	1,931			
			250,001公斤以上者	3,218	250,001公斤以上者	3,218			
	飛機供電設備使用費	單線	滿一小時或不足一小時者	935	滿一小時或不足一小時	935			一、單線或雙線係指單條或雙條電源線或空調管線而言。 二、自動行李分揀輸送系統計費方式係以第二航廈全年設計之航班數[僅以出境航班為主]除該系統操作費按每架次計收。
			超過一小時者，每半小時（內）加收	468	超過一小時者，每半小時（內）加收	468			
		雙線	滿一小時或不足一小時者	1,225	滿一小時或不足一小時者	1,225			
			超過一小時者，每半小時（內）加收	613	超過一小時者，每半小時（內）加收	613			
	機艙空調機使用費	單線	滿一小時或不足一小時者	1,897	滿一小時或不足一小時者	1,897			
			超過一小時者，每半小時（內）加收	949	超過一小時者，每半小時（內）加收	949			
		雙線	滿一小時或不足一小時者	2,659	滿一小時或不足一小時者	2,659			
			超過一小時者，每半小時（內）加收	1,330	超過一小時者，每半小時（內）加收	1,330			
	自動行李分揀輸送系統使用費	每架次	僅出境航空器計收	1,384					
	航空站地勤業機坪使用費 民用航空運輸業因業務需要自辦航空站地勤業務機坪使用費	每架次	航空器最大起飛重量		航空器最大起飛重量				
			50,000公斤以內者	638	50,000公斤以內者	64			
			50,001公斤-100,000公斤者	1,278	50,001公斤-100,000公斤者	128			
			100,001公斤-200,000公斤者	1,916	100,001公斤-200,000公斤者	192			
			200,001公斤以上	3,194	200,001公斤以上	320			
	空廚業機坪使用費	每架次	航空器最大起飛重量						
			50,000公斤以內者	357					
			50,001公斤-100,000公斤者	714					
			100,001公斤-200,000公斤者	1,428					
			200,001公斤以上	2,142					

使用國營航空站助航設備及相關設施收費費率表 單位：新臺幣元

區分	項目	計收單位	國際航線計收方式	國際航線費率	國內航線計收方式	國內航線費率	飛航服務總臺計收方式	飛航服務總臺費率	備註
	輸油設備使用費	每公升	輸油數量	0.26417					
助航設備服務費	過境航路服務費	每次					按過境航空器使用次數	10,000	
	航空通信費	每日					電路使用維護費（按電信業者規定收取）		
		雙路					臺北市區電報電路	5,000	
		單路						3,000	
		每路					臺北高雄自動選臺電路	500	
		每月					航空氣象及飛航情報諮詢處理系統資訊費	4,500	
		每月					自動印字收發機	4,000	
		每月					印字收發機	2,500	
		每月					印字接收機	2,000	
		每月					機場氣象資料顯示器	2,000	
		每月					機航頻道	4,500	
	飛航服務費	每千公斤	航空器最大起飛重量		航空器最大起飛重量				本項費用係向降落於非民用航空局所轄航空站之航空器收取；至於民用航空局所轄航空站之飛航服務費已包含於降落費。
			50,000公斤以內者	65.6	20,000公斤以內者	26.4			
			50,001公斤-150,000公斤者	82	20,001公斤-50,000公斤者	39.6			
			150,001斤-250,000公斤者	91.6	50,001公斤-150,000公斤者	48.4			
			250,001公斤以上者	99.2	150,001公斤以上者	54			
噪音防制費		每架次	17元 x 最大起飛重量(每千公斤) + 95元 x (起飛音量 - 73)						航空器噪音值以73 EPNdB 為計收標準。

備註：自九十五年七月一日起，航空器最大起飛重量按該航空器民航主管機關（構）所核發適航證明文件計收本表相關費率

附錄二

民用航空保安管理辦法

第一條　本辦法依民用航空法第四十七條之五規定訂定之。

第二條　本辦法用詞，定義如下：

一、非法干擾行為：指危及民用航空及航空運輸安全之下列行為或預備行為：

(一)非法劫持飛航中之航空器。

(二)非法劫持地面上之航空器。

(三)在航空器上或航空站內劫持人質。

(四)強行侵入航空器、航空站或航空設施場所。

(五)為犯罪目的將危險物品或危安物品置入航空器或航空站內。

(六)傳遞不實訊息致危及飛航中或停放地面之航空器、航空站或航空設施場所之乘客、組員、地面工作人員或公眾之安全。

二、組員：指由航空器所有人或使用人指派於飛航時在航空器內工作之人員。

三、空廚餐飲：指使用於航空器上之食品、飲料及其有關設備。

四、侍應品：指除空廚餐飲外，於航空器上服務乘客之報紙、雜誌、耳機、錄音帶、錄影帶、枕頭、毛毯、盥洗包及其他物品。

五、保安控制：指防止可能使用危險物品或危安物品，進行非法干擾行為之措施。

六、管制區：指航空站經營人為執行出入管制所劃定之區域。

七、危安物品：指槍砲彈藥刀械管制條例所規定之槍砲、刀械或其他經交通部民用航空局（以下簡稱民航局）公告有影響飛航安全之虞之物品。

八、清艙檢查：指對航空器客艙及貨艙所作之檢查，以發現可疑物品、危險物品或危安物品。

九、保安搜查：指對航空器內部及外部之澈底檢查，以發現可疑物品、危險物品或危安物品。

十、安全檢查：指為辨認或偵測從事非法干擾行為之危險物品或危安物品，所運用之科技或其他手段。

十一、乘客管制區：指介於乘客安全檢查點及航空器間之管制區。

十二、武裝空安人員：指為反制飛航中航空器非法干擾行為而攜帶警械上航空器之執法人員。

十三、保安控制人員：指航空器所有人或使用人、航空貨物集散站經營業、航空站地勤業、空廚業及其他與管制區相連通並具獨立門禁與非管制區相連通之公民營機構指派之下列人員：

(一)保安主管。

(二)擬訂、訂定、修正航空保安計畫之人員或監督其執行之人員。

(三)於每一作業航空站之保安專責人員。

第三條　內政部警政署航空警察局（以下簡稱航警局）為各航空站之航空保安管理機關，應依國家民用航空保安計畫，擬訂各航空站保安計畫，於報請民航局核定後實施。變更時，亦同。

前項航空站保安計畫應包括下列事項：

一、法規依據及行政事項。

二、作業單位及任務。

三、航空站保安會之組成、職掌及其有關事項。

四、航空保安事項之通告。

五、航空站設施概況。

六、航空保安措施及應遵行事項。

七、非法干擾行為之處理。

八、航空保安訓練。

九、督導及考核。

十、其他有關事項。

於航空站內作業之各公民營機構，應遵守航空站保安計畫之各項規定。

第四條　民用航空運輸業及普通航空業，應依國家民用航空保安計畫，擬訂其航空保安計畫，報請民航局核定後實施。變更時，亦同。

外籍民用航空運輸業應訂定其航空保安計畫，報請民航局備查後實施。變更時，亦同。

前二項航空保安計畫應包括下列事項：

一、國際組織及義務。
二、國家責任及義務。
三、保安政策及組織。
四、乘客及其手提行李之保安。
五、乘客託運行李之保安。
六、組員及其手提行李與託運行李之保安。
七、乘客與託運行李之一致性。
八、航空器之保安。
九、空廚餐飲及侍應品之保安。
十、航空器清潔工作之保安。
十一、貨物及郵件之保安。
十二、保安作業人員之遴選。
十三、保安作業人員之訓練。
十四、非法干擾行為之緊急應變計畫。
十五、航空保安意外事件之通報程序。
十六、督導及考核。
十七、配合作業航空站及其他起降場所之特別保安程序。
十八、其他有關事項。

前項第四款乘客及其手提行李之保安，應包括確保被戒護人運送時，不致產生安全顧慮之適當措施及程序。

租用航空器營運之民用航空運輸業、普通航空業及外籍民用航空運輸業，應於第三項第十八款中，敘明其租用航空器適用之保安規定及作業程序。

第五條　航空貨物集散站經營業、航空站地勤業、空廚業及其他與管制區相連通並具獨立門禁與非管制區相連通之公民營機構，應依其作業之航空站保安計畫擬訂其航空保安計畫，於報請航警局核定後實施。變更時，亦同。

前項航空保安計畫內容應包括下列事項：

一、保安政策及組織。
二、作業區域之安全防護。
三、人員及車輛進出管制區與作業區域之管制措施。

四、防止危險物品及危安物品非法裝載於航空器之保安措施。

五、保安作業人員之遴選。

六、保安作業人員之訓練。

七、非法干擾行為之緊急應變計畫。

八、航空保安意外事件之通報程序。

九、航空保安品質管制計畫。

十、其他有關事項。

前項第十款之其他有關事項，應包括航空貨物集散站經營業之收貨程序及收貨後之保安控制措施、航空站地勤業之機具設備管控與行李、貨物裝載處理之保安控制措施或空廚業之餐車保安控制措施。

第六條　航空器所有人或使用人應監控航空器附近活動之人員及車輛，並防止未經授權之人員進入航空器。

第七條　航空器所有人或使用人於航空器未執行飛航任務且無人於其內部作業時，應關閉艙門或空橋，並撤走登機梯及工作梯架。

航空器所有人或使用人於接獲非法干擾行為之情資或航警局通知時，應派人監護其航空器，並對航空器停放之機坪及其周遭作詳細檢查。

第八條　航空器所有人或使用人應於航空器飛航前，實施清艙檢查或保安搜查。

航警局於下列情形或必要時，得對航空器實施清艙檢查或保安搜查，並於實施前，通知航空器所有人或使用人：

一、接獲非法干擾行為之情資。

二、有其他治安或飛航安全之顧慮。

第九條　航警局應對經許可免受監護進入管制區之作業人員，實施背景查核，並定期複查。

前項背景查核，應包括身分及犯罪紀錄之調查。

第十條　航空器所有人或使用人應於乘客辦理報到劃位時，核對乘客身分證明文件及要求乘客個別辦理行李託運；於乘客登機時，應對其搭機文件進行核對。但航空器所有人或使用人之航空保安計畫另有規定者，不受個別辦理行李託運之限制。

第十一條　航空器所有人或使用人應防止託運行李於航警局安全檢查後至航空器起飛前，被未經授權之人員接觸；如被未經授權之人員接觸，航空器所有人或使用人應將該託運行李交由航警局重新進行安全檢查。

第十二條　航空器所有人或使用人不得運送未登機乘客之託運行李。

未與乘客同機運送之行李，應再經航警局安全檢查後，航空器所有人或使用人始得運送。

第十三條　航空器所有人或使用人應防止乘客下機時，將其個人物品留置於客艙內。

第十四條　航空器所有人或使用人發現於乘客管制區範圍內，已通過及未通過安全檢查之乘客有混雜或接觸之情形時，應要求乘客及其手提行李於登機前，再經航警局安全檢查。

第十五條　航空器所有人或使用人應防止任何人進入作業中之報到櫃檯。航空器所有人或使用人對保管或作業中之機票、登機證、行李條及乘客搭機文件，應隨時防止被盜用。

第十六條　航空器所有人或使用人於接受武器託運時，應通知航警局派員確認武器未裝填彈藥，並置於航空器飛航時無人可觸及之處。

第十七條　航空器所有人或使用人應防止貨物於收受後至航空器起飛前，被未經授權之人員接觸。

航空器所有人或使用人發現貨物被未經授權之人員接觸時，應即通報航警局處理。

第十八條　航空器所有人或使用人、航空站地勤業及空廚業，應確保空廚餐飲及侍應品於裝載航空器前已經保安控制，並於進入管制區時，接受航警局檢查。

第十九條　機關執行被戒護人解送作業，應填具被戒護人解送作業通知單（如附件一），並於搭乘航空器前二十四小時送達航空器所有人或使用人。但經執行機關與航空器所有人或使用人協調同意者，不受二十四小時之限制。

機關執行無人戒護之被戒護人遣送作業，應填具無人戒護遣送作業通知單（如附件二），並於搭乘航空器前二十四小時送達航空器所有人或使用人。但經執行機關與航空器所有人或使用人協調同意者，不受二十四小時之限制。

航空器所有人或使用人對前二項之解送及遣送作業，應進行風險評估，認有風險者，得依下列規定辦理。但法律另有規定者，依其規定。

一、拒絕運送。

二、限制每班機運送之被戒護人人數。

三、協調執行機關加派戒護人。

第二十條　戒護人搭乘航空器時，應依下列規定辦理：

一、檢具執行機關證明文件辦理搭乘航空器手續。

二、不得攜帶武器進入航空器，如攜帶武器，應辦理託運。

第二十一條　航空器所有人或使用人應將戒護人及被戒護人之人數及乘坐位置，通知機長及客艙組員。

組員不得提供酒精性飲料予戒護人及被戒護人，並不得提供金屬餐具及各類刀具予被戒護人。

第二十二條　航警局得指派武裝空安人員，於航空器上執行保安任務，並於搭機前七十二小時，通知航空器所有人或使用人。但緊急情況時，不受七十二小時通知之限制。

航空器所有人或使用人於接獲前項通知後，應轉知起運國、過境國及目的地國之有關航空站作業單位。

航空器所有人或使用人載運經航警局核准攜帶武器進入航空器之其他人員，準用前二項規定。

第二十三條　航空器所有人或使用人、航空貨物集散站經營業、航空站地勤業、空廚業及其他與管制區相連通並具獨立門禁與非管制區相連通之公民營機構，應指派適當人員擔任保安控制人員。

保安主管除應熟悉航空保安計畫、與其業務有關之各類手冊及民航法規外，並應具備下列條件：

一、於最近二年曾接受航空保安訓練課程並具有結業或考驗及格之證明文件。

二、擔任航空保安有關職務二年以上之經驗。

擬訂、訂定、修正航空保安計畫之人員或監督其執行之人員或於每一作業航空站之保安專責人員，應於最近二年曾接受航空保安訓練課程並具有結業或考驗及格之證明文件。

第二十四條　航空器所有人或使用人有足夠證據顯示航空器可能為非法干擾行為之目標時，應依其航空保安計畫所訂之緊急應變計畫處理，並即通知航警局；如航空器已起飛，另應即通報相關航空站及飛航管制單位。

第二十五條　航空器所有人或使用人於得知航空器上發生非法干擾行為時，應即通知航警局及民航局，並於二十四小時內填具非法干擾行為事件初報表（如附件三）送航警局及民航局；於七十二小時內完成民航局飛航安全作業管理系統之填報作業。

航警局於得知航空站發生非法干擾行為時，應依前項規定通報民航局。

第二十六條　航警局應會同航空站經營人，訂定該航空站發生非法干擾行為之緊急應變計畫，並定期實施演練。

第二十七條　航空貨運承攬業應檢送下列文件，申請航警局核准後，始得成為保安控管人：

一、申請書（如附件四）。

二、航空貨運承攬業許可證影本。

三、航空保安計畫。

前項第三款之航空保安計畫，應包含下列事項：

一、保安政策及組織。

二、保安義務及責任。

三、營業事項。

四、收取、處理及儲存貨物處所之特性。

五、貨物處理。

六、貨物運輸。

七、貨物檢查。

八、督導及考核。

九、保安作業人員之遴選。

十、保安作業人員之訓練。

十一、紀錄文件之備存。

十二、緊急應變計畫。

第一項保安控管人之核准有效期間為三年。保安控管人應於效期屆滿三個月前，檢送第一項文件向航警局申請核准。

第二十八條　保安控管人應建立及更新已知託運人名單，並確認託運人符合下列事項：

一、與保安控管人有商業往來紀錄。

二、已簽署航空保安聲明。

三、貨物於交付保安控管人前，均處於保安控制下。

前項第二款航空保安聲明之有效期間不得逾二年。

保安控管人應保存已知託運人名單及已知託運人航空保安聲明二年以上，以備查核。

第二十九條　保安控管人應確認已知託運人之貨物符合下列事項，始得認定為已知貨物：

一、貨物係由已知託運人所委託之工作人員運送。

二、已知託運人具備有效之託運文件；文件如有修正，應有已知託運人之簽名。

第三十條　保安控管人應執行下列保安控制措施：

一、收受已知貨物時，依已知託運人所填寫之資料，核對及檢查貨物之種類、數量及外觀。

二、經區別之非已知貨物，應送至航警局指定地點接受安全檢查後，始得視為已知貨物。

三、對前二款之貨物，應防止遭受非法干擾行為直至交由航空貨物集散站經營業者接收為止。

四、於運送過程中，不得將運送車輛處於無人監管狀態或於非排定行程中停留。

第三十一條　保安控管人運送已知貨物時，應確認運送之車輛及駕駛人符合下列事項：

一、運送之車輛應係保安控管人所有或係與保安控管人訂有合約之汽車運輸業者之運送車輛。

二、駕駛人應具備有效身分證明文件。

第三十二條　保安控管人應對進出其收取、處理、儲存貨物處所之人員、車輛及所攜帶、載運之物品，實施管制。

保安控管人應要求已知託運人依前項規定實施管制。

第三十三條　民航局應依國家民用航空保安計畫，擬訂國家民用航空保安品質管制計畫，於報請交通部核定後實施。變更時，亦同。

航警局、民用航空運輸業及普通航空業，應依國家民用航空保安品

質管制計畫及其航空保安計畫，擬訂其航空保安品質管制計畫，於報請民航局核定後實施。變更時，亦同。

航空貨物集散站經營業、航空站地勤業、空廚業、其他與管制區相連通並具獨立門禁與非管制區相連通之公民營機構及保安控管人，應依國家民用航空保安品質管制計畫及其航空保安計畫，擬訂其航空保安品質管制計畫，於報請航警局核定後實施。變更時，亦同。

第三十四條　民航局應依國家民用航空保安計畫，擬訂國家民用航空保安訓練計畫，於報請交通部核定後實施。變更時，亦同。

航警局、民用航空運輸業及普通航空業應依國家民用航空保安訓練計畫，擬訂其航空保安訓練計畫，於報請民航局核定後實施。變更時，亦同。

航空貨物集散站經營業、航空站地勤業、空廚業、其他與管制區相連通並具獨立門禁與非管制區相連通之公民營機構及保安控管人，應依國家民用航空保安訓練計畫，擬訂其航空保安訓練計畫，於報請航警局核定後實施。變更時，亦同。

第三十五條　航警局、民用航空運輸業、普通航空業、航空貨物集散站經營業、航空站地勤業、空廚業、其他與管制區相連通並具獨立門禁與非管制區相連通之公民營機構及保安控管人，應依其航空保安訓練計畫，對所屬人員實施保安訓練及考驗，並應每二年實施複訓及考驗。

未依限完成前項之訓練並經考驗及格之人員，不得從事與保安控制有關之工作。

訓練紀錄應保存三年以上，以備查核。

第三十六條　民航局得派員查核、檢查、測試或評估航警局、民用航空運輸業及普通航空業之航空保安措施及航空保安業務。

航警局得派員查核、檢查及測試航空站內作業之各公民營機構及保安控管人之航空保安措施及航空保安業務。

第三十七條　任何人對航空保安資料，應予保密。

前項航空保安資料，包括下列事項：

一、國家民用航空保安計畫。

二、各航空站保安計畫。

三、民用航空運輸業、普通航空業、航空貨物集散站經營業、航空站地勤業、空廚業、保安控管人及其他與管制區相連通並具獨立門禁與非管制區相連通之公民營機構之航空保安計畫。

四、其他國家所提供應保密之航空保安資訊。

第三十八條　在我國境內營運之外籍航空器所有人或使用人，適用本辦法第六條至第八條、第十條至第二十五條、第三十六條及第三十七條規定。

第三十九條　本辦法自發布日施行。

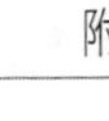

附錄三

民用航空法

中華民國四十二年五月三十日總統令制定公布全文一百零一條

中華民國六十三年一月四日總統臺統(一)義字第〇〇二四號令修正公布全文九十三條

中華民國七十三年十一月十九日總統華總(一)義字第六一六七號令修正公布

中華民國八十四年一月二十七日總統華總(一)義字第〇五七〇號令修正公布第十條及第十五條條文；增訂第十條之一

中華民國八十七年一月二十一日總統華總(一)義字第八七〇〇〇〇八四二〇號令修正公布全文一百二十三條

中華民國八十八年六月二日總統華總一義字第八八〇〇一二四三四〇號修正公布第三十七條

中華民國八十九年四月五日總統華總一義字第八九〇〇〇八九二五〇號修正公布第二條、第八十四條至第八十七條、第一百十一條、第一百二十一條；增訂第一百十二條之一，刪除第八十八條

中華民國九十年五月二日總統華總一義字第九〇〇〇〇八三八七〇號修正公布第二十三條、第二十八條、第四十三條、第四十八條、第五十五條、第六十四條、第一百十二條及第一百十四條

中華民國九十年五月三十日總統華總一義字第九〇〇〇一〇二二八〇號修正公布第五十五條

中華民國九十年十一月十四日總統華總一義字第九〇〇〇二二三四九〇號修正公布第九條、第二十三條、第二十五條至第二十七條、第三十二條、第三十三條、第四十一條、第四十七條、第四十九條、第五十條、第六十五條、第六十六條、第七十一條、第七十三條至第七十五條、第七十七條、第七十八條、第一百十一條、第一百十二條、第一百十六條、第一百十八條及第一百二十一條；增訂第二十條之一、第二十九條之一、第三十三條之一、第四十一條之一、第六十三條之一、第六十四條之一、第六十六條之一、第七十條之一、第七十二條之一、第七十四條之一、第七十五條之一、第

七十七條之一及第八十八條之一

中華民國九十二年五月二十八日總統華總一義字第○九二○○○九二九九○號令修正公布第二條、第二十三條、第二十七條、第四十條、第五十五條、第五十七條、第六十三條之一、第六十九條、第七十九條、第九十三條、第一百零五條、第一百零八條、第一百十二條、第一百十八條及第一百十九條；刪除第六十三條；增訂第五十八條之一、第九十三條之一、第九章之一章名、第九十九條之一至第九十九條之八、第一百十條之一及第一百十九條之一

中華民國九十三年六月二日總統華總一義字第○九三○○一○二三九一號令公告修正第二、九十九條之一、九十九條之八、一百十二條條文；增訂第四十一條之二條條文；並刪除第八章章名、第八十四條至第八十七條、第八十八條之一條文

中華民國九十三年六月九日總統華總一義字第○九三○○一○八三一一號令修正公布第三十七條條文

中華民國九十四年十一月三十日總統華總一義字○九四○○一九二九八一號令修正公布第三十七條條文

中華民國九十六年七月十八日總統華總一義字第○九六○○○九一○三一號令增訂第七條之一、第二十三條之一、第二十三條之二、第二十八條之一、第四十三條之一、第四十三條之二、第四十七條之一至第四十七條之五、第七十八條之一、第八十三條之一、第一百十條之二、第一百十二條之二至第一百十二條之七及第一百十九條之二至第一百十九條之四條文；刪除第六十八條、第一百二十條及第一百二十二條條文；並修正第二條、第五條、第九條、第十條、第二十三條、第二十五條、第二十八條、第二十九條之一、第三十三條至第三十五條、第三十七條、第三十八條、第四十條至第四十一條之一、第四十三條、第四十九條、第六十三條之一至第六十四條之一、第六十六條之一、第六十七條、第七十條之一、第七十四條之一、第七十八條、第八十二條、第九十九條之一至第九十九條之三、第九十九條之五、第一百零二條、第一百零四條至第一百零六條、第一百十條、第一百十一條、第一百十二條、第一百十三條、第一百十四條、第一百十八條及第一百十九條之一條文

中華民國九十八年一月二十三日總統華總一義字第○九八○○○一八五三一號令

修正公布第五十五條條文

中華民國一百〇一年一月四日總統華總一義字第一〇〇〇〇二九九六四一號令修正公布第三十三條、第七十八條、第八十一條、第八十三條、第一百零七條、第一百十二條之四條文

第一章　總則

第一條　為保障飛航安全，健全民航制度，符合國際民用航空標準法則，促進民用航空之發展，特制定本法。

第二條　本法用詞定義如下：

一、航空器：指任何藉空氣之反作用力，而非藉空氣對地球表面之反作用力，得以飛航於大氣中之器物。

二、航空站：指具備供航空器載卸客貨之設施與裝備及用於航空器起降活動之區域。

三、飛航：指航空器之起飛、航行、降落及起飛前降落後所需在航空站、飛行場之滑行。

四、航空人員：指航空器駕駛員、飛航機械員、地面機械員、飛航管制員、維修員及航空器簽派人員。

五、飛行場：指用於航空器起降活動之水陸區域。

六、助航設備：指輔助飛航通信、氣象、無線電導航、目視助航及其他用以引導航空器安全飛航之設備。

七、航路：指經民用航空局指定於空中以通道形式設立之管制空域。

八、特種飛航：指航空器試飛、特技飛航、逾限或故障維護及運渡等經核准之單次飛航活動。

九、飛航管制：指飛航管制機構為防止航空器間、航空器與障礙物間於航空站跑、滑道滑行時之碰撞及加速飛航流量並保持有序飛航所提供之服務。

十、機長：指由航空器所有人或使用人指派，於飛航時指揮並負航空器作業及安全責任之駕駛員。

十一、民用航空運輸業：指以航空器直接載運客、貨、郵件，取得報酬之事業。

十二、普通航空業：指以航空器經營民用航空運輸業以外之飛航業務而受報酬之事業，包括空中遊覽、勘察、照測、消防、搜尋、救護、拖吊、噴灑、拖靶勤務、商務專機及其他經核准之飛航業務。

十三、航空貨運承攬業：指以自己之名義，為他人之計算，使民用航空運輸業運送航空貨物及非具有通信性質之國際貿易商業文件而受報酬之事業。

十四、航空站地勤業：指於機坪內從事航空器拖曳、導引、行李、貨物、餐點裝卸、機艙清潔、空橋操作及其有關勞務之事業。

十五、空廚業：指為提供航空器內餐飲或其他相關用品而於機坪內從事運送、裝卸之事業。

十六、航空貨物集散站經營業：指提供空運進口、出口、轉運或轉口貨物集散與進出航空站管制區所需之通關、倉儲場所、設備及服務而受報酬之事業。

十七、航空器失事：指自任何人為飛航目的登上航空器時起，至所有人離開該航空器時止，於航空器運作中所發生之事故，直接對他人或航空器上之人，造成死亡或傷害，或使航空器遭受實質上損害或失蹤。

十八、航空器重大意外事件：指自任何人為飛航目的登上航空器時起，至所有人離開該航空器時止，發生於航空器運作中之事故，有造成航空器失事之虞者。

十九、航空器意外事件：指自任何人為飛航目的登上航空器時起，至所有人離開該航空器時止，於航空器運作中所發生除前二款以外之事故。

二十、超輕型載具：指具動力可載人，且其最大起飛重量不逾五百一十公斤及最大起飛重量之最小起飛速度每小時不逾六十五公里或關動力失速速度每小時不逾六十四公里之航空器。

二十一、飛航安全相關事件：指航空器因運作中所發生之航空器失事、航空器重大意外事件、航空器意外事件及非在運作中所發生之地面安全事件。

二十二、航空產品：指航空器、航空器發動機及螺旋槳。

二十三、自用航空器飛航活動：指以自有之航空器從事非營利性之飛航。

二十四、飛機：指以動力推動較空氣為重之航空器，其飛航升力之產生主要藉空氣動力反作用於航空器之表面。

二十五、直昇機：指較空氣為重之航空器，其飛航升力之產生主要藉由一個或數個垂直軸動力旋翼所產生之空氣反作用力。

第三條　交通部為管理及輔導民用航空事業，設交通部民用航空局（以下簡稱民航局）；其組織另以法律定之。

第四條　空域之運用及管制區域、管制地帶、限航區、危險區與禁航區之劃定，由交通部會同國防部定之。

第五條　航空器自外國一地進入中華民國境內第一次降落，及自國境內前往外國一地之起飛，應在指定之國際航空站起降。但經交通部核准或緊急情況時，不在此限。

第六條　航空器如須在軍用飛行場降落，或利用軍用航空站設備時，應由航空器所有人或使用人申請民航局轉請軍事航空管理機構核准。但因故緊急降落者，不在此限。

航空器在軍用飛行場起降，應遵照該場之規定，並聽從其指揮。

第二章　航空器

第七條　中華民國國民、法人及政府各級機關，均得依本法及其他有關法令享有自備航空器之權利。但如空域或航空站設施不足時，交通部對自備非公共運輸用航空器之權利得限制之。

外國人，除依第七章有關規定外，不得在中華民國境內自備航空器。

第七條之一　從事自用航空器飛航活動者，應申請民航局核轉交通部核准籌辦，並應於核准籌辦期間內，購置航空器及具有依相關法規從事安全飛航之能力，並經民航局完成飛航安全能力審查合格後，申請民航局核轉交通部核准，由民航局發給核准文件，始得從事活動。停止活動時，應報請民航局核轉交通部備查。

前項從事自用航空器飛航活動者，應為中華民國國民、社團法人、財團法人。

從事自用航空器飛航活動者，不得以其航空器從事營利性飛航或出租供他人從事飛航活動。

從事自用航空器飛航活動之申請籌辦、核准程序與限制條件、航空器之申購與其限制、機齡限制、飛航申請及其他應遵行事項之規則，由交通部定之。

民航局應派員檢查從事自用航空器飛航活動者之各項人員、設備、飛航作業及活動，受檢者不得規避、妨礙或拒絕，檢查結果發現有缺失者，應通知其限期改善。

第八條　航空器應由所有人或使用人向民航局申請中華民國國籍登記，經審查合格後發給登記證書。已登記之航空器，非經核准註銷其登記，不得另在他國登記。

曾在他國登記之航空器，非經撤銷其登記，不得在中華民國申請登記。

第九條　航空產品與其各項裝備及零組件之設計、製造，應向民航局申請檢定，檢定合格者，發給相關證書；非經民航局檢定合格發給相關證書，不得製造、銷售或使用。

自國外進口之航空產品與其各項裝備及零組件，非經民航局檢定合格或認可，不得銷售或使用。

前二項航空產品與其各項裝備及零組件之設計、製造之檢定、適航證書與適航掛籤之申請、認可、發證、變更、註銷與換發、證照費收取及其他應遵行事項之規則，由交通部定之。

依前條領有登記證書之航空器，其所有人或使用人，應向民航局申請適航檢定；檢定合格者，發給適航證書。

前項適航檢定之分類與限制、適航證書之申請、檢定、發證、撤銷或廢止之條件、註銷與換發、簽證、紀錄、年限管制、適航、維修管理、證照費收取及其他應遵行事項之規則，由交通部定之。

第十條　航空器合於下列規定之一者，得申請登記為中華民國國籍航空器：

一、中華民國國民所有。

二、中華民國政府各級機關所有。

三、依中華民國法律設立，在中華民國有主事務所之下列法人所有：

(一)無限公司之股東全體為中華民國國民。

(二)有限公司之資本總額逾百分之五十為中華民國之國民、法人所

有，其代表公司之董事為中華民國國民。

(三)兩合公司之無限責任股東全體為中華民國國民。

(四)股份有限公司之股份總數逾百分之五十為中華民國之國民、法人所有，其董事長及董事逾半數為中華民國國民，且單一外國人持有之股份總數不得逾百分之二十五。

(五)其他法人之代表人全體為中華民國國民。

外籍航空器，除本法另有規定外，不得在中華民國申請國籍登記。

第十一條　中華民國國民、法人及政府各級機關，以附條件買賣方式自外國購買之非中華民國航空器，於完成約定條件取得所有權前或向外國承租之非中華民國航空器，租賃期間在六個月以上，且航空器之操作及人員配備均由買受人或承租人負責者，經撤銷他國之登記後，得登記為中華民國國籍。

前項之登記由買受人或承租人向民航局申請。但其登記不得視為所有權之證明。

本法修正施行前所為之登記符合本條之規定者，無須另為登記。

第十二條　航空器登記後，應將中華民國國籍標誌及登記號碼，標明於航空器上顯著之處。

第十三條　登記證書遇有左列情事之一者，失其效力：

一、航空器所有權移轉時。

二、航空器滅失或毀壞致不能修復時。

三、航空器拆卸或棄置時。

四、航空器喪失國籍時。

第十四條　適航證書遇有左列情事之一者，失其效力：

一、有效期間屆滿時。

二、登記證書失效時。

三、航空器不合適航安全條件時。

第十五條　登記證書或適航證書失效時，由民航局公告作廢。持有人並應自失效之日起二十日內，向民航局繳還原證書。

第十六條　已登記之航空器，如發現與第八條第二項、第十條或第十一條之規定不合者，民航局應撤銷其登記，並令繳還登記證書。

第十七條　登記證書失效時，除依前二條之規定辦理外，民航局應即註銷登記。

第十八條　航空器，除本法有特別規定外，適用民法及其他法律有關動產之規定。

第十九條　航空器得為抵押權之標的。

航空器之抵押，準用動產擔保交易法有關動產抵押之規定。

第二十條　航空器所有權移轉、抵押權設定及其租賃，非經登記不得對抗第三人。

第二十條之一　航空器之國籍與所有權之登記、註銷、抵押權與租賃權之登記、塗銷、國籍標誌、登記號碼及登記費收取等事項之規則，由交通部定之。

第二十一條　共有航空器準用海商法第十一條至第十四條及第十六條至第十九條之規定。

第二十二條　航空器，除本法或其他法律有特別規定外，自開始飛航時起，至完成該次飛航時止，不得施行扣留、扣押或假扣押。

第二十三條　航空產品與其各項裝備及零組件之設計、製造、性能、操作限制、飛航及維修資料等事項之標準，由民航局定之。國際間通用之適航標準，適於國內採用者，得經民航局核定後採用之。

航空產品與其各項裝備及零組件之檢定業務，民航局得委託其他機關、團體、個人辦理，受委託者之資格、責任、監督及其他應遵行事項之辦法，由交通部定之。

民航局應派員檢查第一項航空產品與其各項裝備及零組件製造廠（以下簡稱製造廠）之各項人員、設備，並督導其業務，受檢者不得規避、妨礙或拒絕；檢查結果發現有缺失者，應通知其限期改善。其有下列情形之一者，應停止其一部或全部運作：

一、未依民航局核准之文件進行生產作業。

二、品管系統變更，未依規定通知民航局。

三、將民航局核准之產品標誌，標示於不符合適航標準之產品。

第二十三條之一　製造廠應於航空器製造完成後，向民航局申請臨時登記及相關證書；臨時登記之航空器，僅得使用於航空器試飛或運渡之特種飛航。

依前項規定申請臨時登記之航空器，不受第十條第一項第三款有關所有人條件之限制，並免繳臨時登記費用。

第二十三條之二　從事維修航空產品與其各項裝備及零組件之維修廠，應向民航局申請檢定；檢定合格者，發給維修廠檢定證書。

前項維修廠之檢定分類與程序、檢驗作業手冊、維護紀錄、簽證、廠房設施、裝備、器材、工作人員之資格、維護與品保系統之建立、申請檢定或申請增加、變更檢定、檢定證書之發證、註銷與換發、證照費收取、維修管理及其他應遵行事項之規則，由交通部定之。

民航局應派員檢查維修廠各項人員、設備，並督導其業務，受檢者不得規避、妨礙或拒絕；檢查結果發現有缺失者，應通知其限期改善。其有下列情形之一者，應停止其一部或全部運作：

一、航空人員未持有效檢定證或航空器駕駛員生理、心理狀態不適合飛航。

二、航空器試飛對地面人員或財產有立即危險之虞。

第三章　航空人員

第二十四條　航空人員應為中華民國國民。但經交通部核准者，不在此限。

第二十五條　航空人員經學、術科檢定合格，由民航局發給檢定證後，方得執行業務，並應於執業時隨身攜帶。

前項航空人員檢定之分類、檢定證之申請資格、學、術科之檢定項目、重檢、屆期重簽、檢定加簽、逾期檢定、外國人申請檢定之資格與程序、證照費收取、工作權限及其他應遵行事項之規則，由交通部定之。

第一項航空人員學、術科檢定業務，得委託機關、團體或個人辦理之；受委託者之資格、責任、監督及其他應遵行事項之辦法，由民航局定之。

第二十六條　航空器駕駛員、飛航機械員、飛航管制員之體格，應經民航局定期檢查，並得為臨時檢查；經檢查符合標準者，由民航局核發體格檢查及格證，並應於執業時隨身攜帶；經檢查不合標準者，應停止其執業。

前項航空人員體格之分類、檢查期限、檢查項目、檢查不合標準申請覆議之程序與提起複檢條件、期間之規定、檢查與鑑定費用之收取、體格檢查及格證之核發及檢查不合標準時停止執業之基準等事項之檢查標準，由民航局定之。

第一項航空人員體格檢查業務，得委託機關、團體辦理之；受委託者之資格、條件、責任及監督等事項之辦法，由民航局定之。

第二十七條　交通部為造就民用航空人才，得商同教育部設立民用航空學校或商請教育部增設或調整有關科、系、所、學院。

民用航空人員訓練機構於立案前，應先經交通部核准。

前項民用航空人員訓練機構之訓練分類、組織、籌設申請、許可證之申請、註銷與換發、招生程序、訓練學員之資格、訓練課程、訓練設施與設備、教師資格、證照費收取及訓練管理等事項之設立規則，由交通部定之。

民航局得派員檢查民用航空人員訓練機構之各項人員、訓練、設備，並督導其業務，受檢者不得拒絕、規避或妨礙；如有缺失，應通知受檢者限期改善。

第四章　航空站、飛行場與助航設備

第二十八條　國營航空站之籌設、興建、營運，應由民航局報經交通部核准後，始得為之。直轄市、縣（市）營航空站之籌設、興建、營運，應由直轄市、縣（市）政府申請民航局核轉交通部核准後，始得為之。

民營航空站應由符合第十條第一項第三款第四目規定之股份有限公司申請民航局核轉交通部許可籌設，並應在核定籌設期間內興建完成及依法向有關機關辦妥登記後，申請民航局核轉交通部核准，始得營運。

前二項航空站之籌設、興建、營運之申請、核准、出租、轉讓、撤銷或廢止之條件、註銷、停止營運或解散、經營投資、作業管理及其他應遵行事項之辦法，由交通部定之。

第二十八條之一　前條航空站於興建後，其供航空器起飛、降落及地面活動區域之設施及作業，應由航空站經營人申請民航局認證合格。

本法中華民國九十六年六月十五日修正之條文施行前已營運之航空站，其供航空器起飛、降落與地面活動區域之設施及作業，由民航局通知航空站經營人限期申請認證。

前二項設施與作業之項目、認證、豁免程序、發證、吊扣、註銷及其他應遵行事項之辦法，由交通部定之。

民航局應派員檢查航空站內供航空器起飛、降落與地面活動區域之設施及作業，並督導其業務，航空站經營人不得規避、妨礙或拒絕；檢查結果發現有缺失者，應通知其限期改善。

第二十九條　飛行場得由中華民國各級政府、中華民國國民或具有第十條第一項第三款規定資格之法人向民航局申請，經交通部會同有關機關核准設立經營；其出租、轉讓或廢止時，亦同。

前項飛行場之經營人及管理人應以中華民國國民為限。

第二十九條之一　民營飛行場之籌設申請、設立許可、撤銷或廢止之條件、註銷、停止營運或解散、飛航管制、氣象測報、設計規範、安全作業、臨時性起降場所之申請、營運管理及其他應遵行事項之規則，由交通部定之。

第三十條　航空站及飛行場，非經民航局許可，不得兼供他用。

借用軍用航空站及飛行場，交通部應與國防部協議。

第三十一條　國境內助航設備之設置、變更及廢止應先經申請民航局核准後始得為之。

助航設備設置人，應依民航局之規定管理其各項設備。

第三十二條　為維護飛航安全，民航局對航空站、飛行場及助航設備四周之建築物、其他障礙物之高度或燈光之照射角度，得劃定禁止或限制之一定範圍，報交通部會商內政部及有關機關後核定，由直轄市、縣（市）政府公告之。但經評估不影響飛航安全，並經行政院專案核准者，不在此限。

前項航空站、飛行場與助航設備四周之一定範圍、禁止或限制之高度或燈光之照射角度、公告程序、禁止、限制及專案核准之審核程序等事項之管理辦法，由交通部會同內政部、國防部定之。

第三十三條　違反前條強制、禁止或限制規定者，民航局得會同有關機關通知物主限期改善或拆遷。但經依前條專案核准者，物主應負責裝置障礙燈、標誌。

前項應拆遷或負責裝置障礙燈、標誌之建築物、燈光或其他障礙物，於禁止或限制之一定範圍公告時已存在者，其拆遷或負責裝置障礙燈、標誌，由航空站或飛行場經營人給與補償。

未依第一項規定拆遷者，由航空站及內政部警政署航空警察局（以下簡稱航空警察局）會同有關機關強制拆除之。

第三十三條之一　建築物或其他設施超過一定高度者，物主應裝置障礙燈、標誌，並保持正常使用狀況；低於一定高度而經民航局評估有影響飛航安全者，亦同。

前項一定高度、設置障礙燈、標誌及影響飛航安全評估等事項之標準，由交通部會同內政部定之。

第三十四條　占有人應防止其牲畜、飛鴿及鳥類侵入航空站、飛行場或助航設備區域。對已侵入之牲畜、飛鴿及鳥類，顯有危害飛航安全者，航空站、飛行場或助航設備之經營人、管理人予以捕殺或驅離之。其有侵入之虞者，並得在航空站或飛行場四周之一定距離範圍內，採取適當措施。

航空站或飛行場四周之一定距離範圍內，禁止飼養飛鴿或施放有礙飛航安全之物體。但經民航局核准者，不在此限。

前二項所訂一定距離範圍，由交通部會同有關機關劃定公告。於公告前，在該一定距離範圍內已存在之鴿舍，其在公告所定期間內拆遷者，由航空站或飛行場經營人給予補償，屆期不遷移或擅自再設者，由航空站、飛行場之經營人、管理人會同航空警察局強制拆除，不予補償；必要時，並得洽請有關機關協助執行。

前項所訂鴿舍拆遷補償之申請、現場勘查、鑑價、補償金之發放及其他應遵行事項之辦法，由交通部定之。

施放之有礙飛航安全物體，由航空站、飛行場之經營人、管理人會同航空警察局取締之；必要時，並得洽請有關機關協助執行。

第三十五條　航空站噪音防制工作，由民航局會同行政院環境保護署共同訂定噪音防制工作計畫。

前項航空站，屬於國營者，其噪音防制工作，由民航局辦理，並得由民航局委辦當地直轄市、縣（市）政府辦理；非屬國營之航空站，其噪音防制工作，由經營人辦理。

第三十六條　公營航空站、飛行場及助航設備所需之土地，政府得依法徵收之。

第三十七條　使用航空站、飛行場、助航設備及相關設施，應依規定繳納使用費、服務費或噪音防制費；使用國營航空站、助航設備及相關設施之收費標準，由交通部定之。非屬國營之航空站、飛行場之收費費率，由經營人擬訂，報請民航局核轉交通部核定；變更時，亦同。

前項噪音防制費，應作為噪音防制之用；該項費用應優先用於民用航空器使用之航空站附近噪音防制設施，其餘得視需要，用於相關居民健康維護、電費、房屋稅、地價稅等。

第一項各項費用中，場站降落費應按各航空站徵收之比率，每年提撥百分之八作為該航空站回饋金，該項費用應用於補助維護居民身心健康、獎助學金、社會福利、文化活動、基層建設經費、公益活動等。

前二項之經費分配及使用辦法，國營航空站由交通部定之。非屬國營之航空站之經費分配及使用計畫，由經營人擬訂，報請民航局核轉交通部核定；飛行場之回饋金經費分配及使用計畫，由經營人擬訂，報請民航局核轉交通部核定。

第五章　飛航安全

第三十八條　航空器飛航時，應具備下列文書：

一、航空器登記證書。

二、航空器適航證書。

三、飛航日記簿。

四、載客時乘客名單。

五、貨物及郵件清單。

六、航空器無線電臺執照。

機長於起飛前，應確認航空器已具備前項文書。

航空器飛航前，經民航局檢查發覺未具備第一項文書或其文書失效者，應制止其飛航。

第三十九條　航空器之特種飛航，應先申請民航局核准。

第四十條　領有航空器適航證書之航空器，其所有人或使用人，應對航空器為妥善之維護，並應於飛航前依規定施行檢查，保持其適航安全條件，如不適航，應停止飛航；檢查員或機長認為不適航時，亦同。

民航局應派員或委託機關、團體指派合格人員檢查航空器所有人或使用人之機務作業，航空器所有人或使用人不得規避、妨礙或拒絕；如航空器之維護狀況不合於適航安全條件者，應制止其飛航，並廢止其適航證書。

民用航空運輸業，應將航空器機齡、飛航時數、最近一次維修紀錄及航空器駕駛員飛航時數等資料公開，作為乘客選擇之參考。

第二項受委託者之資格、責任、監督及其他應遵行事項之辦法，由交通部定之。

第四十一條　為維護飛航安全，航空器飛航時，應遵照一般飛航、目視飛航及儀器飛航之管制，並接受飛航管制機構之指示。

前項一般飛航、目視飛航、儀器飛航及其他應遵行事項之規則，由民航局定之。

第四十一條之一　航空器所有人或使用人應負航空器飛航安全之責，並依本法或本法所發布之法規命令從事安全飛航作業。

航空器飛航作業、飛航準備、航空器性能操作限制、航空器儀表、裝備與文件、航空器通信與航行裝備、航空器維護、飛航組員作業、駕駛員資格限制、簽派員、手冊表格與紀錄、客艙組員、保安及其他應遵行事項之規則，由交通部定之。

民航局應派員檢查航空器所有人或使用人之航務作業，航空器所有人或使用人不得規避、妨礙或拒絕；檢查結果發現有缺失者，應通知航空器所有人或使用人限期改善；其有下列情形之一者，應停止其飛航：

一、航空人員未持有效檢定證。

二、航空器駕駛員生理、心理狀態不適合飛航。

第四十一條之二　飛航安全相關事件之通報、消防、搶救、緊急應變及非屬航空器失事或重大意外事件之調查、統計及分析等事項之規則，由民航局定之。

第四十二條　航空器不得飛越禁航區。

航空器於飛航限航區及危險區，應遵守飛航規則之規定。

第四十三條　危險物品不得攜帶或託運進入航空器。但符合依第四項所定辦法或民航局核定採用之國際間通用之危險物品處理標準有關分類、識別、空運限制、封裝、標示、申報及託運人責任事項之規定者，不在此限。

民用航空運輸業、普通航空業、航空貨運承攬業、航空站地勤業、空廚業及航空貨物集散站經營業不得託運、存儲、裝載或運送危險物品。但符合第四項所定辦法或民航局核定採用之國際間通用之危險物品處理標準有關分類、識別、空運限制、封裝、標示、申報、託運人責任、航空器所有人或使用人責任、資訊提供、空運作業、訓練計畫、申請程序與遵守事項、失事與意外事件之通報及其他應遵行事項之規定者，不在此限。

前二項危險物品名稱，由民航局公告之。

危險物品之分類與識別、空運之限制、封裝、標示、申報、託運人責任、航空器所有人或使用人責任、資訊提供、空運作業、訓練計畫、申請程序與遵守事項、失事與意外事件之通報及其他應遵行事項之辦法，由交通部定之。國際間通用之危險物品處理標準，適於國內採用者，得經民航局核定後採用之。

第四十三條之一　槍砲彈藥刀械管制條例所定槍砲、刀械或其他有影響飛航安全之虞之物品，不得攜帶進入航空器。但因特殊任務需要，經航空警察局核准，並經航空器使用人同意之槍砲，不在此限。

前項其他有影響飛航安全之虞之物品名稱，由民航局公告之。

第四十三條之二　航空器關閉艙門並經航空器上工作人員宣布禁止使用時起至開啟艙門止，不得於航空器上使用干擾飛航或通訊之器材。

前項干擾飛航或通訊器材之種類及其禁止使用規定，由民航局公告之。

第四十四條　航空器飛航中，不得投擲任何物件。但法令另有規定，或為飛航安全，或為救助任務，而須投擲時，不在此限。

第四十五條　航空器在飛航中，機長為負責人，並得為一切緊急處置。

第四十六條　航空器及其裝載之客貨，均應於起飛前降落後，依法接受有關機關之檢查。

第四十七條　乘客於運送中或於運送完成後，與航空器運送人發生糾紛者，民航局應協助調處之。

乘客於調處時，受航空器運送人退去之要求，而仍留滯於航空器中者，航空器運送人經民航局同意，得請求航空警察局勸導或強制乘客離開航空器。

第一項之調處辦法，由民航局定之。

第四十七條之一　交通部為辦理國家民用航空保安事項，應擬訂國家民用航空保安計畫，報請行政院核定後實施。

航空警察局為各航空站之航空保安管理機關，應擬訂各航空站保安計畫，報請民航局核定後實施。

於航空站內作業之各公民營機構，應遵守航空站保安計畫之各項規定。

第四十七條之二　民用航空運輸業及普通航空業，應依國家民用航空保安計畫擬訂其航空保安計畫，報請民航局核定後實施。

外籍民用航空運輸業應訂定其航空保安計畫，報請民航局備查後實施。

航空貨物集散站經營業、航空站地勤業、空廚業及其他與航空站管制區相連通並具獨立門禁與非管制區相連通之公民營機構，應於其作業之航空站擬訂航空保安計畫，報請航空警察局核定後實施。

航空貨運承攬業得訂定航空保安計畫，向航空警察局申請為保安控管人。

航空警察局得派員查核、檢查及測試航空站內作業之各公民營機構及保安控管人之航空保安措施及航空保安業務，受查核、檢查及測試單位不得規避、妨礙或拒絕；檢查結果發現有缺失者，應通知其限期改善。

前項航空警察局派員查核、檢查及測試時，得要求航空站經營人會同辦理。

第四十七條之三　航空器載運之乘客、行李、貨物及郵件，未經航空警察局安全檢查者，不得進入航空器。但有下列情形之一者，不在此限：

一、依條約、協定及國際公約規定，不需安全檢查。

二、由保安控管人依核定之航空保安計畫實施保安控管之貨物。

三、其他經航空警察局依規定核准。

前項安全檢查之方式，由航空警察局公告之。

航空器所有人或使用人不得載運未依第一項規定接受安全檢查之乘客、行李、貨物及郵件。

航空器上工作人員與其所攜帶及託運之行李、物品於進入航空器前，應接受航空警察局之安全檢查，拒絕接受檢查者，不得進入航空器。

航空器所有人或使用人對航空器負有航空保安之責。

前五項規定，於外籍航空器所有人或使用人，適用之。

第四十七條之四　航空站經營人為維護安全及運作之需求，應劃定部分航空站區域為管制區。

人員、車輛及其所攜帶、載運之物品進出管制區，應接受航空警察局檢查。

第四十七條之五　航空保安計畫之訂定與報核程序、航空器所有人或使用人對於航空器之戒護與清艙檢查、旅客、行李、貨物、空廚餐飲與侍應品之保安措施、保安控管人之申請程序、戒護與被戒護人、武裝空安人員與其他經航空警察局許可攜帶武器進入航空器人員搭機應遵行事項、保安控制人員之資格、航空保安事件之緊急應變措施、航空保安品質管制計畫之訂定與報核程序、保安訓練計畫之訂定與報核程序、保安資料之保密、外籍航空器所有人或使用人保安管理及其他應遵行事項之辦法，由交通部定之。

第六章　民用航空事業之管理

第一節　民用航空運輸業

第四十八條　經營民用航空運輸業者，應申請民航局核轉交通部許可籌設，並應在核定籌設期間內，依法向有關機關辦妥登記、自備航空器及具有依相關法規從事安全營運之能力，並經民航局完成營運規範審查合格後，申請民航局核轉交通部核准，如營業項目包括國際運送業務者，並應先向海關辦理登記，取得證明文件，由民航局發給民用航空運輸業許可證，始得營業。

民用航空運輸業自民航局發給許可證之日起，逾二十四個月未開業，或開業後停業逾六個月者，由民航局報請交通部廢止其許可後，註銷其許可證，並通知有關機關廢止其登記。但有正當理由，並依規定程序申請核准延展者，不在此限。

民用航空運輸業結束營業，應先報請民航局轉報交通部備查，並自結束營業之日起三十日內，將原領民用航空運輸業許可證繳還；屆期未繳還時，由民航局逕行公告註銷。

第二項核准延展期限不得逾六個月，並以一次為限。

第四十九條　民用航空運輸業應為公司組織，並應合於下列規定：

一、無限公司之股東全體為中華民國國民。

二、有限公司之資本總額逾百分之五十為中華民國之國民、法人所有，其代表公司之董事為中華民國國民。

三、兩合公司之無限責任股東全體為中華民國國民。

四、股份有限公司之股份總數逾百分之五十為中華民國之國民、法人所有，其董事長及董事逾半數為中華民國國民，且單一外國人持有之股份總數不得逾百分之二十五。

股份有限公司發行股票者，其股票應記名。

第五十條　民用航空運輸業應取得國際航權及時間帶，並持有航線證書後，方得在指定航線上經營國際定期航空運輸業務。民航局應設置國際機場時間帶協調委員會，或委託中立機構，辦理機場時間帶分配；其受委託者之資格、條件、責任及監督等事項之辦法，由民航局定之。

民用航空運輸業應取得國內機場航空器起降額度或時間帶，並持有航線證書後，方得在指定航線上經營國內定期航空運輸業務。

前二項指定航線之起迄經停地點、業務性質及期限，均於航線證書上規定之。

第一項國際航權分配及包機之審查綱要，由交通部定之。

第二項之國內機場航空器起降額度管理辦法及時間帶管理辦法，由民

航局定之。

第五十一條　民用航空運輸業許可證或航線證書，不得轉移，其持有人不得認為已取得各該許可證或證書所載各項之專營權。

第五十二條　已領有航線證書之民用航空運輸業，或經停中華民國境內之航空器，應依郵政法之規定，負責載運郵件。

第五十三條　航空函件及航空郵政包裹運費應低於一般航空貨物運價。

第五十四條　民用航空運輸業對航空函件，應在客貨之前優先運送。

第五十五條　民用航空運輸業客貨之運價，其為國際定期航線者，應報請民航局轉報交通部備查；其為國內定期航線者，應報請民航局轉報交通部核准其上、下限範圍。變更時，亦同。

前項運價之使用、優惠方式、報核程序及生效日期等相關事項之管理辦法，由交通部定之。

為照顧澎湖縣、金門縣、連江縣、臺東縣蘭嶼鄉及綠島鄉等離島地區居民，對於往返居住地或離島與其離島間，搭乘航空器者，應予票價補貼。其補貼標準依機場條件劃分如下：

一、澎湖縣馬公機場、金門縣尚義機場補貼百分之二十。

二、連江縣南竿及北竿機場補貼百分之三十。

三、澎湖縣七美及望安機場、臺東縣蘭嶼及綠島機場補貼百分之四十。

前項航空器，包含固定翼飛機及直昇機。

對於經營離島地區固定翼飛機及直昇機之航空公司，應予獎助。

第三項票價補貼辦法及前項獎助辦法，均由交通部擬訂，報請行政院核定之。

第五十六條　民用航空運輸業應將左列表報按期送請民航局核轉交通部備查：

一、有關營運者。

二、有關財務者。

三、有關航務者。

四、有關機務者。

五、股本百分之三以上股票持有者。

民航局於必要時，並得檢查其營運財務狀況及其他有關文件。

第五十七條　民航局得派員檢查民用航空運輸業各項人員、設備，並督導其業務，民用航空運輸業者不得拒絕、規避或妨礙；如有缺失，應通知民用航空運輸業者限期改善。

第五十八條 民用航空運輸業具有左列情事之一時，除應依法辦理外，並應申報民航局核轉交通部備查：

一、增減資本。

二、發行公司債。

三、與其他民用航空運輸業相互間或與相關企業組織間，有關租借、相繼運送及代理等契約。

四、主要航務及機務設備之變更或遷移。

第五十八條之一 民用航空運輸業申請聯營時，應擬具聯營實施計畫書，並檢附有關文件，報請民航局核轉交通部許可後，始得實施聯營；交通部許可聯營時，得附加條件、期限、限制或負擔。

民用航空運輸業不依核定之計畫實施聯營、或核准聯營事由消滅或聯營事項有違公共利益或民航發展者，交通部得廢止許可、變更許可內容、命令停止或改正聯營行為。

第一項之聯營如構成公平交易法第七條之聯合行為者，應先經行政院公平交易委員會之許可；其聯營許可審查辦法，由交通部會同行政院公平交易委員會定之。

第五十九條 民航局為應公共利益之需要，得報請交通部核准後，通知民用航空運輸業調整或增闢指定航線。

第六十條 政府遇有緊急需要時，民用航空運輸業應接受交通部之指揮，辦理交辦之運輸事項。

第六十一條 民用航空運輸業依法解散時，其許可證及航線證書同時失效，並應於三十日內向民航局繳銷之。

第六十二條 民用航空運輸業許可證及航線證書定有期限者，期滿後非依法再行申請核准，不得繼續營業。

第六十三條（刪除）

第六十三條之一 民用航空運輸業之營業項目、資格條件之限制、籌設申請與設立許可、許可證之申請、登記、註銷與換發、資本額、公司登記事項之變更、航空器之購買、附條件買賣、租用、機齡限制、航線籌辦、航線暫停或終止、飛航申請、聯營許可、證照

費與包機申請費收取、營運管理及其他應遵行事項之規則，由交通部定之。

第二節 普通航空業

第六十四條 經營普通航空業者，應申請民航局核轉交通部許可籌設，並應在核定籌設期間內，依法向有關機關辦妥登記、自備航空器及具有依相關法規從事安全營運之能力，並經民航局完成營運規範審查合格後，申請民航局核轉交通部核准，營業項目包括商務專機之國際運送業務者，並應向海關辦理登記，取得證明文件，由民航局發給普通航空業許可證，始得營業。

普通航空業自民航局發給許可證之日起，逾十二個月未開業，或開業後停業逾六個月者，由民航局報請交通部廢止其許可後，註銷其許可證，並通知有關機關廢止其登記。但有正當理由，並依規定程序申請核准延展者，不在此限。

前項核准延展期限不得逾六個月，並以一次為限。

第六十四條之一 普通航空業經營商務專機業務，應以座位數十九人以下之飛機或直昇機提供單一客戶專屬客運服務，不得有個別攬客行為。

普通航空業之營業項目、籌設申請與設立許可、許可證之申請、登記、註銷與換發、資本額、公司登記事項之變更、航空器之購買、附條件買賣、租用、機齡限制、飛航申請、證照費收取、營運管理及其他應遵行事項之規則，由交通部定之。

第六十五條 第四十八條第三項、第四十九條、第五十六條、第五十七條、第六十條規定，於普通航空業準用之。

第三節 航空貨運承攬業

第六十六條 經營航空貨運承攬業者，應申請民航局核轉交通部許可籌設，並應在核定籌設期間內，依法向有關機關辦妥登記後，申請民航局核轉交通部核准，由民航局發給航空貨運承攬業許可證後，始得營業。

航空貨運承攬業自民航局發給許可證之日起逾六個月未開業，或開業後停業逾六個月者，由民航局報請交通部廢止其許可後，註銷其許可證，並通知有關機關廢止其登記。但有正當理由，並依規定程序申請核准延展者，不在此限。

航空貨運承攬業結束營業，應先報請民航局轉報交通部備查，並自結束營業之日起三十日內，將原領航空貨運承攬業許可證繳還，屆期未繳還時，由民航局逕行公告註銷。

第二項核准延展期限不得逾六個月，並以一次為限。

第六十六條之一　航空貨運承攬業應為公司組織。

第六十七條　外籍航空貨運承攬業申請在中華民國境內設立分公司者，應申請民航局核轉交通部許可籌設，並應在核定籌設期間內，依法辦理分公司登記後，申請民航局核轉交通部核准，由民航局核發外籍航空貨運承攬業分公司許可證後，始得營業。

外籍航空貨運承攬業未依前項規定設立分公司營運者，應委託在中華民國境內之航空貨運承攬業代為執行或處理航空貨運承攬業務，始得在中華民國境內辦理航空貨運承攬業務。

第一項外籍航空貨運承攬業分公司結束營業，應先報請民航局轉報交通部備查，並自結束營業之日起三十日內，將原領外籍航空貨運承攬業分公司許可證繳還；屆期未繳還者，由民航局逕行公告註銷。

第六十八條（刪除）

第六十九條　民航局得派員檢查航空貨運承攬業各項設備及業務，航空貨運承攬業者不得拒絕、規避或妨礙；如有缺失，應通知航空貨運承攬業限期改善。

第七十條　航空貨運承攬業不得聘用左列人員為經理人，已充任者，解任之：

一、有公司法第三十條各款情事之一者。

二、曾經營航空貨運承攬業受撤銷許可未滿五年者。

前項規定於公司董事及監察人，準用之。

第七十條之一　航空貨運承攬業、外籍航空貨運承攬業分公司之籌設申請與設立許可、許可證之申請、登記、註銷與換發、資本額、公司登記事項之變更、證照費收取、外籍航空貨運承攬業委託業務之申請、營運管理及其他應遵行事項之規則，由交通部定之。

前二條規定，於外籍航空貨運承攬業，準用之。

第四節　航空貨物集散站經營業

第七十一條　經營航空貨物集散站經營業者，應具備有關文書，申請民航局核轉交通部許可籌設，並應在核定籌設期間內，依法向有關機關辦妥登記，備妥有關場地、設備、設施，並應向海關辦理登記，取得證明文件後，申請民航局核轉交通部核准，由民航局發給航空貨物集散站經營業許可證後，始得營業。

航空貨物集散站如經核准於國際機場外二十五公里範圍內營業者，民航局應於機場內設置專屬之交接區域，以供機場外航空貨物集散站之貨物交接進出。

航空貨物集散站經營業自民航局發給許可證之日起，逾六個月未開業，或開業後停業逾六個月者，由民航局報請交通部廢止其許可後，註銷其許可證，並通知有關機關廢止其登記。但有正當理由，並依規定程序申請核准延展者，不在此限。

前項核准延展期限不得逾六個月，並以一次為限。

第七十二條　民用航空運輸業得報請民航局核轉交通部許可後，設立航空貨物集散站，自辦其自營之航空器所承運貨物之集散業務。

前項規定於依條約、協定或基於平等互惠原則，以同樣權利給與中華民國民用航空運輸業在其國內經營航空貨物集散站經營業務之外籍民用航空運輸業，準用之。

第七十二條之一　航空貨物集散站經營業、中外籍民用航空運輸業申請自辦航空貨物集散站經營業務之營業項目、籌設申請與設立許可、許可證之申請、登記、註銷與換發、資本額、公司登記事項之變更、證照費收取及營運管理等事項之規則，由交通部定之。

第七十三條　第四十八條第三項、第五十七條、第六十六條之一規定，於航空貨物集散站經營業準用之。

第五節　航空站地勤業

第七十四條　經營航空站地勤業者，應申請民航局核轉交通部許可籌設，並應在核定籌設期間內，依法向有關機關辦妥登記後，申請民航局核轉交通部核准，由民航局發給航空站地勤業許可證後，始得營業。

航空站地勤業自民航局發給許可證之日起，逾十二個月未開業，或開業後停業逾六個月者，由民航局報請交通部廢止其許可後，註銷其許可證，並通知有關機關廢止其登記。但有正當理由，並依規定程序申請核准延展者，不在此限。

前項核准延展期限不得逾六個月，並以一次為限。

第七十四條之一　航空站地勤業應為公司組織，並應合於下列之規定：

一、無限公司之股東全體為中華民國國民。

二、有限公司之資本總額逾百分之五十為中華民國之國民、法人所有，其代表公司之董事二分之一以上為中華民國國民。

三、兩合公司之無限責任股東全體為中華民國國民。

四、股份有限公司之股份總數逾百分之五十為中華民國之國民、法人所有，其董事長及董事逾半數為中華民國國民，且單一外國人持有之股份總數不得逾百分之二十五。

股份有限公司發行股票者，其股票應記名。

航空站地勤業因條約或協定另有規定者，不受前二項規定之限制。

第七十五條　民用航空運輸業得報請民航局核轉交通部許可後，兼營航空站地勤業或自辦航空站地勤業務。

前項規定，於依條約、協定或基於平等互惠原則，以同樣權利給與中華民國民用航空運輸業者在其國內經營航空站地勤業務之外籍民用航空運輸業，準用之。

前二項經許可兼營航空站地勤業或自辦航空站地勤業務者，交通部為維持航空站之安全及營運秩序，得限制其一部或全部之營業。

第七十五條之一　航空站地勤業、中外籍民用航空運輸業申請兼營航空站地勤業或自辦航空站地勤業務之營業項目、籌設申請與設立許可、許可證之申請、登記、註銷與換發、資本額、增減營業項目、公司登記事項之變更、證照費收取及營運管理等事項之規則，由交通部定之。

第七十六條　第四十八條第三項、第五十七條於航空站地勤業，準用之。

第七十七條　第四十八條第三項、第五十七條、第七十四條、第七十四條之一、

第七十五條規定，於空廚業準用之。

第七十七條之一　空廚業、中外籍民用航空運輸業申請兼營空廚業之營業項目、籌設申請與設立許可、許可證之申請、登記、註銷與換發、資本額、公司登記事項之變更、證照費收取及營運管理等事項之規則，由交通部定之。

第七章　外籍航空器或外籍民用航空運輸業

第七十八條　外籍航空器，非經交通部許可，不得飛越中華民國領域或在中華民國境內起降。但條約或協定另有規定者，從其規定。

民航局得派員檢查在中華民國境內起降之外籍航空器之各項人員、設備及其有關文件。機長不得拒絕、規避或妨礙。

第一項外籍航空器飛越中華民國領域或在中華民國境內起降申請許可之程序、應備文件、撤銷、廢止許可或禁止飛航之事由及其他應遵行事項之規則，由交通部定之。

第七十八條之一　第五條、第六條、第三十七條第一項、第三十八條、第三十九條、第四十一條、第四十二條、第四十三條第一項、第二項、第四十三條之一第一項、第四十四條至第四十七條、第五十三條、第五十四條、第五十五條第一項、第五十七條、第六十一條、第六十二條、第八十九條、第九十條、第九十一條、第九十二條、第九十三條、第九十三條之一、第九十七條及第九十九條規定，於外籍民用航空運輸業、外籍航空器、外籍航空貨運承攬業、外籍航空人員，準用之。

第七十九條　外籍民用航空運輸業，須經民航局許可，其航空器始得飛航於中華民國境內之一地與境外一地之間，按有償或無償方式非定期載運客貨、郵件。

第八十條　外籍民用航空運輸業，依條約或協定，或基於平等互惠原則，其航空器定期飛航於中華民國境內之一地與境外一地之間，按有償或無償方式載運客貨、郵件，應先向民航局申請核發航線證書。

第八十一條　外籍航空器或外籍民用航空運輸業，不得在中華民國境內兩地之間按有償或無償方式載運客貨、郵件或在中華民國境內經營普通航空業務。但有下列情形之一者，不在此限：

一、外籍自用航空器經依第七十八條第一項許可在中華民國境內從事非營利性之飛航活動。

二、條約或協定另有規定。

第八十二條　外籍民用航空運輸業在中華民國設立分支機構，應檢附有關文書，申請民航局核轉交通部許可後，依法辦理登記；其為分公司者，並應依法辦理分公司登記，申請民航局核轉交通部核准，並向海關辦理登記，取得證明文件，由民航局核發外籍民用航空運輸業分公司許可證後，始得營業。

外籍民用航空運輸業未依前項規定設立分公司營運者，應委託在中華民國境內之總代理執行或處理客、貨運業務，始得在中華民國境內攬載客貨。

第一項外籍民用航空運輸業分公司結束營業，應先報請民航局轉報交通部備查，並自結束營業之日起三十日內，將原領外籍民用航空運輸業分公司許可證繳還；屆期未繳還者，由民航局逕行公告註銷。

第八十三條　民用航空運輸業或普通航空業因自有航空器維修需要、政府機關因公務或法人、團體受託辦理公務需要，租賃或借用外籍航空器，其期間在六個月以下並經交通部核准者，得不受第八十一條之限制。

第八十三條之一　外籍民用航空運輸業之航線籌辦、設立分支機構、總代理申請、證照費與包機申請費之收取、營運管理及其他應遵行事項之規則，由交通部定之。

第八章（刪除）

第八十四條（刪除）

第八十五條（刪除）

第八十六條（刪除）

第八十七條（刪除）

第八十八條（刪除）

第八十八條之一（刪除）

第九章　賠償責任

第八十九條　航空器失事致人死傷，或毀損他人財物時，不論故意或過失，航空器所有人應負損害賠償責任；其因不可抗力所生之損害，亦應負責。自航空器上落下或投下物品，致生損害時，亦同。

第九十條　航空器依租賃、附條件買賣或借貸而使用者，關於前條所生之損害，由所有人與承租人、附條件買賣買受人或借用人負連帶賠償責任。但附條件買賣、租賃已登記，除所有人有過失外，由承租人、附條件買賣買受人單獨負責。

第九十一條　乘客於航空器中或於上下航空器時，因意外事故致死亡或傷害者，航空器使用人或運送人應負賠償之責。但因可歸責於乘客之事由，或因乘客有過失而發生者，得免除或減輕賠償。

乘客因航空器運送人之運送遲到而致損害者，航空器運送人應負賠償之責。但航空器運送人能證明其遲到係因不可抗力之事由所致者，除另有交易習慣者外，以乘客因遲到而增加支出之必要費用為限。

第九十二條　損害之發生，由於航空人員或第三人故意或過失所致者，航空器所有人、承租人或借用人，對於航空人員或第三人有求償權。

第九十三條　乘客或航空器上工作人員之損害賠償額，有特別契約者，依其契約；特別契約中有不利於中華民國國民之差別待遇者，依特別契約中最有利之規定。無特別契約者，由交通部依照本法有關規定並參照國際間賠償額之標準訂定辦法，報請行政院核定之。

前項特別契約，應以書面為之。

第一項所定損害賠償標準，不影響被害人以訴訟請求之權利。

第九十三條之一　航空器使用人或運送人，就其託運貨物或登記行李之毀損或滅失所負之賠償責任，每公斤最高不得超過新臺幣一千元。但託運人託運貨物或行李之性質、價值，於託運前已向運送人聲明並載明於貨物運送單或客票者，不在此限。

乘客隨身行李之賠償責任，按實際損害計算。但每一乘客最高不得超過新臺幣二萬元。

航空器使用人或運送人因故意或重大過失致生前二項所定之損

害者，不得主張賠償額之限制責任。

前三項規定，於航空貨運承攬業、航空站地勤業或航空貨物集散站經營業為賠償被請求人時，準用之。

第九十四條　航空器所有人應於依第八條申請登記前，民用航空運輸業應於依第四十八條申請許可前，投保責任保險。

前項責任保險，經交通部訂定金額者，應依訂定之金額投保之。

第九十五條　外籍航空器經特許在中華民國領域飛航時，交通部得令其先提出適當之責任擔保金額或保險證明。

第九十六條　未經提供責任擔保之外籍航空器，或未經特許緊急降落或傾跌於中華民國領域之外籍航空器，民航局得扣留其航空器；其因而致人或物發生損害時，並應依法賠償。

遇前項情形，除有其他違反法令情事外，航空器所有人、承租人、借用人或駕駛員能提出擔保經民航局認可時，應予放行。

第九十七條　因第八十九條所生損害賠償之訴訟，得由損害發生地之法院管轄之。

因第九十一條所生損害賠償之訴訟，得由運送契約訂定地或運送目的地之法院管轄之。

第九十八條　因航空器失事，致其所載人員失蹤，其失蹤人於失蹤滿六個月後，法院得因利害關係人或檢察官之聲請，為死亡之宣告。

第九十九條　航空器失事之賠償責任及其訴訟之管轄，除本法另有規定外，適用民法及民事訴訟法之規定。

第九章之一　超輕型載具

第九十九條之一　設立超輕型載具活動團體（以下簡稱活動團體），應先經民航局許可，並依法完成人民團體之法人登記，且其活動指導手冊經報請民航局核轉交通部會同行政院體育委員會核定後，始得從事活動。

前項活動指導手冊之內容，應包含下列事項：

一、超輕型載具製造、進口、註冊、檢驗、給證及換（補）證之申請。

二、超輕型載具操作證之給證及換（補）證之申請。

三、活動場地之需求規劃、協調及申請。

四、活動空域之範圍、限制、遵守、空域安全及管理。

五、飛航安全相關事件之通報及處理。

活動團體之設立許可、廢止之條件與程序、活動指導手冊之擬訂、超輕型載具之引進、註冊、檢驗、給證、換（補）證、設計分類、限制、審查程序、超輕型載具操作證之給證、換（補）證、操作與飛航限制、活動場地之申請、比賽之申請、收費基準、飛航安全相關事件之通報及處理、超輕型載具製造廠試飛活動、試飛手冊、資格限制及其他應遵行事項之辦法，由交通部定之。

超輕型載具之設計、製造標準，由民航局定之。國際間通用之標準，適於國內採用者，得經民航局核定後採用之。

第九十九條之二　超輕型載具所有人及操作人應加入活動團體為會員，始得從事活動，並遵守活動團體之指導。但超輕型載具製造廠及其超輕型載具操作人，不在此限。

超輕型載具所有人及操作人應負超輕型載具飛航安全之責，對超輕型載具為妥善之維護，並依本法及本法所發布之法規命令從事安全飛航作業。

第九十九條之三　超輕型載具應經註冊，並經檢驗合格，發給超輕型載具檢驗合格證後，始得飛航。但超輕型載具製造廠依民航局核准之試飛手冊及相關限制從事超輕型載具之試飛活動者，不在此限。

超輕型載具操作人應經體格檢查合格，並經學、術科測驗合格發給超輕型載具操作證後，始得操作超輕型載具飛航。

超輕型載具之註冊、檢驗給證及操作人之測驗給證等事項，得由民航局辦理或委託專業機構辦理。

第九十九條之四　超輕型載具活動之空域，由交通部會同國防部劃定，必要時得廢止之。

前項空域，不得劃定於國家公園及實施都市計畫地區之上空。但農業區、風景區或經行政院同意之地區者，不在此限。

第一項空域，民航局得依國防或維護飛航安全或公共利益之需要，訂定使用期限或其他使用上之禁止、限制事項，並公告之。

活動團體應將前項之公告事項，轉知其會員遵守。

第九十九條之五　超輕型載具操作人應以目視飛航操作超輕型載具，並不得有下列行為：

一、於劃定空域外從事飛航活動。

二、血液中酒精濃度超過百分之零點零四或吐氣中酒精濃度超過每公升零點二毫克仍操作超輕型載具。

三、於終昏後至始曉前之時間飛航。

超輕型載具操作人在操作時，應防止與其他航空器、超輕型載具或障礙物接近或碰撞。

民航局取締違法超輕型載具飛航活動或活動場地時，得洽請有關機關協助執行。

第九十九條之六　操作超輕型載具而致他人死傷，或毀損他人財物時，不論故意或過失，超輕型載具所有人應負賠償責任；其因不可抗力所生之損害，亦應負責。自超輕型載具上落下或投下物品，致生損害時，亦同。

超輕型載具所有人將其超輕型載具交由他人操作者，關於前項所生之損害，由所有人與操作人負連帶賠償責任。

前二項致他人死傷之損害賠償額，準用依第九十三條第一項所定辦法之標準；該辦法所定標準不影響被害人以訴訟請求之權利。

超輕型載具所有人應依前項所定之損害賠償額，投保責任保險。

第九十九條之七　民航局應派員檢查活動團體各項設備、業務及其所屬會員之超輕型載具，活動團體不得拒絕、規避或妨礙；如有缺失，應通知活動團體限期改善。

第九十九條之八　第四十二條第一項、第四十三條第一項、第四十四條、第九十八條、第九十九條規定，於超輕型載具準用之。

第十章　罰則

第一百條　以強暴、脅迫或其他方法劫持航空器者，處死刑、無期徒刑或七年以上有期徒刑。

因而致人於死者，處死刑或無期徒刑；致重傷者，處死刑、無期徒刑或十年以上有期徒刑。

第一項之未遂犯罰之。

預備犯第一項之罪者，處三年以下有期徒刑。

第一百零一條　以強暴、脅迫或其他方法危害飛航安全或其設施者，處七年以下有期徒刑、拘役或新臺幣二十一萬元以下罰金。

因而致航空器或其他設施毀損者，處三年以上十年以下有期徒刑。

因而致人於死者，處死刑、無期徒刑或十年以上有期徒刑；致重傷者，處五年以上十二年以下有期徒刑。

第一項之未遂犯罰之。

第一百零二條　違反第四十二條之二第一項規定者，處五年以下有期徒刑、拘役或新臺幣十五萬元以下罰金。

犯前項之罪，因而致人於死者，處無期徒刑或七年以上有期徒刑；致重傷者，處三年以上十年以下有期徒刑。

第一百零三條　使用未領適航證書之航空器飛航者，處五年以下有期徒刑、拘役或新臺幣一百萬元以下罰金；以無效之適航證書飛航者，亦同。

第一百零四條　未領檢定證及體格檢查及格證而從事飛航者，處五年以下有期徒刑、拘役或新臺幣一百萬元以下罰金。

第一百零五條　未指定犯人向公務員、民用航空事業或活動團體之人員誣告犯危害飛航安全或設施，或散布危害飛航安全之不實訊息者，處三年以下有期徒刑、拘役或新臺幣一百萬元以下罰金。

犯前項之罪，因而致生飛航安全危險者，處三年以上十年以下有期徒刑；致航空器毀損或人員傷亡者，處無期徒刑或五年以上有期徒刑。

第一百零六條　以詐術申請檢定或登記，因而取得航空人員檢定證、體格檢查及格證、航空器登記證書或適航證書者，處五年以下有期徒刑、拘役或科或併科新臺幣一百萬元以下罰金。

前項書、證，由民航局撤銷。

第一百零七條　違反第七十八條第一項、第二項規定者，其機長處三年以下有期徒刑、拘役或新臺幣一百萬元以下罰金。

第一百零八條　航空人員、航空器上工作人員、乘客或超輕型載具操作人違反第四十四條規定，而無正當理由者，處三年以下有期徒刑、拘役或新臺幣六十萬元以下罰金。

第一百零九條　違反第四十二條第一項規定者，處二年以下有期徒刑、拘役或新臺幣四十萬元以下罰金。

第一百十條　製造廠或維修廠之負責人、受雇人或其他從業人員，因執行業務，以未經檢驗合格之航空器各項裝備及其零組件從事製造或維修者，處三年以下有期徒刑、拘役或科或併科新臺幣一百萬元以下罰金。

犯前項之罪，因而致生飛航安全危險者，處三年以上十年以下有期徒刑；致人於死者，處死刑、無期徒刑或十年以上有期徒刑；致重傷者，處五年以上十二年以下有期徒刑。

因業務上之過失，犯第一項之罪而致生飛航安全危險者，處三年以下有期徒刑或拘役，得併科新臺幣一百萬元以下罰金；致人於死者，處七年以下有期徒刑或拘役，得併科新臺幣三百萬元以下罰金；致重傷者，處五年以下有期徒刑或拘役，得併科新臺幣二百萬元以下罰金。

第一百十條之一　超輕型載具操作人於劃定空域外，從事飛航活動，因而致生飛航安全之危險者，處六月以上五年以下有期徒刑；致人於死者，處三年以上十年以下有期徒刑；致重傷者，處一年以上七年以下有期徒刑。

第一百十條之二　無故侵入航空器者，處一年以下有期徒刑、拘役或新臺幣五萬元以下罰金。

無故隱匿其內，或受退去之要求而仍留滯者，亦同。

第一百十一條　航空人員有下列情事之一者，處新臺幣六萬元以上三十萬元以下罰鍰；情節重大者，停止其執業或廢止其檢定證：

一、無故在航空站或飛行場以外地區降落或起飛。

二、違反第四十六條規定，航空器於起飛前、降落後拒絕接受檢

查。
三、因技術上錯誤導致航空器失事或重大意外事件。
四、逾期使用體格檢查及格證或檢定證。
五、填寫不實紀錄或虛報飛行時間。
六、冒名頂替或委託他人代為簽證各項證書、紀錄或文書。
七、航空器發生飛航安全相關事件後，故意隱匿不報。
八、利用檢定證從事非法行為。
九、因怠忽業務而導致重大事件。
十、擅自允許他人代行指派之職務而導致重大事件。
十一、擅自塗改或借予他人使用檢定證。

航空人員有下列情事之一者，得予以警告或處新臺幣六萬元以上三十萬元以下罰鍰，並命其限期改善，屆期未改善者，得按次處罰；情節重大者，停止其執業或廢止其檢定證：
一、違反第二十五條第一項規定，未於執業時隨身攜帶檢定證。
二、違反第二十六條第一項規定，未於執業時隨身攜帶體格檢查及格證。
三、違反第三十八條第一項規定，航空器於飛航時應具備之文書不全。
四、違反第四十一條規定，未遵守飛航管制或飛航管制機構指示。
五、違反依第四十一條之一第二項所定規則有關航空器飛航作業、飛航準備、航空器性能操作限制、航空器儀表、裝備與文件、航空器通信與航行裝備、航空器維護、飛航組員作業、駕駛員資格限制、簽派員、手冊表格與紀錄、客艙組員、保安或其他應遵行事項之規定。
六、檢定證應繳銷而不繳銷。

第一百十二條　航空器所有人、使用人、民用航空運輸業、普通航空業、航空貨運承攬業、航空站地勤業、空廚業、航空貨物集散站經營業、飛行場、製造廠或民用航空人員訓練機構有下列情事之一者，處新臺幣六十萬元以上三百萬元以下罰鍰；情節重大者，民航局得報請交通部核准後，停止其營業之一部或全部或廢止其許可：

一、航空器國籍標誌及登記號碼不明或不依規定地位標明。

二、違反第四十條第一項規定之航空器維護作業。

三、規避、妨礙或拒絕依第五十六條第二項規定之檢查。

四、違反第五十八條之一第一項規定，未經許可實施聯營。

五、違反第六十四條之一第一項規定而為個別攬客行為。

六、其他依本法應接受檢查或限期改善事項而規避、妨礙或拒絕檢查或屆期未改善者。

航空器所有人、使用人、民用航空運輸業、普通航空業、航空貨運承攬業、航空站地勤業、空廚業、航空貨物集散站經營業、飛行場、製造廠或民用航空人員訓練機構有下列情事之一者，得予以警告或處新臺幣六十萬元以上三百萬元以下罰鍰，並命其限期改善，屆期未改善者，得按次處罰；情節重大者，民航局得報請交通部核准後，停止其營業之一部或全部或廢止其許可：

一、登記證書或適航證書及依據本法所發其他證書應繳銷而不繳銷。

二、違反依第九條第三項所定規則有關航空產品與其各項裝備及零組件之設計、製造之檢定、認可或其他應遵行事項之規定。

三、違反依第九條第五項所定規則有關適航檢定之分類與限制、檢定、簽證、紀錄、年限管制、適航、維修管理或其他應遵行事項之規定。

四、違反第四十一條第一項規定，未遵守飛航管制或飛航管制機構指示。

五、違反依第四十一條之一第二項所定規則有關航空器飛航作業、飛航準備、航空器性能操作限制、航空器儀表、裝備與文件、航空器通信與航行裝備、航空器維護、飛航組員作業、駕駛員資格限制、簽派員、手冊表格與紀錄、客艙組員、保安或其他應遵行事項之規定。

六、違反依第四十一條之二所定規則有關飛航安全相關事件通報作業事項之規定。

七、不遵照噪音管制規定。

八、違反第五十五條第一項規定，客貨運價之訂定及變更，未報請備查或核准。

九、違反第五十六條第一項規定，未按期申報營運、財務、航務、機務或股本百分之三以上股票持有者之表報。

十、違反第五十八條規定，未申報增減資本、發行公司債、租借、相繼運送與代理等契約或主要航務與機務設備之變更或遷移。

未經許可而從事民用航空運輸業、普通航空業、航空貨運承攬業、空廚業、航空站地勤業、航空貨物集散站經營業或民用航空人員訓練機構之業務及製造、銷售航空產品與其各項裝備及零組件者，處新臺幣六十萬元以上三百萬元以下罰鍰。

第一百十二條之一　對於前二條未發覺之違規，主動向民航局提出者，民航局得視其情節輕重，減輕或免除其處罰。

第一百十二條之二　有下列情事之一者，處新臺幣二萬元以上十萬元以下罰鍰：

一、違反第四十三條第一項規定，攜帶或託運危險物品進入航空器。

二、違反第四十三條之一第一項規定，攜帶槍砲、刀械或有影響飛航安全之虞之物品進入航空器。

民用航空運輸業、普通航空業、航空貨運承攬業、航空站地勤業、空廚業或航空貨物集散站經營業違反第四十三條第二項規定，託運、存儲、裝載或運送危險物品者，處新臺幣二萬元以上十萬元以下罰鍰。

一年內違反前項規定達三次者，處新臺幣十萬元以上五十萬元以下罰鍰，並得報請民航局轉報交通部核准後，停止其營業之一部或全部或廢止其許可。

託運人違反第四十三條第一項規定，不實申報危險物品於進入航空器前受查獲者，處新臺幣二萬元以上十萬元以下罰鍰。

前四項規定，由航空警察局處罰之。

對於第一項至第四項未發覺之違規，主動向航空警察局提出者，航空警察局得視其情節輕重，減輕或免除其處罰。

第一百十二條之三　航空站地勤業、中外籍民用航空運輸業兼營航空站地勤業或自辦航空站地勤業務者，有違反依第七十五條之一所定規則有關營運管理事項之規定者，得予以警告或處新臺幣六萬元以上三十萬元以下罰鍰，並命其限期改善，屆期未改善者，得按次處罰；情節重大者，民航局得報請交通部核准後，停止其營業之一部或全部或廢止其許可。

空廚業或中外籍民用航空運輸業兼營空廚業者，有違反依第七十七條之一所定規則有關營運管理事項之規定者，得予以警告或處新臺幣六萬元以上三十萬元以下罰鍰，並命其限期改善，屆期未改善者，得按次處罰；情節重大者，民航局得報請交通部核准後，停止其營業之一部或全部或廢止其許可。

第一百十二條之四　航空器所有人或使用人、外籍航空器所有人或使用人、民用航空運輸業、外籍民用航空運輸業、普通航空業、航空貨物集散站經營業、航空站地勤業、空廚業、航空站內作業之公民營機構、其他與航空站管制區相連通並具獨立門禁與非管制區相連通之公民營機構，有下列情事之一者，處新臺幣五萬元以上二十五萬元以下罰鍰，並得按次處罰：

一、違反第四十七條之一第三項規定，未遵守其作業航空站保安計畫之各項規定。

二、違反第四十七條之二第一項至第三項規定，拒絕提送或未提送航空保安計畫。

三、違反第四十七條之二第五項規定，規避、妨礙或拒絕檢查或屆期未改善。

四、違反第四十七條之三第三項規定，載運未依同條第一項規定接受航空警察局安全檢查之乘客、行李、貨物及郵件。

五、違反依第四十七條之五所定辦法有關航空器戒護與清艙檢查、旅客、行李、貨物、空廚餐飲及侍應品保安措施、戒護與被戒護人員、武裝空安人員及其他經航空警察局許可攜帶武器進入航空器人員搭機應遵行事項、保

安控制人員資格、航空保安事件緊急應變措施、航空保安品質管制計畫訂定、保安訓練計畫訂定、保安資料保密及外籍航空器所有人或使用人保安管理或其他應遵行事項之規定。

違反前項規定之航空貨物集散站經營業、航空站地勤業、空廚業、航空站內作業之公民營機構、其他與航空站管制區相連通並具獨立門禁與非管制區相連通之公民營機構，由航空警察局處罰之。

航空器所有人或使用人、外籍航空器所有人或使用人、民用航空運輸業、外籍民用航空運輸業、普通航空業、航空貨物集散站經營業、航空站地勤業及空廚業，違反第一項規定，經連續處罰三次仍未改善者，得由民航局或由航空警察局報請民航局核轉交通部核准後，停止其營業之一部或全部或廢止其許可。

保安控管人有下列情事之一者，得由航空警察局廢止其為保安控管人之資格；其於廢止後一年內，不得重新申請為保安控管人：

一、違反第四十七條之二第五項規定，拒不接受檢查或屆期未改善。

二、違反依第四十七條之五所定辦法有關航空器戒護與清艙檢查、旅客、行李、貨物、空廚餐飲與侍應品保安措施、戒護與被戒護人員、武裝空安人員與其他經航空警察局許可攜帶武器進入航空器人員搭機應遵行事項、保安控制人員資格、航空保安事件緊急應變措施、航空保安品質管制計畫訂定、保安訓練計畫訂定、保安資料保密及外籍航空器所有人或使用人保安管理或其他應遵行事項之規定。

對於第一項或前項未發覺之違規，主動向民航局或航空警察局提出者，民航局或航空警察局得視其情節輕重，減輕或免除其處罰。

第一百十二條之五　未經核准而從事自用航空器飛航活動者，處新臺幣六十萬元以上三百萬元以下罰鍰。

從事自用航空器飛航活動有下列情事之一者，處新臺幣六十萬元以上三百萬元以下罰鍰；情節重大者，民航局得報請交通部核准後，停止或限制其飛航活動：

一、違反第七條之一第三項規定，以航空器從事營利性飛航或出租。

二、違反第七條之一第五項規定，規避、妨礙或拒絕檢查或屆期未改善。

從事自用航空器飛航活動有下列情事之一者，得予以警告或處新臺幣六萬元以上三十萬元以下罰鍰，並命其限期改善，屆期未改善者，得按次處罰；情節重大者，民航局得報請交通部核准後，停止或限制其飛航活動：

一、航空器國籍標誌及登記號碼不明或不依規定地位標明。

二、登記證書或適航證書及依據本法所發其他證書應繳銷而不繳銷。

三、違反依第九條第五項所定規則有關適航檢定之分類與限制、檢定、簽證、紀錄、年限管制、適航、維修管理或其他應遵行事項之規定。

四、違反第四十條第一項規定之航空器維護作業。

五、違反第四十一條第一項規定，未遵守飛航管制或飛航管制機構指示。

六、違反依第四十一條之一第二項所定規則有關航空器飛航作業、飛航準備、航空器性能操作限制、航空器儀表、裝備與文件、航空器通信與航行裝備、航空器維護、飛航組員作業、駕駛員資格限制、簽派員、手冊表格與紀錄、客艙組員、保安或其他應遵行事項之規定。

七、不遵照噪音管制規定。

第一百十二條之六　普通航空業有下列情事之一者，處新臺幣六萬元以上三十萬元以下罰鍰：

一、未依核准之作業項目實施作業。

二、無故在未經核准之臨時性起降場所起降。

三、搭載未經核准之乘員。

第一百十二條之七　航空貨物集散站經營業有下列情事之一者，得予以警告或處新臺幣六萬元以上三十萬元以下罰鍰，並命其限期改善，屆期未改善者，得按次處罰；情節重大者，民航局得報請交通部核准後，停止其營業之一部或全部或廢止其許可：

一、未經核准，將停車場用地移作他用。

二、未經核准，於原核准土地範圍外之相鄰土地增設航空貨物集散站設施。

三、未經核准，於原核准建物範圍內增設貨棧。

四、貨棧未經會勘同意，擅自啟用。

第一百十三條　製造廠或維修廠因其負責人、受雇人或其他從業人員犯第一百十條之罪者，處新臺幣一百萬元以上三百萬元以下罰鍰。

第一百十四條　維修廠執行業務時，有下列情事之一者，處新臺幣六萬元以上三十萬元以下罰鍰；情節重大者，並得停止其營業之一部或全部或廢止其檢定證書：

一、對於大修理或大改裝之工作，未依照民航局或原製造廠所在國家民航主管機關核定之技術文件執行。

二、執行修護或改裝未經檢定合格範圍內之工作項目，或執行經檢定合格項目，而缺少所需特種裝備、設施、工具或技術文件。

三、修護能量包括所有人員、設施、裝備、工具與器材等，未保持不低於其檢定證所載工作項目所需之標準或未依規定自行定期檢查。

四、執行修護或改裝工作，其所用之器材、方法及程序，未依工作物之原製造廠商所發布或經民航局認可之技術文件實施。

五、使用特種工具或試驗設備時，未依照原製造廠商之建議或民航局認可之代用方案。

六、接受他人委託代為長期維護航空器，未依照其使用人或所有人之維護計畫實施。

七、對經修理或改裝完成之航空產品、儀器、無線電設備或附件，未經由合格之檢驗人員執行最後檢驗，並由民航局核可之人員在工作紀錄及適當之表格或掛籤上簽證，證明其可供安全使用。

八、對所執行之各項修護及改裝工作，未有完整之紀錄或未予妥善保管該項紀錄。

九、經檢定合格後，未依民航局認可之技術文件執行業務，或塗改、填寫不實紀錄，或對品保系統重大失效或產品重大故障、失效或缺陷隱匿不報。

十、違反依第二十三條之二第二項所定規則有關檢驗作業手冊、維護紀錄、簽證、廠房設施、裝備、器材、工作人員之資格、維護與品保系統之建立或維修管理事項之規定。

十一、其他依本法應接受檢查或限期改善事項而規避、妨礙或拒絕檢查或屆期未改善。

對於前項未發覺之違規，主動向民航局提出者，民航局得視其情節輕重，減輕或免除處罰。

第一百十五條　外籍民用航空運輸業，違反本法或依本法所發布之命令或違反條約或協定之規定者，除依本法處罰外，民航局得撤銷其發給之航線證書或暫停其營業之全部或一部。

第一百十六條　民營飛行場經營人、助航設備設置人有左列情形之一者，處新臺幣六十萬元以上三百萬元以下罰鍰，並限期改善、拆遷或裝置之，逾期未完成者，得連續處罰之：

一、違反第二十九條第一項規定，未經核准設立、出租、轉讓或廢止飛行場者。

二、違反第三十一條規定，未經核准設置、變更、廢止國境內助航設備或未依規定管理其各項設備者。

第一百十七條　有左列情事之一者，處民營飛行場經營人或管理人新臺幣三十萬元以上一百五十萬元以下罰鍰：

一、未經許可，將飛行場兼供他用者。

二、未經許可，將飛行場廢止、讓與或出租者。

三、飛行場收取費用不依規定者。

四、未依規定管理其助航設備者。

第一百十八條　有下列情事之一者，處新臺幣三十萬元以上一百五十萬元以下罰鍰：

一、違反第三十三條第一項規定，未於限期內改善、拆遷或負責裝置障礙燈及標誌。

二、違反第三十三條之一第一項規定，未裝置障礙燈、標誌或保持正常使用狀況。

三、違反第三十四條第一項規定侵入之牲畜，經查為占有人疏縱。

四、違反第三十四條第二項規定，飼養飛鴿或施放有礙飛航安全物體。

前項第一款及第二款之物主，經處罰後仍不遵從者，得按次處罰。

第一百十九條　民用航空運輸業，違反第四十條第三項規定者，處新臺幣六萬元以上三十萬元以下罰鍰。

第一百十九條之一　超輕型載具所有人、操作人、活動團體或超輕型載具製造廠，有下列情事之一者，處新臺幣六萬元以上三十萬元以下罰鍰；其情節重大者，並得停止其活動或廢止超輕型載具操作證：

一、違反第九十九條之一第一項規定，而從事活動。

二、違反第九十九條之二第一項規定，未加入活動團體而從事活動或未遵守活動團體之指導。

三、違反第九十九條之三第一項規定，未領有超輕型載具檢驗合格證而從事飛航活動，或未依民航局核准之試飛手冊及相關限制而從事超輕型載具之試飛活動。

四、違反第九十九條之三第二項規定，未領有超輕型載具操作證，而從事飛航活動。

五、違反依第九十九條之四第三項所定之使用期限或禁止、限制規定。

六、違反第九十九條之四第四項規定，活動團體未轉知其會員遵守。

七、違反第九十九條之五第一項之禁止規定。

八、違反第九十九條之五第二項規定，而與其他航空器、超輕型載具或障礙物發生接近或碰撞事件。

九、違反第九十九條之六第四項規定，未投保責任保險。

十、違反第九十九條之七規定， 規避、妨礙或拒絕檢查或屆期未改善。

第一百十九條之二　於航空器上有下列情事之一者，處新臺幣一萬元以上五萬元以下罰鍰：

一、不遵守機長為維護航空器上秩序及安全之指示。

二、使用含酒精飲料或藥物，致危害航空器上秩序。

三、於航空器廁所內吸菸。

四、擅自阻絕偵菸器或無故操作其他安全裝置。

第一百十九條之三　有下列情事之一者，處新臺幣五千元以上二萬五千元以下罰鍰，航空站經營人並得會同航空警察局強制其離開航空站：

一、未經許可於航空站向乘客或公眾募捐、銷售物品或其他商業行為。

二、於航空站糾纏乘客或攬客。

三、攜帶動物進入航空站，妨礙衛生、秩序或安全。

四、於航空站隨地吐痰、檳榔汁、檳榔渣，拋棄紙屑、菸蒂、口香糖、其他廢棄物或於禁菸區吸菸。

五、於航空站遊蕩或滯留，致妨礙乘客通行、使用或影響安寧秩序。

六、未經許可，於航空站張貼或散發宣傳品、懸掛旗幟、陳列物品、舉辦活動者或以不當方法汙損設施。

七、於航空站之公共通道任意停放車輛致影響通行。

八、違反第四十七條之四第二項規定，拒絕接受檢查或擅自進出管制區。

前項第八款規定，由航空警察局處罰之。

第一百十九條之四　本法所定之罰鍰及其他種類之行政罰，除本法另有規定外，由民航局處罰之。

第一百二十條（刪除）

第十一章　附則

第一百二十一條　本法未規定事項，涉及國際事項者，民航局得參照有關國際公約及其附約所定標準、建議、辦法或程序報請交通部核准採用，發布施行。

第一百二十二條（刪除）

第一百二十三條　本法自公布日施行。

參考文獻

Alexander T. and Wells, Ed. D., *Airport Planning and Management*, 1st edition, TAB BOOKS, McGraw-Hill, 1986.

Alexander T. and Wells, Ed. D., *Airport Planning and Management*, 4e, TAB BOOKS, McGraw-Hill, 2000.

Ashford N. J., and J. Boothby, "Difficulties in Modeling Airport Systems", *Transportation Research Record*, 1979.

Ashford N. J., and P. H. Wright, *Airport Engineering*, 3rd edition, New York: Wiley-Interscience, 1992.

Ashford N. J., H. P. Martin Stanton, and C. A. Moore, *Airport Operations*, 2nd edition, McGraw-Hill, Inc. 1997.

Doganis R., *The Airport Business*, Routledge London and New York, 1992.

FAA, *Planning and Design of Airport Terminal Facilities at Nonhub Locations*, 1980.

FAR Title 14, *Aeronautics and Space*, Parts 1 to 59, Revised as of January 1, 1999.

IATA, *Principles of Airport Handling*, 1995.

ICAO, *Airport Planning Manual Part 1 Master Planning*, 1987.

ICAO, *Airport Services Manual Part 3-Bird Control and Reduction*, 3rd edition, 1991.

ICAO, *Airport Services Manual Part 8-Airport Operational Services*, 1st edition, 1983.

ICAO, Annex 14, *Aerodrome Standards, Aerodrome Design and Operations*, 3rd edition, July 1999.

ICAO, *International Standards and Recommended Practices-Security Annex 17*, 7th edition, 2002.

Kapur A., *Airport Infrastructure- The Emerging Role of the Private Sector*, World Bank Technical Paper no.313, 1995.

Manataki, I. E., and Zografos, K. G., "Assessing airport terminal performance using a system dynamics model," *Journal of Air Transport Management 16*, pp.86-93, 2010.

王詩怡，〈台灣地區航空貨運產業發展策略選擇之研究〉，國立成功大學交通管理科學研究所碩士論文，2003年。

田清，〈機場快速通關美試行電子安全計劃〉，大紀元電子報，2008年4月15日。

交通部民用航空局，《民用機場空側作業應注意事項》，2003年。

交通部民用航空局，《民用機場設計暨運作規範》（第二版），2006年。

交通部民用航空局，《國內機場規劃設計規範之研究（二）航站區》，2003年（未出版）。

吳壽山、韓復華等，《民用航空局各場站責任中心收費費率研究》（第二版），交通部民用航空局委託，中華民國運輸學會辦理，1995年。

汪君平、高增英，〈無線射頻辨識（RFID）在鄰近國家航空應用現況與未來發展趨勢〉，經濟部RFID應用推廣辦公室電子報，2006年5月1日。

汪進財等，〈我國航空保安發展策略之研究——研究計畫書〉，國立交通大學交通運輸研究所，2003年。

林信得、凌鳳儀，《航空運輸學》，文笙書局，1993年。

桃園國際機場股份有限公司，網站：www.taoyuan-airport.com，2012年。

秦飛，〈夏季旅遊高峰快速通過機場安檢竅門〉，大紀元電子報，2008年5月30日。

張有恆，《航空業經營與管理》（第二版），華泰文化，2008年。

張鐵源，〈民用機場營運安全危機管理之研究——以中正國際機場為例〉，元智大學管理研究所碩士論文，2005年。

陳勇，《機場經營管理》（第一版），中國法制出版社，2003年7月。

黃乾全，《航空噪音管制策略及標準規劃》，行政院環境保護署委託研究案，1999年。

劉嘉俊、余忠和，《直升機航空噪音管制策略、管制措施及防制方法之建立專案研究計畫》，行政院環境保護署委託研究案，2004年。

鄭文雨、周振發，〈航空貨運站規劃概論〉，中華技術雜誌，第54期，2002年。

鄭永安，《機場停機坪管理》，參加新加坡民航學院專業訓練，2007 年。

蕭登科，〈航空噪音防制及回饋制度合理性之研究——以澎湖馬公機場為 〉，國立中山大學公共事務管理研究所碩士在職專班碩士論文，2004年。

魏國金，〈英機場X光機全身看光光〉，自由時報，2009年10月14日。

觀光旅運系列

機場營運與管理

編 著 者／賴金和
出 版 者／揚智文化事業股份有限公司
發 行 人／葉忠賢
總 編 輯／閻富萍
特約執編／鄭美珠
地　　址／新北市深坑區北深路三段 260 號 8 樓
電　　話／(02)8662-6826
傳　　真／(02)2664-7633
網　　址／http://www.ycrc.com.tw
E-mail／service@ycrc.com.tw
印　　刷／鼎易印刷事業股份有限公司
ISBN／978-986-298-044-6
初版一刷／2012 年 6 月
定　　價／新台幣 500 元

國家圖書館出版品預行編目（CIP）資料

機場營運與管理 / 賴金和編著. -- 初版. -- 新北市：揚智文化, 2012.06
面； 公分. -- (觀光旅運系列)

ISBN 978-986-298-044-6 (平裝)

1.航空運輸管理

557.94 101009555